中国省会城市及直辖市首位度发展报告

主 编 张为付

南京大学出版社

图书在版编目（CIP）数据

中国省会城市及直辖市首位度发展报告 / 张为付主编. —南京：南京大学出版社，2019.4
ISBN 978-7-305-21842-2

Ⅰ.①中… Ⅱ.①张… Ⅲ.①城市经济－经济规模－研究报告－中国 Ⅳ.①F299.21

中国版本图书馆 CIP 数据核字（2019）第 058991 号

出版发行　南京大学出版社
社　　址　南京市汉口路 22 号　　邮　　编　210093
出 版 人　金鑫荣
书　　名　**中国省会城市及直辖市首位度发展报告**
主　编　张为付
责任编辑　王日俊　秦　露
照　　排　南京理工大学资产经营有限公司
印　　刷　虎彩印艺股份有限公司
开　　本　787×1092　1/16　印张 16.5　字数 346 千
版　　次　2019 年 4 月第 1 版　　2019 年 4 月第 1 次印刷
ISBN　978-7-305-21842-2
定　　价　160.00 元

网　　址：http://www.njupco.com
官方微博：http://weibo.com/njupco
官方微信号：njupress
销售咨询热线：(025)83594756

本书为江苏高校优势学科建设工程资助项目（PAPD）、江苏高校人文社会科学校外研究基地"江苏现代服务业研究院"、江苏高校现代服务业协同创新中心和江苏省重点培育智库"现代服务业智库"的阶段性研究成果。

书　　　名：中国省会城市及直辖市首位度发展报告

主　　　编：张为付

出　版　社：南京大学出版社

前　言

　　首位度是一个代表城镇体系中城市发展要素在最大城市里集中程度的概念,一个城市首位度的高低体现了其对发展要素的集聚能力大小和对要素利用结果的优劣。研究城市首位度,有利于促进首位城市充分利用首位优势引领城市群或区域经济发展,实现区域协调发展和可持续发展的战略目标。随着我国经济发展步入新常态,提升首位度的意义更为重大,原有的粗放式发展带来的巨大经济成就难以填补需求方面的空缺,新的需求与原有供给所产生新矛盾导致了经济转型升级问题,这些问题既对传统首位城市提出了挑战,同时也给首位城市发展带来了更多的资源和机遇。剖析省会城市和直辖市的首位度,更深入地了解首位城市的首位度状况,有利于制定政策推进城市首位度发展,使之符合国家战略。

　　人们对首位度的研究是一个不断发展的与时俱进的动态过程。早期对首位度的量化描述集中于采用人口规模和以 GDP 衡量的经济规模这两大宏观指标,但随着研究的不断深入,首位度仅限于规模的简单衡量逐渐暴露其局限性,人口规模和 GDP 规模不足以衡量一个城市在城市群中的引领地位。此外,时代的变迁对城市首位度也提出了新的衡量标准和新的发展诉求,受到历史、政治、文化和自然条件等多方面因素的影响,城市的功能逐渐放大,而首位城市的功能又影响到它对其他城市的辐射以及其他城市对首位城市的依赖。这些都使得学者开始根据时代发展的需求对城市首位度的评估进行改进,赋予其新的内涵。如何建立一套行之有效而又与时俱进的新评价体系,是首位城市在区域发展中所必须面对的问题。

　　本报告根据全面性、科学性、前瞻性、可操作性与可比性原则构建了综合指标来评价全国各省会城市和直辖市的广义首位度(因为台湾省和香港、澳门特别行政区的相关数据获得有难度,本报告中未涉及)。综合指标包括规模综合指标、产业综合指标和功能综合指标三个方面。规模综合指标包括城市的总体规模和人均规模两方面共 12 个指标;产业综合指标包含工业结构指数、服务业结构指数和高新技术产业结构指数三个方面共 7 个指标。功能综合指标选取了公共服务功能、集散功能、创新功能、国际化功能、市场化程度等方面共 17 个指标。构建了指标体系后,本研究运用主成分分析的方法,根据产生的新的不相关变量,选择了具体的城市和具体的年份来度量规模指标得分、产业指标得分、功能指标得分并进行比较,客观地衡量了不同年份和区域中省会城市和直辖市在规模、产业、功能方面的首位度表现并进行了聚类分析。

广义首位度综合指标评估结果显示,广义首位综合得分排名较高的城市是杭州、合肥、广州、武汉、成都、南京。这六个城市中有四个来自长三角和珠三角地区。南京与另外五个省会城市相比排名相对较低,但一直稳居前十。此外,沈阳和西安也偶尔有良好的综合得分表现,但发展不稳定。多数省会城市没有呈现出高首位度,只有极少数城市有高于 2 的首位度。省会城市和直辖市的综合得分聚类结果呈现出与城市的经济发达程度比较一致的趋势。北京和上海聚为一类,广州、天津、重庆聚为一类,南宁、拉萨、西宁聚为一类。武汉、长沙、成都这几个位于中部和西部腹地的省会集聚了省内最好的资源。而东北地区、长三角、珠三角地区的省会城市首位度聚类排名较低,没有显著拉开和省内第二大城市的差距。

为得到更丰富的结论,本报告又从空间和时间维度来探讨了省会城市和直辖市的首位度。空间维度的分析揭示了我国经济发展与城市结构布局的基本规律:经济发达地区的省会城市首位度相对较弱,外向型经济降低了省会城市对区域经济的引领作用;中西部省份加强发展了省会城市,突出了省会城市的引领作用。但也有一些例外,如贵州、内蒙古、江西、广西表现出较低的省会城市首位度。城市布局与经济发展具有一定的关联,但区域的自然地理特征和经济发展模式也是影响城市布局的重要因素。而时间维度的分析发现:规模首位度的主要规模在过去五年里没有变化,北京市和上海市依旧是东部地区的明星城市,武汉市规模首位度在中部地区排名第一,重庆市则在西部地区排名第一;从产业首位度上看,杭州市稳居东部地区的头名,合肥成为中部地区最重要的产业区,乌鲁木齐市在西部地区,排名首位;从功能首位度上看,太原市、合肥市和长春市依次成为中部地区功能中心。在西部地区成都市和银川市则轮流成为功能区的核心城市。

省会城市和直辖市的首位度究竟会对经济发展和辐射造成何种影响,本报告也运用实证方法进行了探讨。利用 2012—2016 年全国 31 个城市面板数据,分析了规模首位度、产业首位度和功能首位度对经济增长的影响。实证结果显示:规模首位度可以显著地促进经济增长。规模首位度对东部地区经济增长的促进作用最强,其次是对东北地区,对西部地区的经济增长促进作用弱于全国平均水平;产业首位度也可以显著提高经济增长,从全国范围来看,产业首位度也是对东部地区经济增长的促进作用最强。分时间段的研究发现,产业首位度对经济增长呈现出先增后减再增的"N"型特征;功能首位度对经济增长具有正向影响,就各项功能来看,技术创新效应与对外开放效应是功能首位度对经济增长产生影响的主要途径,特别是通过吸引投资,推动地区经济增长。

针对于新常态下传统发展模式转变和经济转型的需求,本报告提出了省会城市和直辖市优化首位度的政策建议。在规模方面,东部和中西部省会城市和直辖市应当做到因地制宜,对症下药。东部省份应提高省会城市及直辖市的集聚力,发挥其龙头带动作用。中西部省份应夯实中小城市人口承载能力,实现大中小城市协调发展格局。在产业方面,省会城市和直辖市需要促进两方面的首位度发展,一是产业结构首位度,二是产业类型首位度,以实现更为科学合理的产业首位度。在功能方面,优化各省会城市和直辖市的产业首位度依赖于公共服务的均等化和创新机制的提高。公共服务均等化的实现不仅依赖于城市基础设施建设的完善和公共服务水平的提高,更依赖于城乡一体化的进一步发展。而创新机制的实现依赖于企业与政府的共同努力,企业要努力实现产业集群建设,发展创新力量,就省会城市自身而言,参与企业创新机制的建设则是改善其功能首位度的重要途径。

作为全国首部采用广义首位度综合评价指标来评价全国省会城市和直辖市的研究成果,我们课题组于 2018 年 12 月 27 日在南京财经大学召开了研究成果发布会,感谢关注和报道成果发布会的社会各界人士和新闻媒体。本报告的写作凝聚了众多人士的心血。感谢江苏现代服务业研究及南京财经大学国际经贸学院宣烨院长对本报告研究的关心和支持,感谢国际经贸学院张莉老师、蔡洁老师、陈启斐老师和江苏产业发展研究院周霄雪老师在写作中的辛勤付出,感谢国际经贸学院的研究生们在数据收集方面所做的工作。本报告的出版得到了南京大学出版社的大力支持,在此特别感谢南京大学出版社。期待本报告的出版能为全国省会城市和直辖市的综合首位度研究奠定良好的基础,并能促进全国省会城市和直辖市在当前经济形势下优化和发挥其首位优势。当然,本报告中的任何问题都由作者负责。

张为付

2019 年 3 月 29 日

目　录
Contents

第一篇　理论篇

第四篇　我国各省会城市及直辖市首位度影响因素分析

第五篇　我国各省会城市及直辖市首位度对经济增长的影响

第六篇　政策建议

第一篇　理论篇

第一章　城市首位度的基本概念和理论

一、首位度的概念

城市首位度是城市地理经济学中用于衡量城市群发展标准的重要指标之一,最初以"首位城市"的概念出现于 1939 年,由美国学者杰斐逊提出、并进一步粗略界定其为一个国家或地区之中相对于宏观指标上排名第二的城市具有极其显著的绝对优势的第一位城市。在这之后相当长的一段时间内,后续学者在对于这种绝对的优势的量化描述集中于两大宏观指标,即人口和 GDP,并依此给出了早期首位度的狭义概念,即在特定的国家和地区内,人口量第一或者 GDP 总量第一的城市,其人口量或 GDP 总量相对于排名第二的城市具有显著的规模优势。

随着研究的不断深入,首位度仅限于规模的简单衡量也逐渐暴露出局限性,迫使学者开始根据时代发展的需求对其进行改进,赋予其新的内涵。自二战以来,世界工业化进程的加快使得城市的功能迅速发展和完善,同时为了应对发展道路上历史、政治、文化和自然条件等多方面因素的限制,城市功能的多样化也逐渐放大。城市的发展直接受到城市功能的影响,而城市的功能又反作用于城市对其他城市的辐射或者对首位城市的依赖。因此,在产业分工背景下的城市分工就是广义的首位度所去评价和衡量的最终特征,即将其拓展到包括规模、产业、功能和制度等多方面的广义界定之上,就这四个指标的首位度度量为标准综合判定一个国家和地区的首位城市的首位度。

(一)规模首位度

规模首位度反映了一个城市在总体规模上领先于其他城市的程度,它能够反映出首位城市在人口、土地、资本等传统生产要素的相对优势与集聚性优势,后者是前者的必然条件,而后者也反映了城市空间要素的空间集聚性,它是现代城市正常运行的基础。规模首位度具体可以体现在两大方面,即传统规模优势与前沿要素规模优势。传统要素规模首位度是由一个城市的基本生产要素的规模优势与其就传统生产要素的集聚性优势所界定的。其中，传统规模优势中所包含的要素指代在传统经济理论之中所界定的基本生产要素，包括人口、资本、土地等。规模首位度对于传统要素衡量的保留来源于规模经济依旧存在发展空间的城市发展现状，即通过传统意义上的规模扩张，城市依旧能够就产业扩张实现其规模竞争优势。

前沿要素规模优势是相对于传统投入产出模型所体现的技术性投入要素的规模优势，即通常所说的知识或创新要素的规模优势。出于创新的特征，前沿要素规模优势具有抽象性，其衡量依据主要以包括人力资本、R&D、专利技术等在内的替代变量或以包括全要素生产率、出口产品复杂度等在内的媒介变量为主，要素丰裕的地区具有支撑产业优化升级从而带动前沿要素规模集聚、实现良性循环的能力，是考量现代化规模首位度的重要指标之一。

（二）产业首位度

产业首位度反映了一个城市在产业发展水平上的领先程度。这一指标综合反映了首位城市包括内部产业链地位、产业附加值率、高端化水平等产业优势领先于其他城市的程度，体现了首位城市产业发展的先导性。产业首位度体现在四个方面，即产业链地位、产业附加值水平、高端产业占比和制造业与服务业的发展关系。（1）产业链地位首位度表现为首位城市内部的产业以中上游产业为主、处于区域产业的中心地位的产业发展水平。（2）产业附加值水平首位度体现为首位城市产业增加值率水平显著高于区域内其他城市，即首位城市产业产品主要作为高级中间投入要素或高端产品，这要求产品具有较高的创新水平和不可替代性。（3）高端产业首位度主要体现为首位城市的产业结构以高端产业为主，即以包括交通设备制造业、通用专用设备制造业、仪器仪表制造业、电子产品计算机及其他电子设备制造业等在内的高端制造业及现代金融业、科技服务业、现代运输业等高端服务业在内的高附加值、高技术密集度的产业为主，其他中低端产业主要服务于高端产业的优化升级，并向中高端产业的禀赋特征转化，这一特征是首位城市区别于其他城市的产业结构特征。（4）首位城市之中，服务业服务于制造业，同时，制造业推动服务业的发展，即首位城市应当是以实体经济为主、虚拟经济为实体经济服务的。换言之，首位城市的实体经济处于竞争最优地位，显著优于区域内其他城市。

（三）功能首位度

功能首位度反映了一个城市的功能优于其他城市的程度，包括健全度和发展水平两个方面,从广度与深度两个层次对于城市功能的领先性进行了界定。城市功能包括公共服务、集散、市场化、创新和国际化五大功能,分别反映了城市的便民度、要素集中水平、市场潜力、创新能力和外向水平。据此,首位城市的功能首位度具体体现在以上五个层面。(1)便民度体现于一个城市的基础设施建设优势、文化服务优势、医疗服务优势、教育资源优势、社会保障功能优势与环境保护优势等方面,分别代表了一个城市的人均公共资源与公共服务水平、文化凝聚力水平、卫生健康水平、研究实力与研发潜力、生活保障度与可持续发展的环境保护基础。它反映了一个城市民生水平的高低,是一个城市"招兵买马式"招揽人才的基础优势之一。(2)要素集中水平或者集散功能建立在一个城市的便民化程度的基础之上,反映了一个城市的客运、货运优势、旅游资源优势、信息便利化水平与资本累积优势,在一定程度上代表着一个城市的空间距离的绝对优势与要素集聚的相对优势。它是首位城市作为未来都市圈战略发展中心的必要条件。(3)一个城市的市场潜力代表着这个城市的购买力,决定着新常态下消费主导型经济主流发展模式能够给城市带来的发展潜力与发展机遇。(4)与之对应的,城市的创新功能则代表了一个城市从供给侧方面能够给予产业升级、城市化进程等重大战略的人才资源,是首位城市的主要发展动力。(5)外向型经济代表着城市坚持进一步扩大开放,实现国际化经济发展、产业升级和文化发展,为建立国际化大都市奠定基础。

二、首位度的计算

(一)规模指标法——二城市法及其延伸

杰斐逊在对首位城市进行界定时,将首位城市与第二位城市人口规模的比例作为衡量标准,并发现首位城市在人口规模之上具有极为显著的比较优势,而两者之间在人口上的巨大差异贡献了首位城市在政治、经济和社会生活上的明显优势。据此,杰斐逊提出了二城市法来计算城市首位度,公式如下:

$$U = \frac{P_1}{P_2}$$

其中,U 为城市首位度,P_1、P_2 分别代表特定国家或地区的首位城市与第二大城市的人口规模。同时,出于对计算结果的量化分析,Marshalls(1989)对 Jefferson 的理论进行补充和延伸,提出了首位度的界限指标,将 2.0 视为首位度的界限值。首位度数值大于 2 小于 4 时,成为中度首位分布;首位度大于 4 时,则为高度首位分布。国内学者在计算二城市法时,界定直辖市和唯一地级市的首位度为 1,作为首位度计算的特殊地区处理办法(郭松,2006)。

作为拓展,后续学者提出了四城市法与十一城市法,即按照人口规模标准,以首位城市与第二、三、四大城市或者首位城市与除首位城市外的前十一大城市的人口规模之比作为衡量其首位度的计算方法,公式如下:

$$U = \frac{P_1}{\sum_{i=2}^{4} P_i}$$

$$U = \frac{P_1}{\sum_{i=2}^{11} P_i}$$

四城市法与十一城市法的界限值一般均定为 1,超过 1 被认为是显著首位度优势。但是就三者的计算方法来看,依旧仅就人口规模的简单考量,计算模型依旧建立在传统的首位城市定义之上,存在着片面性、武断性和非时效性的局限。

(二)规模指标法的局限性

首先,仅就人口相对规模的计算去定义首位城市的优越性较为片面。随着城市发展方向的多元化,仅以人口数量或人口密度定义城市的功能并不具有科学性。以我国为例,近年来"逃离北上广"的现象愈加频繁,使得原本处于第二梯队的二线城市的发展势头再一次备受瞩目,首位城市的传统定义也受到了冲击,仅就人口规模对于首位城市的界定难以适应时代需求。

其次,人口规模的单一衡量存在武断性。城市分工体系的丰富使得城市的首位度难以仅就人口规模等宏观指标作出评价。传统经济模型下,经济发展不仅依靠传统经济投入要素的丰裕度,更依赖于技术水平的进步、民生水平的提高带来的消费结构的改善等现代要素,而对于这些新的要素丰裕度的衡量难以就传统宏观指标给出结论,需要在新的指标体系下予以反映。另外,城市群的建立与发展使得首位城市具有其独特的功能与特征,这一独特性同样难以用传统指标去衡量,甚至难以用数据指标给出结果。在建立新的指标体系时,同样需要对此予以考量。

最后,仅就人口规模的时序比较缺少时效性。随着国内经济发展开始步入后工业化阶段,人口规模对于城市首位度的反映随着时间越来越不明显,难以做到与时俱进。传统指标随着城市分工复杂化逐渐失去比较意义,难以反映首位城市的职能随着时代的发展而逐渐变化的特点。因此,对于传统指标的选取和计算方案需要根据时代发展需求和首位城市的特点重新进行界定,以实现衡量规模的时效性。

三、首位度计算的引申

城市规模分布反映了一个国家城市人口在不同层级城市中的分布情况,是人口规模的一种相对衡量指标。对于这一指标的实证分析,F.Auerbach 于 1913 年提出了位序-规模分布,这是理论发展早期的分析工具之一。同时,他就其研究结果提出,城市规模分布可以通过帕累托分布来描述。

(一) Zipf 法则

1949 年,G.K. Zipf 对于这一理论进行了改进,并提出了 Zipf 法则,即城市位序-规模法则,公式如下:

$$P_r = K \cdot r^q$$

其中,P_r 是第 r 位城市的人口,K 是最大城市的人口,q 为 Zipf 系数。这一公式解释了城市等级与城市规模之间的关系,被后续学者广泛用于衡量城市规模分布的均衡程度。西方学者认为,q 越接近于-1,即帕累托指数越接近于-1,城市群系统形态越好。

周文(2011)在对国内 2008 年城市帕累托指数的测度中发现,国内城市规模分布基本符合位序-规模法则,城市规模分布的帕累托指数约 1.217;云南和广东两省规模分布的帕累托指数最低,而宁夏最高,说明前者的人口集中于大城市,而后者分布较为均匀;同时,国内城市分布排除个例后的规模分布满足经济发展与之正相关。此外,是否排除农业人口对于帕累托计算的结果同样有着显著差异,体现在均衡程度显著降低上,说明城镇化水平依旧存在着较大的上升空间。最后,从国家分布来看,各省的帕累托指数基本接近于平均水平,分布较为均衡。

(二) mono 指数

同样,为了弥补帕累托指数就城市群规模的欠妥考虑,后续学者提出了 mono 指数,即利用城市群规模最大的前两位、前三位和前四位城市计算所得的 q 值的平均值。公式如下:

$$\ln P_i = C - q \ln R_i$$

其中,P_i 是第 i 位城市的人口或就业规模,C 为常数,R_i 为城市位序,q 为回归系数,一般取绝对值,即 mono 系数值,代表的是城市群的规模分布情况。若 $q>1$,则核心城市具有较高的首位度,城市群通常按照单一中心来首位分布;若 $q<1$,则表明城市群内部就业、人口等比较分散,城市之间的规模差异较小,存在多个中心城市;若 $q=1$,则城市体系完全服从 Zipf 法则。

Zipf 法则和 mono 指数的提出,在一定程度上就人口规模给出了城市规模分布的更为科学有效的计量标准和工具,但是考虑其依旧仅建立于人口规模衡量的改进之上,依旧难以就首位城市给出与时俱进的评判,所以其片面性在所难免。

四、本章小结

城市首位度最初是简单地以人口规模去衡量一个城市相对于其所位于的特定国家和地区的其他城市的领先水平。这一理论建立在城市人口规模决定城市等级的理论基础之上,而实现的时代基础在于旧时代的城市具有显著的功能单一化特点,且城市间分工并没有得到充分发展。但随着城市多元化的不断深化,简单地以人口规模来衡量城市首位度难以再适应时代发展,对于城市首位度的综合考量也拓展至规模、产业、功能和制度等多方面,以丰富城市优势的衡量标准,并实现更为精准的首位城市界定。

参考文献

[1] 徐长生,周志鹏.城市首位度与经济增长[J].财经科学,2014(9):59-68.

[2] 汪明峰.中国城市首位度的省际差异研究[J].现代城市研究,2001(3).

[3] 雷仲敏,康俊杰.城市首位度评价:理论框架与实证分析[J].城市发展研究,2010,17(4).

第二章　新常态下提高城市首位度的意义

　　20 世纪 80 年代中后期，伴随着中美关系由破冰到不断深入发展，世界经济经历了罕见的长达 20 年的"大稳定"时期。尽管日本、阿根廷等国家经济依旧低迷，2002—2007 年依旧是世界经济显著增长且经济学家高度乐观的"黄金期"——无论是发达国家，还是发展中国家，都实现了高度发展；尤其是中国创造的经济奇迹，在当时已然成为世界经济增长的有力引擎。然而，自 2007 年末，随着雷曼兄弟的破产，国际金融危机由美国向全世界蔓延，使得大多数国家至今依旧深陷低迷。然而，对于这一经济下滑的趋势，绝大多数学者均认为这是周期问题的必然结果，并认为宏观刺激就是解决经济危机的最佳手段，"凯恩斯主义"和货币政策远胜于其他政策。因此，刺激政策在全世界得以继续推广。然而，直至 2018 年，这一政策并没有迎来各国期望的经济恢复和增长，反而使得世界一直处于逆全球化和民粹主义抬头的危险境地之中。在这一全球发展"熄火"的过程之中，中国同样不能够幸免，随着 2012 年由两位数增长逐渐下降至个位数增长，经济增速预期不断下调，以及严重的老龄化问题，中国逐渐意识到当前的经济发展现状和未来的经济发展过程已经不再是一个简单的周期理论问题，而是一种结构性问题。中国经济的基本面发生了历史性的变化，经济发展已经步入了一个新阶段。随着原有矛盾不断暴露，新阶段之中全局性、长期性的新现象和新变化不断发生，经济发展走上新的轨道，依赖于新的动力，并要求政府、企业和居民都以新的观念和新的行动去实现。这种深刻的变化就反映出经济逐渐步入"新常态"的事实。

　　在新常态阶段，我国目前逐渐面临要素供给效率、资源配置效率、创新能力与创新水平与高收入水平国家之间的显著差距，同时我国发展所需的资源环境因全球环境问题逐渐加深约束等深刻的结构性问题不断突出，使得自 2012 年以来国内经济的减速不可避免。2014 年 12 月 9 日，习近平主席指出，我国经济发展步入新常态，是经济发展阶段性特征的必然反映，不以人的意志为转移。在这一阶段，我国经济运行的深层次矛盾逐渐暴露，并构成了新常态下的新挑战，包括产能过剩、债务风险、城镇化转型和金融乱象等。而为了更好地应对这些新挑战,引领新常态,首先需要创新驱动,打造新增长引擎;其次,需要市场发挥其作用,实现市场化结构调整;第三,需要进一步加大对外开放,构筑全面对外开放新格局;再次,实现可持续发展,改善生态与发展的关系;最后,缓解社会矛盾,实现包容性增长。

一、新常态对省会城市及直辖市发展的影响

(一)"经济新常态"——定义与宏观表现

经济新常态所展示的是一种阶段性的长期现象和历史特征,即经济发展的客观规律性决定了某一历史阶段的全局性和结构性的改变是一种正常现象。它是一种长期且普遍的现象,是一种"大多数"或者"大概率"的现象。研究经济发展新常态,需要借鉴相当长期的研究成果,需要极广的视野,关注到世界的每一个经济角落,对于每一个所谓的"非常态"现象深入分析和了解,并对今天的常态现象进行对比和借鉴。法国经济学家托马斯·皮凯蒂在《21世纪资本论》中,从大跨度时间上观察经济增长和财富分配的长轨迹和大趋势,以长期数据的收集和分析支撑其学术判断和政策主张。他提出,从人类发展历史看,高速经济增长是工业化时期发生的一段特殊历史现象,也可以说是工业化时期区别于其他时期的特征性"常态"。在工业革命之前,人类的经济增长是极为缓慢的,完成工业化之后,高速增长也将不复存在。他在其数据论述中也突出地指出,1990—2012年,亚洲的人均产值年平均增长率达到了3.8%,也从侧面反映了中国经济高速增长对于世界经济增长的强有力推进。但随着大部分学者对于中国经济增长的预测逐渐趋于保守,新的世界增长环境给中国,或者主要给中国的省会城市及直辖市等经济发展中心地区"笼上了一层雾"。

从2008年国际金融危机依赖的世界经济形式和中国经济发展的态势来看,一个以经济"新常态"为表征的中长期历史阶段正在到来,"新常态"将成为今后相当长一段时期内中国经济发展的基本性质和主要特征。但实际上,即使随着经济增长率下行至7%以下,我国经济增长相比于世界其他地区而言也可以称为"高速增长"。因此,在经济新常态下,只是一种心境的常态和视野的开阔,是由过去一心一意搞发展和注重短期目标向发展平常心态和合理预期性经济综合增长转化的大趋势。

新的发展常态下,我国省会城市和直辖市是最先需要改变发展思路与观念的核心试点地区,将见证由规模增长的首要目标逐渐向全面深化改革、发展思想转变、治

理水平和治理能力现代化等方面。随着社会精神由利己主义、结果主义等极端化、粗放化的思想观念逐渐向分享、平等、公平等物质量化指标与物质成果分配、非物质性其他追求并行的新思想观念,过去经济不受规则约束的陈旧思想逐渐被淘汰,经济发展速度落后也将被逐渐接受。随着大部分城市开始由物质主义向可持续发展主义过渡,经济发展与环境质量兼备的新发展模式逐渐被要求和强调在各个城市,尤其是省会城市及直辖市的发展纲要之中。人们愿意为了公平正义、风险规避、法制太平等目标放弃畸形发展的经济目标,愿意去包容新的元素、新的文化、新的发展方式。对于物质的占有欲开始显著下降,而注重生活质量和自我实现,假日和陪伴家庭越来越重要,人们更加追求自我价值的实现,社会也逐渐更为注重福利的提高。这一切,都对省会城市及直辖市未来的发展规划提出了更高的要求。

(二)新常态下省会城市与直辖市面临的挑战

省会城市和直辖市当前面临的所谓新常态来自过去经济发展的决策,富有旧时代的显著特征,而面对着新的经济发展环境,曾经的发展方式和发展思想遇到了空前的挑战。

首先,来自省会城市与直辖市所面临的与其他城市之间发展矛盾。这一矛盾来自对"让一部分人先富起来"这一思想的扭曲,具体体现在省会城市和直辖市大部分实现了先富起来的目标,但是并没有实现先富代替后富的最终目标。反而使得周边城市和地区的发展潜力被大幅削减,改革开放的果实并没有实现全民共享。

其次,对于物质的扭曲性追求和对于脱贫的粗略解读使得各省会城市与直辖市大多沉迷于经济规模优势的追求,而忽略了其他重要的发展因素。这就使得在取得巨大的经济成就之后,或者经济空虚的稀缺性得以弥补之后,物质所带来的效用逐渐被边际化,而其他因素,包括创新、企业、生活、文化等多种方面的要素稀缺所带来的矛盾集中暴露。这一系列矛盾使得长期积累的人们日益增长的物质文化需求与不匹配的供给之间的总矛盾空前激化,而发展方式则尚未摆脱急于求成的做法,加之国际风云的突变与恶化,使得省会城市和直辖市出现了大量的"欲速则不达"的问题。大量的低效率和浪费现象、寻租现象和素质教育不当现象等与文明发展相悖的问题不断暴露,人们对于生态环境质量、财富分配平等、公共服务普及、社会公平正义、公民素质提高的追求越来越高,使得城市人口对于经济现状存在的诸多不满也在逐渐暴露,这就是新常态下省会城市和直辖市所面临的最为基本的挑战。

（三）新常态下省会城市与直辖市的发展战略要求

如何具体去定义这一基本挑战给予目前省会城市及直辖市的发展纲要所提出的要求，政策制定者需要从过去改革开放的基本发展思路与今天的发展诉求之间的矛盾中探索出来。伴随着改革开放和部分直辖市的试点，过去30年间省会城市与直辖市最为强调的发展点来自效率，而效率的提高和结果主义是各地区推进改革开放的基本动力，但在这一巨大推动力的背后，片面强调的效率优先和结果至上使得粗放式发展的副作用日益暴露。

一是国有资本权力扭曲。最初，省会城市与直辖市对于国有企业的改革动力在于企业所能给予的巨大经济规模所带来的税收效益和经济绩效，但效率优先使得政策制定者片面强调规模的价值，而忽略了企业本身的逐利性所带来的垄断动机（企业垄断主要是为了获取垄断利润或者超额利润），而使得政策红利给予了国有资本以巨大的垄断性权力。在这一背景下，民间资本难以生存，而国有企业则会因缺少市场竞争导致巨大的公平模糊性与定位模糊性，从而使其极易成为利益团体的寻租工具，对于有关企业或产业的国际声誉造成不可弥补的损失，不利于省会城市和直辖市的支柱性产业与企业走向世界。

二是政策寻租动机。省会城市与直辖市的产业发展不可避免地面临着国内与国际竞争，而其核心竞争因素已经由规模与成本优势逐渐转变为技术优势，但在新的竞争环境下，部分省会城市和直辖市依旧坚持原有的规模优先和量化指标思想来制定政策，对于创新的定义模糊笼统，缺少对于城市创新发展的构想，片面追求差异化甚至超国民待遇，使得企业难以培育创新动力，片面追求政策红利，导致效率大幅下降、产业升级难以为继的现象。

三是土地制度扭曲。随着级差地租的推进，省会城市和直辖市逐渐将财政与土地绑架，使得土地逐渐成为地方政府的政绩来源，尤其随着营改增政策的实施，地方政府难以实现收支均衡，从而使得推高地价成为地方政府继续运营的唯一手段，而这造成了地价与房价的市场扭曲，拆迁补偿的失序，开发用地效率低下，囤地现象严重，民众难以承担房地产的重担，民生问题逐渐尖锐。

四是赋税力度失调。政府为实现支出缺口的填补，逐渐集中于"增收节支"政策，加大财税力度与行政性收费力度，从而使得企业赋税越来越重，企业避税和博弈心态与日俱增，甚至逼迫企业退出当地。

五是金融脱实向虚。对于服务经济的片面追求使得省会城市和地方政府在不断做大金融垄断体制,而使得银行坐享巨大的超额利润,金融活动逐渐脱离实体经济,造成资金效率低下,资金成本高企,经济整体脱实向虚。

六是发展环境失衡。省会城市和地方政府过分强调发展目标,而对于资源环境与发展的平衡力度不够,使得部分具有丰富资源的省会城市经历了"资源诅咒",且环境恶化问题日益加剧,不符合当今可持续发展的主流思想。

以上发展方式存在着一个共同的问题,即制度的私利性与省会城市及其直辖市的中心地位的不匹配。换言之,在经济发展新常态下,省会城市及直辖市所需要变革的是自身的治理体系与治理能力,基本政策取向由效率优先、兼顾公平逐渐转变为以公平促进效率,以法治保障公平,形成统一开放、公平竞争、有序规范的市场机制,实现产业、规模扩张、民生标准的公平公正,实现效率与公平的平衡性发展。

一是淘汰和转移落后产能,提高产业发展水平。 传统的城市评价体系下,省会城市及直辖市发展的溢出效应与发展政策意向存在一定的分歧,重点体现在现有体制下,本地就业与税收已经转变为各地政府与中央政府博弈的筹码,导致各地政府一刀切式地扶持本地企业,使得各地产业同质化现象越来越严重。而企业间普遍存在的政府兜底意识使得过度和冒进投资经常发生,最终导致严重的产能过剩和资源浪费,甚至导致政府和企业均陷入债务风险。新常态下,投资拉动经济增长的引擎相对"熄火",转移过剩的传统产能并集中力量发展中高端产业、提高产业发展水平已经成为现阶段的国家级战略目标之一,并对省会城市和直辖市的产业布局和发展提出了新的要求,即以头部经济为主,实现地区性优势产业聚集,推动城市溢出效应。

二是扩大和深化对外合作与交流。 转移和淘汰落后产能依赖于市场的力量,尤其是国际贸易自由化下引进国外竞争来倒逼国内加快改革步伐,或通过示范效应来获取技术溢出等学习效益,从而推动区域协调发展,实现产业转移和发展。通过近期的贸易战等事件,我们不难发现,我国目前的技术水平距离发达国家依旧有着巨大的差距,而为了追平这一差距,实现科技兴国战略目标,需要扩大开放,吸引国外的优质企业与优质人才,一方面倒逼国内企业吸取经验,加快自主创新的步伐以争夺国内市场;另一方面则向世界表明国内的态度,即国内坚持扩大交流与合作,推动国内成为世界交流的窗口,实现知识、技术、人才等多方面的自由流通,这具有划时代的意义。

三是合理引导城镇化建设,不搞一刀切式政策。 随着房地产和基建"大水漫灌式"的扩张式投资逐渐"熄火","一刀切式"城镇化带来的恶果也逐渐显现,如建筑材料的过剩,产业脱实向虚等。这是由于传统的城镇化目标仅简单地就人口规模因素来衡量城镇化水平,而对于产业集聚、规模经济、人力资本和知识溢出效应等更为现代化的因素重视程度不高等。新常态下,省会城市及直辖市的城镇化规划作为其他城市的先决范例,更需要综合考虑其地区性领先在产业、技术等方面的体现和溢出。

四是有效管理生态与发展的关系,实现可持续发展。新常态下的发展不应以牺牲环境为代价,而抛弃作为大国对于温室效应气体排放等世界气候问题应当承担的责任,应当合理有效地把生态管理纳入发展规划之中,实现可持续发展。对此,各省会城市和直辖市应当就制度先进性给出示范,积极响应低碳经济改革的战略需求,指导区域经济与生态统筹发展。

二、新常态下提升城市首位度的意义

(一)新常态为城市首位度改革注入新动力

在经济发展新常态下,由于经济增长方式的转变,以及增长速度的减缓,将发生一系列系统性的机制和利益关系变化。因此,改革推进必须平衡"生产导向"与"分配导向"的体制机制。其中最常见的就是"亲商"和"亲民"政策权衡,以及鼓励竞争、激励先进与扶助弱势、保障底线的政策权衡。由于改革红利是改革动力的源泉,所以,改革的实际效应应该直接体现为尽可能扩大改革红利的受益人群面,减少改革代价的承受人群面。改革红利应该是具体的和可感受的,而不是抽象的和虚幻的,而且,应当有相当程度的获益及时性。理论上说,只有当改革受益所形成的社会动力明显地大于因改革受损所形成的阻力,改革的推进才具有可行性。即使是集权式改革,基于完全合理合法的原则,也必须充分考虑受益与受损的现实利益格局,改革路径即使没有"帕累托改进"的空间,即无法做到在不使任何人受损的条件下使一些人受益,也应遵循利益动力正向性原则,即改革受益的正能量显著大于受损所致的负能量。

再者,审慎对待改革的原推动力机制所形成的利益格局,适当承认和保持可接受的既得利益,减少因显著不公平而获取的不可接受的既得利益,坚决遏制和制裁非法获利。反腐获得广泛和强烈的民意支持,是改革突破利益藩篱的强有力正能量。而持续的民意支持还要基于使更多人从改革中获得可以直接感受的切身利益。改革要积极推动政府、社会、市场关系向适应经济发展新常态的方向转变。尤其是要使"父母官"心态和体制逐渐转变为政府真正承担"公仆"和"裁判员"职能的体制。改革的"顶层设计"和"规范行为"不能够由行政性系统主导体制灌输,即形而上学式的统一贯彻。市场和社会主体不能够变为改革的被动接受者,而应当自主参与其中。同时,体制改革的公共品逻辑决定了改革的动力机制中需要由体现利益中性的"智库"和

"第三方评估"机制。由于改革的具体举措必然涉及敏感的利益关系,通常还会有一定的副作用,尽管在全局上充分合理,但也未必对所有人都同样有利,甚至会使一些人不可避免地受损。所以需要有相对超脱的"利益不相关方"或"利益非相关者"参与改革决策。这是改革的第二级动力机制同第一级动力机制相区别的特点之一。

最后,经济发展新常态的一个显著特点是,逐步消除各种垄断现象,尤其是消除行政性垄断,从而形成公平竞争的市场机制,有效发挥市场在资源配置中的决定性作用,而要消除垄断,就必须有比垄断势力更为强有力的改革力量。这种改革力量不可能仅仅来源于经济领域,因此,经济体制改革的成功必须基于各领域的全面深化改革,在涉及重大复杂利益的改革上,需要有"政治决定"的决断机制。据此,新常态下,对城市首位度的定义不再简单地聚焦于人口规模优势,而是就产业、规模、功能和制度等多方面实现首位城市的相对优势,因此,提升新常态下的城市首位度也是发展战略目标的必要条件。

(二)新常态促进城市首位度综合发展

首先,提高首位城市的规模首位度,通过首位城市的资源优势和人口优势合理引导城镇化建设。通过城市本身的集聚性优势实现过渡性城市扩张,有利于减少"一刀切式"政策造成的无效重复建设和资源浪费,提高城镇化效率。城镇化进程是国家发展蓝图之中关系民生的重要一环,而作为规模首位的城市,其城镇化路径已经具有显著的示范作用,不仅体现在其资源规模、人口规模等传统衡量标准之上,更体现在其便利化程度、民生水平、人均公共服务等多方面的平均规模考评之上。相对于此,国内二线城市的崛起就能够在资源与人口不具有显性比较优势的情况下,凭借着公共资源、生活便利水平等多方面因素在多方面实现了一线城市同等的吸引力。作为首位城市,其规模优势能够带来要素集聚性,从而进一步扩大这一优势,实现良性循环。

其次,提高首位城市的产业首位度,体现为提升首位城市内部产业链地位,提高产业增加值率。这有利于建立首位城市的头部经济地位、实现区域产业经济的合理布局、提高区域内技术溢出效率、促进区域产业经济协调发展。首位城市就产业方面发挥其辐射效用必然需要高端产业的比较优势。随着对外开放步伐的逐渐加快,拥有具有国际性比较优势的发达产业是首位城市具有其地位的必然要求,也是首位城市实现区域性产业政策的坚实基础。高端产业的比较优势来源于两方面:一是产业在价值链之中的地位,二是产品附加值。实现高端产业比较优势,有利于首位城市建立以自身产业为核心的多边产业体系,通过高级要素的投产关系发展或吸引其他高端产业,从而实现区域性产业的结构性改革,应对新常态下产业的困境。

最后,通过提高首位城市的功能首位度,能够实现区域内部城市间的功能性协调和统筹,提高城市分工效率。通过以首位城市分别作为交通运输、公共服务、对外开放和城市群布局的中心,有利于加强城市间的交流与合作,避免重复的政府性事务,提高行政效率。随着城市分工体系的发展完善,首位城市与非首位城市最为重要的区别在于首位城市的功能独特性,具体体现在枢纽地位、空间便利度、公共服务效率、行政效率等多方面的独特优势,而这一独特优势的实现能够起到行为的示范与指导作用与公共要素的辐射作用,实现对周边城市禀赋功能的促进。

三、本章小结

新常态下,国家传统发展观念的演变对于城市首位度提出了新的衡量标准和新的发展诉求,即在这一概念新的定义下,提升首位城市的首位度体现在产业、规模、功能和制度等多方面质的提升。提升首位度的意义在于充分利用首位优势引领城市群或区域经济发展符合时代诉求,顺势而行,在尊重经济发展规律的前提下,实现区域协调发展和可持续发展的战略目标。

参考文献

[1] 李扬,张晓晶.“新常态”:经济发展的逻辑与前景[J].经济研究,2015(5):4-19.

[2] 蔡玥冉.供给侧结构性改革——适应和引领中国经济新常态[J].财经界,2016(35).

[3] 刘伟,苏剑.“新常态”下的中国宏观调控[J].经济科学,2014,Vol.36(4):5-13.

第三章 供给侧结构性改革
下优化城市首位度的意义

供给侧改革的提出始于产能过剩现象的普遍存在。新常态下企业的自主创新能力被传统制度所抑制,而其最为惯常的产业化体现就在于国内企业——尤其是传统重工业对基本技术的依赖,而难以实现在效率与创新水平上的提高,使得产业创造的增加值大打折扣,大部分传统行业的利润率出现了大幅的负增长。与此同时,企业依旧在疯狂地扩张,造成了市场不景气与产能过度扩张并存的局面,反映出当今国内对于规模经济过度追求所导致的严重的产业发展障碍。随着消费市场因经济水平的发展而不断提高、改善,供需关系出现了严重的结构性失衡,国内的供给难以实现日益提高的需求,具体表现在一方面,过剩产能对于先进产能进行了残酷的挤兑;另一方面,中国的供给体系与需求侧严重不配套,总体上是中低端产品过剩,高端产品供给不足,同时高端产品供给难以满足需求市场。强调供给侧改革,就是要从生产、供给端入手,调整供给结构,为真正启动内需,打造经济发展新动力寻求路径。2015 年 11 月 11 日召开的国务院常务会议上,以消费升级促进产业升级,培育形成新供给新动力扩大内需的供给侧改革再次被深入解读,同时指明了今后宏观政策和着力点。2017 年 10 月 18 日,习近平同志在十九大报告中指出,深化供给侧结构性改革。建设现代化经济体系,必须把发展经济的着力点放在实体经济上,把提高供给体系质量作为主攻方向,显著增强我国经济质量优势。随着全球凯恩斯主义货币政策的弊端逐渐暴露,通过提高生产能力来促进消费、从而促进经济增长逐渐成为结构性改革的主线,其目的在于合理克服现有政策的弊端,实现更为优化的增长。

一、供给侧结构性改革对省会城市及直辖市发展的影响

供给侧改革始于供给管理理论,其最初提出于 20 世纪 70 年代的美国。当时美国经济面临着严重的"滞胀",凯恩斯主义失灵。供给管理体制的核心在于减少税负和国家干预经济的力度,以"无形的手"而非"有形的手"主导经济的调节与管理。其核心在于,只有通过优化投入要素,才能优化总供给,并增加和优化总供给,并使得全

社会财富增加,提高国家经济发展水平,填补税收空缺,实现经济效率最大化。

从这个角度来看,省会城市与直辖市就减税减负方面的有所作为是供给侧改革能够实现经济发展的第一前提,且最为重要的减负政策在于降低边际税负。支撑这一政策理念的基本观念在于拉弗曲线,即征税具有收入效应和替代效应两种效果:收入效应会增加政府的税收收入;替代效应会减少政府的税收收入。因此,随着税率的增加,政府的税收收入呈现先增加后减少的趋势。

目前,省会城市及直辖市就税负方面依旧处于高位,企业难以负担各种税收与行政事业性收费,导致大量的企业集中相当一部分资源与精力专注于避税以提高生存空间,不利于企业长期的发展,同样也不利于地区经济长期的发展。此时,适当的减税将有助于企业减少避税的精力而专注于企业生产,从而实现企业规模的扩大,进一步带来政府税收的增加。部分省会城市及直辖市的实践已经表明,高税收挫伤了人们劳动和储蓄的积极性,同时减少了企业投资的积极性,阻碍资本形成,降低社会生产财富的能力,使得供给侧的经济微观主体受到抑制。此时,减税可以刺激他们的积极性,增加供给,进而通过"萨伊定律"实现由供给自动创造需求,使经济走出谷底。经济的增长扩大了政府的税基,从而增加政府的税收收入。

其次,政府开支和干预规模的减少,也是省会城市和直辖市刺激经济活力进一步发展的重要启示之一。政府过大的开支和过长的手不仅无益于供给质量与供给结构的优化,反而会滋生政府的权力垄断与腐败,进一步降低自由竞争环境的构建,损害企业家精神的弘扬与发展,使得政府成为经济增长和结构性优化的包袱。随着省会城市与直辖市政府对当地市场的合理运行的干预不断减少,留给利益集团的寻租空间将被大幅缩减,从而鼓励公平公正的市场竞争,倒逼企业面对竞争并提高自身实力。无论是减税,还是减支和放任并重,都是一种将发展最大限度交给市场去定夺的方法。

当前,过高的税负和过长的政府干预带来了四个方面的问题,即产能过剩、企业避税与寻租、发展速度与民生水平提高速度不匹配和政府效率低下。(1)产能过剩来自政府对于税收的过度依赖,以及过度粗放式发展带来的对量化指标的过分强调。(2)企业避税与寻租来自政府的税负力度与一刀切式的发展政策,使得企业丧失了寻求竞争优势的动力。(3)民生水平提高的相对落后则来自过去对发展速度的过分强调和单一追求,而使得其他方面的发展诉求被遏制,从而导致了目前显著的"国进民退"现象,使得经济发展与省会城市与直辖市人民的生活水平提高之间的矛盾越来越尖锐,从而显著抑制了经济的进一步发展。(4)政府效率的低下,则来自省会城市和直辖市长期以来政府的权力垄断,其"过长的手"所导致的普遍的权力寻租行为,这一腐败的根源随着经济发展日益得到暴露。

综上所述,供给侧结构性改革包括产业、调控、财税与资本的新战略部署,即包括产业优化重组、结构性减税、化解房地产库存和防范过度投资,几大领域相辅相成,共同勾勒了供给侧改革的总路线,也为包括省会城市和直辖市等首位城市提供了新的发展思路。

一是减税与去化同时进行的情况下,防范过度投资和金融乱象。在"藏富于民"的基本宗旨依旧保持不变的前提下,减税的力度在一定程度上会让政府"感到痛",同时为了稳定财政,去化必然会伴随着政府干预市场导致的房地产泡沫现象,从而造成过度投资和金融乱象。首位城市作为房地产的风向标,更应当切实防范经济脱实向虚,在去化的同时借助市场的力量消化泡沫,实现经济与财政的健康关系。自营改增改革以来,中央与地方的财政状况发生了深刻的改变,财政收入进一步收紧于中央,使得地方政府在财政收支方面开始出现入不敷出的现象。为了缓解财政压力,地方政府一方面寻求推高土地价格,另一方面积极扶持本地企业,盲目扩大产能,以提高企业税负,这就使得产能过剩进一步加深,同时土地价格水涨船高,使得大部分城市出现了"国进民退"的现象。伴随着产能过剩,尤其是房地产过剩造成的现象引起了中央的重视,提出了去库存的战略目标;但同时,棚改的去化也给地方政府带来了土地财政依赖度的大幅提高,房价的抬高使得土地价格随之提高,而随之跟进的税收也大幅上涨,填补了地方政府的财政亏空。这就使得地方政府的土地依赖陷入恶性循环,使得地方的财政状况进一步恶化,同时民众的财富出现大幅泡沫,难以实现城市的发展目标。随着减税与去化的双重压力,政府扶持的过度投资造成了大量的产业重复建设和土地价格泡沫,实体经济的利润远远低于虚拟经济,造成城市经济不断脱实向虚,失去赖以发展的经济基础,出现金融乱象。金融乱象主要表现为虚拟经济大幅挤兑实体经济的现象,即资本服务于资本而非服务于制造,从而使得资本掠夺性进一步加强,难以适应我国社会主义的本质,进一步造成人民与资本的矛盾的激化,引发社会危机,阻碍经济增长。作为金融资本功能协调性主体,首位城市的金融稳定直接影响到中央与地方就财政矛盾的合理解决方法与机制的建立,这就对首位城市的房地产调控和投资管理提出了更高的要求。

二是重组产业并转移和淘汰落后产能的同时,实现稳健财政。随着产业重组和转移,政府能够通过本地企业获取的税收相对明显减少,而需要的科技投资等则显著上升,造成了多地政府入不敷出的困境。如何在保证产业升级中政府充分发挥其财政作用的同时,实现稳健财政,已经成为考验地方政府智慧的重要使命。产能过剩一方面反映了地方政府的税收空缺,另一方面则给产业升级带来了巨大的压力。产业升级依赖于大量的投资,不仅包括学习型的对外投资,也包括自主研发的鼓励性减税政策等。这些对政府的财政收支提出了更为严苛的要求,使得财政稳健难以在提高效率的同时得以实现。产能过剩一方面挤占了大量的基础性资源,使得新兴产业的规模经济难以实现;另一方面也暴露了利益团体之间就寻租行为带来的恶性循环,使得新兴产业更难以得到政策的保护。解决这一日趋严重的问题,不仅需要政策与制度在政治与经济之上的先进性水平显著提高,更需要做到政治透明化、高效化管理,在保证产业升级扶持的基础上,实现财政稳健。

三是在保障就业的同时,通过产业优化重组提高居民生活水平。从供给侧角度来看,我国本地产业,尤其是制造业在民用方面依旧和世界其他发达地区存在着巨大的差距,使得我国的消费能力与我国的供给能力严重不匹配。但产业转移同样意味着就业难以得到保障,同时对人力资本提出了更高的要求。如何解决这一民生与发展的矛盾,也是当今大多数步入后工业化阶段的首位城市所需要面临的问题。产业优化重组的过程之中,裁员潮在所难免,其原因在于岗位结构性需求的变化,需求主力逐渐由低成本劳动力为主向高端人才为主发展。随着低成本劳动需求的减弱,企业对于低成本劳动愿意负担的工资减少,而对于高端人才愿意负担的工资大幅提高,禀赋的不匹配使得失业潮随着产业改革的深入而愈演愈烈。就业难以保障的情况下,居民生活水平的提高仅限于少数人。若政府为保障就业选择以牺牲产业优化为前提,民用产业供给与消费的矛盾则会进一步加深,使消费能力外溢,产业难以生存,进而同样会引发降薪与裁员潮,使得社会矛盾进一步暴露。因此,如何就就业保障与产业结构升级在短期与长期利益之中寻找到一个平衡点,是首位城市不可避免需要面对的问题。

二、供给侧结构性改革下优化城市首位度的意义

(一)供给侧改革倒逼首位度城市改革自身发展评价机制

供给侧改革下,城市首位度的衡量不应当继续被局限于量化指标,而应当综合考虑到包括规模、产业、城市功能和制度优越性等多种因素。传统体系下对于人口、经济规模等单纯的数量指标的过分强调导致了对于经济发展的单一解读,而结果主义毋庸置疑地加重了政策制定者急功近利的心态。而这一愈发不合理的发展思路导致

了目前所出现的新常态现象。从市场角度看，供给无效化现象日益凸显，国内产品质量太次而难以满足消费需求，同时产品过分强调集中于低端产业，使得国内购买力大量外溢，同时国内产品无人问津，而这一切主要来源于政府对于经济规模的盲目追求。市场的变化则来源于经济的发展，随着巨大的物质空缺的弥补，消费者对于品质的追求日益提高，对于国内产品提出了更为严格的要求，而国内的产业在片面强调规模效益的同时，并没有实现合理有效的产业升级和发展。其中尤其以大部分省会城市与直辖市目前的产业现状为例，在城市内部市场的巨大需求面前，城市内部的支柱产业却难以满足甚至无法进入当地市场，这一现象反映出需求的调节供给的能力被明显抑制，而这一抑制的最大力量就来自于政府。政府"有形之手"的过长之处在于两个方面：一是行政法规形成的行政垄断和过分的行政管制，使得以国有企业为代表的上游企业在省会城市与直辖市大多数处于垄断状态，成为利益团体寻租的工具，从而带来了严重的腐败和低效率现象；另一方面，金融等服务经济制度的一刀切式发展，使得高融资成本、高税费成本、高人力成本、高原材料成本和高行政成本重压在民营资本身上，导致虚拟经济在巨大的利益面前脱离实体"自娱自乐"，而非服务于实体经济，民营经济越来越难以生存与发展，在客观上形成了对实体经济或者说供给侧发展的挤压。最后，供给激励不足的问题也使得技术创新领域难以为继，技术创新领域的"大锅饭"薪酬和对于科研人员成果缺乏保护等方面，均极大地遏制了技术创新的动力。因此，我国进行供给侧改革所面临的最大障碍，依旧在于对于新的治理体系和治理能力的构建，从而确保利益寻租行为的杜绝和供给动力得以恢复和发展。供给侧结构性改革下，对于城市首位度的进一步优化体现在其就传统体制背景下和新常态下这一概念的广义性新特征，同时这一首位度衡量标准也就供给侧改革对首位城市提供新的发展思路给出了较为具体的衡量标准。

（二）供给侧改革为城市首位度综合发展提供具体目标

规模扩张的科学性解读是城市首位度优化的关键。以规模首位度作为城市首位度的衡量标准，有利于综合考虑资源禀赋和生活水平的共同进步。规模首位度更多注重人均资源禀赋和中位数生活水平等新指标的分析考量，在温饱社会基本实现的前提下，生活水平的进一步提高更多地应以人均公共资源、人均生活水平为基础。因此，纳入新的衡量标准，标志着城市先进度的衡量实现了质的飞跃，也为城市规模扩张提供了新的思路。规模首位度在供给侧改革下首先需要解决的问题体现在两个基本要素上，即人口与土地。其中，对于人口增长与经济发展关系的再界定，不仅是学术界历来讨论的重点,更是商界生存发展的基础性理论。人口是供给与需求的基础,对于人口政策的调整和完善,直接影响到供给侧改革的推进,也是经济转型升级和发展进步的关键。土地制度的安排对于供给与需求的重要性体现在其对于其他生产要素的集聚性作用和对于供给尤其是公共产品供给的带动,有利于优化供给,促进经济发展。但是近年来,土地制度的不合理应用使得土地财政成为地方政府填补财政亏空的手段,使得去化过程中出现了严重的金融乱象,日益严峻的去库存与土地财政的交织使得城乡土地制度改革再一次被提上日程。将城乡土地统一纳入首位城市的规模首位度评价体系之中,有利于加速推进土地改革,使地方政府逐渐摆脱土地财政的依赖,实现土地制度真正利于民。

产业发展要求城市首位度考虑到产业结构性发展。产业首位度应当作为城市首位度的衡量标准之一,其首位度体现在产业规模、产业地位和产业增加值率等多个方面。首先,考虑产业规模体现了目前省会城市和直辖市的发展现状,即大部分潜在首位城市依旧处于需要产业扩张的阶段,其实体产业的规模效益,尤其是高端制造业的规模效益依旧存在着进一步提升和发展的空间。其次,产业国际地位的提高是首位城市和直辖市保持产业规模的可持续性首位的必要条件。产业地位的提高体现出产业应当实施创新驱动战略,实现技术密集型产业布局总领,利用质量与效益在国际市场竞争之中取胜,从而形成新的产业规模增长的动力,实现可持续性的发展。最后,产业增加值率的提高是针对产能过剩,产业的结构性升级依旧来自增加值率的提高,而对比世界其他地区的先进城市和地区,我国首位城市的产业增值率远远达不到先进标准,也意味着巨大的提升空间。我国首位城市及直辖市应当抓住当前消费市场的结构性升级机遇,充分发挥市场的作用,实现产业内企业在市场力量下的优胜劣汰,逐步取消过去对于产业规模的过分强调,鼓励企业、产业走向国际竞争,真正实现高附加值产品的生产,从而满足国内消费市场的需求,实现供需平衡的螺旋式发展。

创新机制与开放经济的矛盾是城市功能首位度优化的最大障碍。创新与开放是当今新常态经济的主题,也是供给侧改革的关键。供给侧产品的优化和市场潜力的发掘依赖于创新机制的健全与发展,依赖于创新良性循环体系的建立,而开放经济在引进新观点、新气象的同时,也会给长时间桎梏于"拿来主义"的旧发展政策以更大的惯性,使得以创新为动力的新发展战略受到较为巨大的历史阻力。从这一点上来看,供给侧改革给首位城市功能化定义所带来的最大贡献在于,创新与开放并存的包容并蓄思想的深化与发展。在坚持开放竞争发展观,坚持与国际合作,与世界接轨的同时,引导企业树立危机意识和大局意识,在维护市场公平的同时为企业的国际公平竞争提供支持,确立创新奖励机制和产业扶持制度,真正实现企业的有所创新、有的创新和对未来微观经济发展方向的把握,从思想上实现创新与开放、竞争与合作、公平与实力第一的供给侧改革方向,使改革真正实现解放思想、实事求是的意义。

三、本章小结

本章重点讨论了新常态下供给侧改革的原因、对于省会城市及直辖市构建首位城市的影响与意义。新的经济发展环境下,原有的粗放式发展带来的巨大的经济成就难以填补需求方面的空缺,尤其是高级需求和精神文化方面的需求,使得国内出现了大量的经济乱象,对于省会城市及直辖市的进一步发展既是机遇又是挑战。作为首位城市,为了实现首位度发展符合国家战略,为国家步入高收入水平和实现民族繁荣富强的目标奠定基础,应当充分发挥现阶段的政府职能,实现藏富于民,实现创新发展,实现供给侧产品质量的跃升,在供给侧改革中探索未来的发展路径。

参考文献

［1］冯志峰.供给侧结构性改革的理论逻辑与实践路径[J].经济问题,2016(2):12-17.

［2］蔡玥冉.供给侧结构性改革——适应和引领中国经济新常态[J].财经界,2016(35).

第四章　市场环境下城市首位度
发展的机遇和挑战

随着经济步入新常态而现阶段供给侧的弊端不断展现出来,目前国内的市场环境经历了巨大的变化。一方面,消费观念随着巨大的经济红利而变化,使得消费市场结构发生了更为深层次的变化,中高端消费需求逐渐取代了大部分的低端消费需求,对本土产业的技术进步与产品升级提出了更高的要求;另一方面,供给侧的弊端更多体现出市场环境的变化,随着人口红利的逐渐消失和劳动成本的迅速上升、原材料供应成本随着国际环境的不确定而不断提高,以及脱实向虚引发的金融盘踞和"吸血"实体经济使得资金成本越来越高等一系列方面的压力,民营企业和中小企业的运营越来越艰难,并加剧了供给侧改革以适应日益提高的消费需求的挑战。

一、市场环境给城市首位度发展带来的机遇

(一)需求侧视角下市场环境变化发展机遇

从消费角度看,更为理性的消费市场给企业转型升级以巨大的动力,从而推动了首位城市产业首位度的发展。随着经济的发展,我国居民消费结构发生了重要的变化,主要体现在三个方面。

一是从数量向质量的转变,我国居民原先对产品数量的需求正逐渐向对质量的需求过渡。质量追求是未来消费结构变化的长期特征,在产品个性化需求方面越来越多,如住宅越来越注重舒适和美观而非升值空间,食品越来越重视绿色和安全而非价格,产品越来越重视多功能和高档化等。

二是从物质消费向精神消费的转变。在我国城镇居民收入不断增加,消费水平不断提升的情况下,物质消费向精神消费的转变是必然趋势。在物质生活资料得到保障之后,居民消费对于精神文化需求的比例必然会扩大,另外,娱乐休闲与旅游等相关文化娱乐产品也在很大程度上体现除了我国居民丰富精神文化的必然需要。精神生活消费的多样性和多层次性以及文化消费的增加,也是我国居民消费层次不断

提升的重要表现方式。

三是生存消费向发展消费转变。在生存资源得到质和量的满足之后,我国居民在消费过程中必然会更多地关注跟自身发展相关的消费需求,会进一步加大对健身医疗保健和教育方面的投资,同时追求快捷交通和对称信息,提升自身发展水平。居民发展需求带来的消费需求正逐渐成为我国消费市场的重要内容。

消费市场的改善主要体现在三个方面:一是市场准入的社会满意度提高,二是市场监管力度的加强,三是对于知识产权的保护加强。随着对外开放的进一步加快,产品结构进一步得到改善,高质量产品进入市场的进程加快,促进了国内消费市场和消费理念的改善,同时市场主体活力迸发,发展质量不断走高,创新产品的快速融入,为经济发展的新动力指明了方向。同时,随着市场监管力度的加强,市场竞争环境开始步入平稳有序发展的快速增长期。随着竞争执法工作的深入发展、竞争执法力度的加强,市场秩序得以显著改善,公平竞争的市场环境已初现雏形,有利于全国统一市场的建立;执法制度的建设包括加大反垄断执法力度、价格监管和反不正当竞争执法制度、强化知识产权保护力度、深入推进"双随机、一公开"监管、企业信用监管长效机制的完善和市场监管力度的加强。良好的执法制度使得消费环境满意度持续提高,市场消费环境不断改善,社会满意度持续提升。最后,知识产权保护的加强重点体现在对于先进专利与技术、文化作品等过去不受重视领域的重点保护,达到补短板的效果,从而进一步实现了消费环境的科学发展。

(二)供给视角下市场环境变化发展机遇

从供给角度看,盲目规模扩张带来的问题促使企业寻求更为多元的要素优势积累,从而推动了首位城市规模首位度和功能首位度的实现。为了解决日趋上升的成本问题和劳动力问题,企业一方面有着更为巨大的动力寻求知识溢出和人力资本积累,另一方面也将寻求更为紧密的产业内与产业间合作。这为城市人才吸引度和城市产业合作功能提供了新的动力,有利于城市高级资源优势和功能优势的积累。供给缺口带来的机遇主要体现在产业发展方向、人才培养方向、研发方向等方面的具体答案,体现在其由市场自主给出结果的科学性与合理性,为企业发展、产业发展甚至国家发展蓝图构建出了具体直接的市场诉求,具有重要意义。其中,公共产品供给的效率升级,逐渐成为应对于消费升级的重要举措。

随着我国市场经济的不断发展,公共产品供给通过市场机制来实现的现象已经越来越普遍,公共产品的市场化供给取得了一定程度的发展。国家提出鼓励和引导非国有经济以独资、合作、联营、参股、特许经营等方式,参与经营性的基础设施建设和公益事业项目建设;并提出鼓励各类所有制经济积极参与投资与经营,实现投资主体和运营主体的多元化。市场也做出了积极响应,大量民间资本开始进入公共产品生产与供给的各个领域,本来由政府"包揽"的公共产品如今不断地转型由市场供给,并逐渐成了公共产品供给的一个发展变化趋势。近年来,技术进步和政府职能转变创造了将市场机制引入公共产品供给领域的条件,为私人资本的深入参与打下了基础,而私人资本规模的不断扩大和各种制度创新更是增强了市场供给公共产品的能力,我国公共产品的市场化供给取得了初步进展。公共产品市场化供给的发展打破了原先政府独家提供的垄断格局,在公共产品上逐步培育起公开、公平、公正的市场竞争环境,使企业在竞争中成为市场主体,有效激发出企业经验的积极性,这一方面提高了我国公共产品的生产效率和质量,另一方面也缓解了财政压力。所以,公共产品供给的市场化无论是从提高公共产品经济效率还是更好地满足社会公共需要的公平角度出发,都具有重要的意义。实现公共产品的私有化经营,能够更好地实现首位度城市自身产业首位度与功能首位度的综合性发展,提高其科学性与合理性。

最后,产业转型最为科学有效的方式,就是利用市场的择优性,在竞争中实现自然的优胜劣汰,按经济规律办事。在日趋理性和国际化的消费市场下,如何转型升级由市场指明了具体的道路,作为企业最为直接和公开的信息渠道,市场环境的变化将在企业转型升级之中扮演更为重要的角色,而企业的转型升级直接关系到首位城市产业首位度的发展。随着理性消费观念的进一步拓展,市场对产业升级的具体要求也在不断显现,从而有效地促进了产业结构向高价值链、高附加值产业为主导的现代化目标推进。

二、市场环境给城市首位度发展带来的挑战

(一)传统产业政策惯性

企业愈加激烈的本土内竞争使得首位城市难以建立公平有效的市场环境以实现市场潜力的开发。传统制度下产业趋同性使得企业之间的竞争不可避免地出现企业寻租行为,从而造成行政不公平、不透明现象。此时,首位城市的规模优势与功能优势均失去了其意义,难以发挥其带动周边地区经济发展的作用,甚至会通过恶意竞争损害首位城市的国际化发展。值得关注的是,消费市场的改善并不一定能够带来本土企业的竞争压力,反而可能会助推本土企业之间的恶性竞争,甚至会造成本土企业

为赢得市场份额采取寻租行为来实现成本优势或政策优势等不公平竞争优势,不仅不利于外部优质产业的进入,反而会进一步阻碍本土产业的转型和升级,最终造成资源与效率的大量浪费,并使得首位城市最终失去其赖以发展的产业优势。避免这一现象发生的主要方法就是填补传统制度在行政透明度与行政效率等方面的政策空白,确保企业之间的平等竞争得以实现。其中,对于首位城市制度的制度公平与行政效率要求最高,作为具有产业优势和规模优势的中心城市,首位城市的消费市场在对外开放之中起到晴雨表的作用,其所代表的消费能力与消费水平往往是整个区域的典范,若这一市场存在不透明度,整个区域的消费市场的健康发展都会受到阻碍。如何借助先进的制度,实现首位城市的供需健康发展,并以此带动区域整体的供需健康发展,是首位城市所面临的重要挑战之一。

(二)产能水平不足挑战

消费市场与供给市场的不匹配会导致本土企业难以匹配对外开放新要求。现阶段,国内的产能水平越来越难以满足消费市场的需求,本土企业难以适应现阶段对外开放的节奏,造成部分首位城市难以加快对外开放步伐,提高城市首位度。国内产能水平落后一方面来自国内产能愈加难以适应国内消费市场的改革的步伐,另一方面体现在消费市场的开放使得国内产能再一次面对来自国外先进企业与先进技术的竞争。现阶段,企业面临的压力更多地来自关键生产技术的变革、产品的创新和独特性和产品的民用性水平显著低于国外先进产品,使得其在扩大开放与发展的前提下难以再次运用价格优势等传统优势赢得市场份额,从而难以实现规模经济。随着国内对于专利保护的加强,旧时代"技术换市场"的思想已经不再是竞争的主要手段,取而代之的是自主创新为主的创新拉动性增长目标,但随着国际环境因为贸易保护主义的抬头而蒙上的阴霾,本土企业依靠自主创新实现增长依旧存在着巨大的不确定性,如何就本土企业的发展步伐与对外开放的步伐相统一,充分实现创新发展与产业转型,是首位城市在新的市场环境下所需面对的重要挑战。

(三)金融落后挑战

日益脆弱的资金链难以实现首位城市的产业首位度。以房地产市场为首的传统体制与现代市场关系扭曲的金融乱象依旧没有得到整治,使得企业对于虚拟经济的依赖越来越高,脆弱的资金链造成了企业升级难、转型难等问题,难以单独依靠市场的力量实现产业转型与升级,而需要依赖政府的政策调控,而这又会导致一定的有偏性行为。如何寻求一个均衡点，保证实体与虚拟经济的协同健康发展，是首位城市在实现其首位度时所面临的首要问题。同时，在公共产品市场化竞争的过程之中，我们也必须注意到新市场环境对于其市场化进程所存在的阻碍效应，一方面，当前私人资本在公共产品的投资潜力、经营积极性与能力并没有完全发挥出来，许多领域的公共产品供给还处于低效率状态，公营事业单位亏损的现象也仍然存在。而这些在很大程度上与各种体制性障碍有关：首先，对私人资本的市场准入仍旧存在若干"禁区"或者设置苛刻的条款，从而导致了私人资本难以进入公共产品的供给领域。基础设施成为私人资本投资的一大禁区，另外，金融、旅游、卫生等新型服务行业的民间投资同样也存在着很大的进入困难。其次，在公共产品产权制度上也存在着不完善之处。新制度经济学认为，产权的保障可以通过降低交易成本而优化市场配置资源的效率，公共产品的市场有效供给必须以对私人产权的制度保障为前提条件。但是就目前情况而言，在公共产品产权制度上仍颇有争议，各种相关法律也十分薄弱。因此，破除垄断部门的利益特权，从体制上根除市场准入的"禁区"，健全公共产品的产权制度，保护私人投资者的合法权益，这些都是未来进一步深化公共产品供给市场化改革的重点和难点。

（四）文化凝聚力不足挑战

文化产业发展与市场需求的不匹配，是制约首位城市全面功能化发展的重要因素之一。文化产业发展的需求来源于改革开放带来的巨大经济成就，同时又给进一步的文化凝聚力和文化竞争力水平提出了更高的要求。首位城市的文化软实力是国际竞争的关键，是市民文化自信心、民族自信力的体现，但是就目前来看，我国首位城市的文化国际竞争力难以匹配其经济地位和经济发展水平。近年来，"精日""哈韩""美分"等现象在相当多的特大城市中阴魂不散，而对于传统文化的弘扬和发展则缺少重视，一味地强调经济发展，忽略了精神生活的培养和传统思想文化的弘扬与发展，使得国内文化面临着严重的赤字性冲击，民众的文化凝聚力与文化自信力被严重抑制。这一文化空心化带来的最为直接和严重的结果，就在于国内民众对爱国情怀以及党和国家带领人民发展成果的自豪感出现了严重下滑，从而引发了移民潮、购买力外溢等现象，并极大地压缩了国内企业的民族使命感和文化自信心，造成了广泛的造假现象、文化拿来主义、拜金主义和国外优越主义等严重的社会问题。随着文化产业发展与市场需求的矛盾逐渐深化，这对于首位城市打造文化中心而言又是一个巨大的机遇。首位城市应当顺应思想文化改革的潮流，培养传统文化与现代文化综合发展的文化环境,确保两者优劣互补,协同发展,为实现更强大的文化凝聚力保驾护航。

三、本章小结

新的市场环境实际上是随着经济的发展,新的需求与原有供给所存在的新矛盾导致的经济转型升级问题,而解决这一问题,一方面依赖于城市首位度的实现,另一方面也对传统首位城市提出了新的挑战,如何有效实现消费与供给的匹配,使经济继续蓬勃发展,是已经迈入后工业化时期的首位城市所直接面临的新发展问题。

面对着新的市场环境,适应消费市场的变化,着力供给侧改革,以适应新环境刻不容缓。首先,应当营造更加公开、透明、便利的准入环境,进一步释放市场活力和社会创造力,深化商业环境规制,实现商业制度改革的科学性和有效性;其次,强化竞争政策实施,营造公平竞争的市场环境,切实发挥市场机制的决定性作用,为建设全球第一大市场而努力,强化竞争政策在国家经济政策体系中的基础性地位,健全竞争政策体系并抓好贯彻实施,全面实施公平竞争审查,强化反垄断执法,加大价格和反不正当竞争执法力度,加强知识产权保护,着力规范市场秩序,促进公平竞争;最后,要坚守质量安全底线,严厉打击假冒伪劣,营造安全放心的消费环境。

参考文献

[1] 江小涓.中国出口增长与结构变化:外商投资企业的贡献[J].南开经济研究,2002(2).

[2] 黄德春,刘志彪.环境规制与企业自主创新——基于波特假设的企业竞争优势构建[J].中国工业经济,2006(3).

第五章 省会城市及直辖市首位度发展的目标

综上所述,省会城市及直辖市首位度发展的目标应当考虑三个方面,即产业先进性、规模优势和功能中心,分别对应首位城市应当具有的产业首位度、规模首位度和功能首位度。所谓"新常态"下"三期叠加"的增长阶段,即增长速度换挡期、结构调整阵痛期进和前期刺激政策消化期并存的阶段。随着经济增速放缓,"三架马车"除消费外的部分对于经济的贡献开始同步下降,同时经济结构调整带来的一系列社会问题亟待解决,包括四万亿计划在内的刺激政策的副作用又开始显现,以创新促发展的方案再一次被重点圈出。作为创新发展的龙头,包括省会城市及直辖市在内的首位城市不可避免地就新的战略目标面临着新的战略任务。

一、省会城市及直辖市提高首位度的发展目标

(一)确认首位度城市的产业头部地位

省会城市及直辖市提高产业发展水平,使其位于区域产业头部地位。作为产业发展的先导,省会城市及直辖市应当就其城市产业发展给出其作为领先地位的发展水平,在产业结构、产业规模和产业增加值等方面做出表率。产业头部地位用于形容一个地区的产业在区域产业整体层面的比较优势,即首位城市的产业决定了整个区域的产业发展,主要体现在三个方面,一是产业结构以中高端产业和上游产业为主,能够对于整个区域的产业形成显著的技术溢出效应和产能转移效应。主体产业的创新规模和发展路径居于领先地位,能够显著带动其他城市的主体产业实现产业转型;二是产业规模占据显著市场优势,作为连通国内外产业发展的首位产业,需要市场竞争优势居于首位的企业;三是产业高附加值优势明显,在产业利润与产业增加值方面均具有显著的比较优势,以实现长远战略规划的头部规划。

实现产业头部的战略规划,首先需要编制有关的发展战略规划。首位产业发展有其自身内在的规律性,探索首位产业发展的自然规律、尊重首位产业发展的客观规

律和遵循首位产业发展的经济规律将体现在编制规划中。首位产业战略规划应当以产业研究分析为指导,以产业咨询机构、行业专家和龙头企业三方相融合,在研究报告的基础上高标准、高起点编制,同时要力求管用,倒逼规模以上企业的数量、企业年产值及利润情况达标,同时制定正确的发展路径,借鉴先进地区的经验和发展战略,切实实现引领作用。其次,政府应当切实推动这一战略的有效实施,确保有效的资金支持和人力支持,确保创新创业的动力得以保存。再次,要实施积极的招商引资策略,确保首位产业发展壮大的内生动力。再次,合理保障用地供给,切实解决用地指标短缺问题,盘活存量,优化增量,坚决打击囤地现象和不法利益集团。最后,建立健全政府管理监督下的投资融资机构,确保资金链条的完整性和有效性,真正解决创新的"融资难"问题。

(二)实现首位度城市要素禀赋优势演化

省会城市及直辖市应当聚焦要素积累,逐步实现高级要素的禀赋优势。首位城市作为虹吸效应与溢出效应的综合反映,应当体现在对于高端人才和高端产业的吸引力,对于高级要素资源应当具有禀赋性优势,在规模上体现其能够承上启下的条件。回顾改革开放历程,省会城市要素集聚的关键在于其政策红利。

首先,随着市场经济体制在各省会城市及直辖市普及和发展,劳动者强烈的致富欲望被激发出来,并把这一致富欲望转变为对于旧时代计划经济体制进行改革的巨大动力,从而推动城市经济结构向开放型市场经济结构转型,强烈的致富欲望和先富的示范效应成为改革深入推进的巨大动力。至今,省会城市的要素集聚依旧需要市场的参与和人们对美好生活的不断追求。

其次,省会城市的农村改革释放了近乎无限供给的廉价劳动力,形成了改革开放初期各省会城市参与国际要素合作的优势要素的形成,并固定了一定程度的劳动力成本优势,为城市争取其他要素聚拢提供了重要的前提条件。因此,城市应当进一步加大农村开放力度,实现劳动力结构的进一步优化和发展。而另一方面,首位城市的虹吸效应体现在对于人才的吸引力上,这一吸引力优势体现在两个方面,一是就业、工资、资源等传统要素的优势,二是包括互联网、公共资源等在内的现代资源的禀赋优势,后者对于前者具有显著的替代效应。随着科技的发展,物流等传统服务业的现代化步伐加快,使得传统要素的空间距离优势被进一步缩小。

再次,土地制度的市场化改革使得土地要素资源配置得到了一定程度的优化,但目前,随着政府垄断土地供给问题的不断出现,土地市场化进程需要政府更为科学地

"放手",从而切实实现土地市场的健康化发展,确保利益集团无租可寻。

再次,分权式经济管理体制下,各级地方政府有了发展地方经济的巨大积极性和强大功能,从体制的内在动力上和政策的灵活性上形成了中国争取国际要素流入的巨大引力。中国经济管理体制改革的路径主要是从中央集权体制转向中央地方分权式体制。1994年分税制的改革则大大激发了地方政府发展的积极性,各级地方政府高度关注本地经济发展。在加快发展经济的迫切要求下,各级地方政府为吸引外资,竞相出台各种极为灵活的地方性外资政策条例,并身体力行大力招商引资,由此形成了中国争取国际要素流入的多极化巨大引力源。但就目前来看,国内的分权经济管理体制尚不成熟,存在着重复建设、政商关系扭曲、税负过重、外资超国民待遇挤压民营资本等问题。如何进一步实现现代化治理体系的完善和发展,是当今政府的政策战略目标之一。

最后,稳定的、持续强化的开放政策促进了要素的流入。从创办经济特区到沿海开放地区再到实行全国开放,从实行"三来一补"到大力招商引资,从"以市场换资本"到"以市场换技术",从以引进港澳台资本为主到引进世界五百强跨国公司,从引进生产企业到引进研发中心,从引进跨国公司分支机构到引进跨国公司地区总部,从制造业开放到服务业乃至全行业开放,多层次、多领域、多方式的开放,中国持续推进的开放极大地鼓励了外国资本、技术和管理等要素的流入,促进了国际要素在中国的集聚。三十多年来,开放政策在保持稳定性、延续性、可预见性和可操作性的同时,不断加大力度。超国民待遇的外资优惠政策,提供了流入要素在中国本地市场有力的竞争地位。市场的透明度和规范性不断提高,创造了跨国公司熟悉的经营环境,特别是加入世贸组织承诺的履行更加提高了市场准入透明规范的稳定性和法制化,有力地推动了要素的进入。此外,政府对外资的服务高度积极有效,投资软环境不断改善,综合投资发展环境不断完善。从经济发展、市场规模和潜力、劳动力价格和人力素质、政府的勤政和办事效率、政治稳定性等多方面分析,中国的综合投资发展环境优于许多发展中国家,诸多方面进一步促进了高级要素的集聚。作为经济结构转型和发展的成功实践,扩大和深化开放依旧是首位城市重要的战略决策之一。

(三)巩固首位度城市功能性区域中心地位

省会城市及直辖市应当建立功能中心,承担城市间功能协调的责任。同时,首位城市的溢出效应则体现在首位城市的优质资源和资本向区域内的其他地区布局的功能,即以规模首位度优势为基础,实现技术扩散、资源再分配、产业再布局等方面的规模重组,从而实现区域整体规模的竞争优势。因此,省会城市应当能够就其在交通、行政、福利、金融、文化和科技等多方面具有协调性优势,充分实现其作为辐射城市的先进性和指导性作用。首位城市的金融中心优势在功能首位度建立之中居于主导地位,主要体现在金融发展的经济核心地位上。首位城市的金融稳定性对于防范产业,尤其是制造业的"离本土化"和"离制造化"举足轻重。随着企业对外投资步伐的加快,国内资本存量存在巨大的下行压力,同时随着劳动力成本的提高和产业转型的加快,制造业资本实际利率开始显著上升,而其收益依旧显著低于服务业,使得大量资本聚集在金融领域,造成制造业的"离制造化"现象进一步加剧,不利于产业首位度的建立,也会阻碍其他功能首位度的实现。合理的金融监管和适当的产业政策引导,是首位城市就功能首位度首先应当考虑的问题。

二、省会城市及直辖市提高首位度的战略任务

首位城市的发展目标给其制定提高首位度的战略计划提出了新的任务。不同于传统制度下对统计数据的依赖和宏观指标的直观性和单一性,新的时代提出新的首位城市发展战略,包括对产业升级的再定义、对规模要素禀赋的衡量、对人均资源分配的重视和对以市场导向为主的先进制度的引入与实践。

(一)人才引进战略

规模首位度的提高,要求首位城市继续出台人才优惠政策,提高其人力资本吸引力,积累优质的知识和人力资本。规模优势需要首位城市能够"留得住人才",而这一条件依赖于首位城市所能提供的发展潜力、发展机遇和发展态度。在实施优惠政策的同时,首位城市同样应当就其功能优势和资源优势展现其吸引力,大力发展便民化、效率化行政等。人才政策是规模首位度战略的核心,做到人才政策的成功,需要从三个方面着手。一是要确定人才部署的目标、整体规划和就业安置。在引进国际先进人才的同时,加大青年科研骨干的培养力度,为持续发展集聚人才优势;二是按需引进,着力打造创新团队。创新是要素集聚的核心,以创新人才为中心,打造人才布局的蓝图是人才部署的基本路径;三是完善条件吸引人才,切实解决目前人才面临的"3H"问题,即房子、子女教育和医疗问题,实现人才的安居和留驻。

(二)产业升级战略

产业首位度的提高,要求首位城市集中精力发展高端制造业和服务业,淘汰和转

移过剩的传统产能,与当今的消费市场相对接,实现产业结构的转型。首位城市政府应当避免盲目和过度投资,也要避免予以外资"超国民待遇",在平等合理有效的市场条件下,积极鼓励和引导区域性市场的对外开放,借助市场力量实现产业的优胜劣汰;同时,政府仍应当坚持鼓励并支持国内企业的创新,以创新带动产业转型和发展,提高产业国际竞争力,促进产业向高端产业链地位迈进。产业发展实现比较优势,需要达到六大目标:一是全面掌握关键领域的核心技术,具有高附加值品牌优势和国际话语权;二是持续拥有新产品、新技术、新产业、新业态、新模式、新工艺、新流程、新组织;三是主要产业单位增加值能耗、水耗、资源综合利用率和废气减排达到世界先进水平,产品生产安全保障达到世界先进水平,产品实现审美性提高;四是产业发展实现数字化、网络化、信息化和高技术化;五是实现制造业与服务业联动、区域内文化联动、工业与信息联动的交互性发展优势;六是作为主体的中小企业实现区域特色化和本土化优势,具有市场专业化、精细化规划。

(三)公共资源优化战略

功能首位度的提高,要求首位城市不再注重于城市内部底线生活水平的提高,而是就整体区域而言,首位城市功能性改善所带来的人均福利的提高。首位城市的功能首位度建立在人均资源禀赋优势的基础之上,而人均资源禀赋优势一直是传统制度所忽略的重要现代化指标之一。因此,功能首位度的提高更多地依赖于城市人均公共资源的提高,能够解决教育、医疗、就业等多种因素的稀缺性问题。人均资源禀赋优势中,公共资源效率问题一直是制约功能首位度发展的主要问题,而目前,这一问题的解决依赖于并显著受制于互联网技术的进步。但随着无现金支付、网上公共服务等技术支持性活动逐渐渗透,原本制约城市发展的空间距离因素的影响逐渐变小,行政效率明显提高,行政透明度得到了改善,市场寻租行为等也得到了有效的抑制,使得福利损失在一定程度上得到了缓解。因此,运用科技来实现公共资源分配和效率的提升,能够在一定程度上实现公平与效率的有机平衡,缓解发展过程中带来的一系列社会矛盾,实现城市功能首位度的提高。众所周知,科技水平的提高依赖于创新机制的建立,而创新机制的建立依赖于良好的制度。首位城市应当积极借鉴和吸收国外先进的创新经济制度,取其精华,弃其糟粕,同时注重当地经济与技术发展的实际情况,实现制度的因地制宜化,从而最大化制度的行政效率。通过先进的制度,省会城市能够践行自身特大都市圈中心的布局战略,实现产业转型升级与产权保护制度的并行发展,实现效率与公平、民生与就业、环保与规模经济、实体经济与规模经济的协调发展。

（四）产业集群战略

综合实现产业、规模和功能首位度最为鲜明的体现，就在于首位城市的产业集群发展，即自发形成一系列产业组成国际产业链中不可或缺的一环的能力，并且凭借这一产业链实现经济的健康发展。实现产业集群给首位城市布置了新的战略任务。

首先，产业集群发展规划的制定，需要根据产业发展的特点和优势。产业集群的产生需要与整个区域的高关联度和产业竞争力的巨大潜力，是产业与区域的有机结合，是通过本地特有的、不可移动的生产要素粘住在全国甚至全球流动的生产要素落户本地，从而形成资源的有效配置。不同地区适合发展的产业并不相同，不同地区所拥有的生产要素也不相同。政府应当根据本地的具体情况，制定具有特色的产业集群发展规划，并尽可能地创造一些本地不可移动生产要素，在刺激自发性产业集群不断出现的同时，采取"自上而下"的方式大力发展产业集群，同时注意防范上游企业的垄断行为，切实保护中小企业的合理利益，从而科学地制定产业集群发展的规划。

其次，政府应当清楚其在产业集群发展中的地位，加大政府制度创新力度。产业集群的发展是由环境因素、需求条件、生产要素、相关与支持性产业共同作用的结果，但这并不意味着政府在产业集群的发生、发展中毫无作用。集群的产生需要政府的间接参与，面对真正意义上的幼稚产业和企业，政府需要予以一定的维护并懂得及时放手，让企业和产业最终适应激烈的国际竞争。另外，政府需要制止集群内部的不正当行为，完善社会化服务体系、产业升级，杜绝企业机会主义行为，并关注集群外部的市场环境建设，通过制度创新，帮助创业者向专业化发展，降低交易费用，促进企业间的劳动分工和提高企业竞争力，形成一种政策调控、间接干预和优质服务体系，为产业集群的形成提供一个"公平、公正、公开"的发展空间。

再次，政府需要尽快建立健全区域创新系统。区域创新系统是指在一个经济区域内与技术创新的产生、扩散和应用直接相关，并具有内在相关的创新主体、组织和机构的复合系统。其获得成果的前提是基于本地的创新网络，即建立在企业间以及企业与科研机构间长期合作的基础之上，通过知识的有效积累、传承与增长来促进技术创新，从而大幅提高生产率，实现产业转型升级。其方式是通过创新系统的主体构成有效的网络、互动创新。这一点与新常态下日益强调的分享发展观不谋而合，产业集群本身作为一个创造、扩散和应用知识的体系，就是一个区域性创新系统，因此，建立这一系统就是为产业集群的发展打下坚实的功能性基础。

最后,产业集聚的区域文化品牌,是集群的形成与发展的重要精神基础。区域内经济关系和社会关系间是否具有高度的内在联系,是产业与民生等问题协同发展的根本前提,也是产业集群得以焕发生命力的重要前提。长期以来,我国片面强调经济发展所造成的大量社会问题逐渐暴露出来,进一步对产业集群的发展提出了制度和治理方面的更高要求。因此,实现现代化治理体系,打造区域品牌文化,是产业集群"走得出去"和真正为民的制度基础。

三、本章小结

新时代下,实现产业首位度优势已经不再以简单的人口规模为衡量标准,经济发展过程之中面临的新矛盾对首位度概念进行了新的界定,同时也就提高城市首位度提出了新的目标和要求。据此,新的战略规划下,传统制度下简单地以 GDP、就业规模等直观单一的数据对于发展目标进行界定的方式已经不再具有科学性,如何建立一套行之有效而又与时俱进的新评价体系,是首位城市在区域发展之中所必须面对的问题,也是本书接下来所探讨的重点。

参考文献

[1]苗长虹,王海江.河南省城市的经济联系方向与强度——兼论中原城市群的形成与对外联系[J].地理研究,2006,25(2):222-232.

[2]付丽娜,陈晓红,冷智花.基于超效率 DEA 模型的城市群生态效率研究——以长株潭"3+5"城市群为例[J].中国人口.资源与环境,2013,23(4):169-175.

[3]吴良镛.城市世纪、城市问题、城市规划与市长的作用[J].城市规划,2000,24(4).

[4]Zhang,Hong,Sally,et al.中国城市社会阶层冲突意识研究[J].中国社会科学,2005(4):3-18.

第二篇
城市首位度评价指标

第六章 首位度评价指标体系建立的原则

一、全面性

目前,省会城市的发展普遍存在着一定的自发性、盲目性和滞后性,这对于经济的进一步发展有一定的负面效应。首先,大部分首位城市的社会发展观存在着片面化和狭隘化的特点。长期的粗放式发展下,目前依旧有省会城市将社会发展单纯地视为经济发展,只关注政府工作所带来的经济效益,而忽略了社会效益,致使社会拜金风气长期占据首位。企业普遍缺少环保意识和责任意识、安全事故频发;环境污染日益严重、贫富差距拉大;文化认同感和爱国情怀逐渐减少;不尊重他人成果、抄袭等现象频发;低劣的物质垃圾和精神垃圾充斥市场,不仅庸俗化了社会环境,还影响了民众的身心健康发展,暴露了急功近利和片面追求高速度高指标的弊端。此外,对于科学技术的"双刃剑"认识不够清晰,盲目追求科技发展,而忽视了民众本身的要求,导致了发展与自然的严重失衡以及科技飞速发展下新的矛盾,同时使得少数精英利用科技剥削广大民众的现象日益突出。最后,过分强调市场的力量,而忽视了市场改革下非理性因素的作用,使得社会文化凝聚力和公信力进一步下降,难以形成高质量发展的文化基础。

因此,首位度评价体系应当系统全面地反映首位城市的综合领先优势,包括可比优势和特殊优势。其中,可比优势反映了首位城市在横向与纵向方面做比较时,有关优势的衡量方式因其与时俱进的特征而得以留存。可比优势包括城镇人口规模、就业率与失业率、人均工资水平等就新常态下的战略目标实现程度具有直观反映的指标优势,其在衡量城市首位度时能够给予进一步的细分考评以大体方向,确保细分衡量方法的针对性。特殊优势则体现在首位城市所独有的体现为显著的首位度优势,如功能中心、产业中心、行政中心等功能的衡量,是城市群随着时间与空间聚集所导致的中心城市必然拥有的优越性特征,能够有效地反映首位城市作为城市群辐射中心的地位。但考虑其在传统体制下长期被忽视的现状,这一指标体系的衡量难以简单直观地就统计数据来衡量,需要通过相对指标或替代指标的计算来体现。

二、科学性

首位度体系的科学性来源于发展的科学性。首先,发展思路上要实现创新飞跃。创新是引领发展的第一动力,协调是持续健康发展的内在要求,绿色是永续发展的必要条件,开放是繁荣发展的必由之路,共享是中国特色社会主义的本质要求,廉洁和安全是实现发展目标的根本保障,是当代新的发展理念和战略部署。这一发展思路体现了变中求新、新中求进、进中突破的"发展是硬道理"的战略思想,反映了主动适应引领经济发展新常态彰显的因势而谋、因势而动、因势而进的担当精神。其次,发展目标上应当体现出协同一致。要切实做到转型升级取得重大进展、民生保障水平普遍提高、文化建设呈现全新局面、生产建设实现稳步提升、改革开放迈出坚实步伐、民主法治建设成效显著等整体目标,做到兼顾数量和质量、速度和效益、实际和可能、全局和局面相统一的科学布局,明确法治评价的标准和尺度,实现两点论和重点论的统一。再次,在发展重点上应当注重补短板,以转型综改试验区建设为统领,以改革创新为动力,以转方式、调结构、增效益、提速度为基点,加大脱贫攻坚力度,实现城乡一体化发展,补齐全面建成小康社会的短板,增强优势强后劲的均衡发展。最后,强调既注重发展质量和效益,又保持一定增长速度的要求,着力净化政治生态,着力建设文化强省,着力保障和改善民生,着力加强生态文明建设,力争经济较快增长,达到中高速增长和发展,真正把发展质量、速度、效益体现在社会经济发展的各个环节上。

因此,首位度评价体系应当能够体现新常态下供给侧改革新思路的成果,而不能够简单地以传统意义上的规模指标、财税指标等数据性指标来衡量。随着市场环境的改变,新的消费理念对于产品和产业提出了更高的创新要求,而创新需要大量的研发和人力资本投入,也就依赖于城市的要素集聚性。衡量一个城市的要素集聚优势体现在多个方面,如人口规模、交通便利程度、地理位置、人才政策、金融竞争优势等等。这就对城市的首位度提出了更为科学的要求,即衡量一个城市的首位度必须考虑到这个城市对于人才的吸引度、对于资本的吸引度和对于技术的吸引度。这一变量无法根据传统制度下的简单宏观变量去描述和衡量,而需要借助合理的计算方法和替代方案,有时甚至是非计算指标体系去衡量,以体现其科学性。

三、前瞻性

首位度体系的前瞻性包含三个层面的含义。首先,前瞻性体现了一种科学准确的判断。目前,省会城市发展仍处在大有作为的重要战略机遇期,也面临诸多矛盾相互叠加的严峻挑战。这就要求我们有战略定力、战略自信,以平常心面对压力,保持宏观政策的总体稳定;矛盾叠加,要求省会城市清醒认识面临的风险和挑战,把难点和复杂性估计得更充分一些,把各种风险想得更深入一些,做好应对各种困难局面的准备,既不能脱离实际、提过高的目标和要求,也不能畏惧一时的困难和问题而缩手缩脚。其次,发展理念需要得到完善,随着经济向形态更高级、分工更复杂、结构更合理的阶段迈进,认识新常态、适应新常态、引领新常态,成为当前和今后一个时期省会城市经济发展的大逻辑。这就要求政府增强更新发展理论的自觉性和紧迫感,以发展理念转变引领发展方式转变,以发展方式转变推动发展质量和效益提升,实现新旧发展功能的平稳切换。最后,目标导向和问题导向的辩证统一,是实现前瞻性的关键。发展的刚性要求倒逼我们必须在规定时间节点前完成既定的任务,是推动阀安装的重要动力,与此同时,发展是一个连续的过程,绝大多数矛盾不会随着某一项指标的完成而消失。只有时刻保持问题意识、紧紧抓住事关全局和长远的重要问题,以问题为导向,切实探寻解决之道,才能在更深层次上揭示规律、把握规律,为更长远的发展奠定基础。

据此,首位度评价体系应当能够在三个方面实现其前瞻性。首先,这一评价体系所包含的发展目标具有可持续性,主要体现在城市的发展应当体现发展与环境、效率与公平、财政与民生等多方面的均衡性;其次,这一评价体系所包含的发展指标具有可预见性,即目标的建立应当考虑到时代背景下首位城市所需要具备的特点;最后,这一评价体系指标就发展路径的必要性,即应当考虑到现有城市发展条件下维持首位城市地位所必须达到的条件,在评价体系之中体现首位城市的使命特点。

四、可操作性

首位度评价体系应当具有可操作性,即其评价体系就数据层面而言能够满足统计限制最小和统计方案最优,从而满足横向可比性,同时,应当满足对于数据时效限制的突破这一纵向可比条件;而就非数据层面而言,首位度评价体系应当满足信息时效性、可靠性、可理解性的特点,确保所选择的非数据指标清晰明了,能够切实反映有关问题和结论。

就实际情况来看,可操作性制度框架具体内容包括区域经济基础评价体系、地方政府功能评价体系和环境评价体系。区域经济基础评价体系包括区域经济发展水平、区域产业结构和区域经济活跃程度或贸易与投资活跃度;地方政府功能性评价体系包括政府财政能力、审批与管制力度、干预水平、行政效率与透明度;环境评价体系包括产权保护力度、地方法制健全程度和司法执法力度。建立经济社会法制协调度评价指标体系最后目的在于应用,这是科学研究最终目标体现。一些指标从指代内容来说对于科学测度经济社会法制协调度很有意义,但假如缺乏现实可操作性,将其纳入综合评价体系会给后续的评价工作带来一定障碍与困难,对指标体系的应用性带来不利影响。因此,评价指标在数据获取、统计分析上应当具有较强的实用可操作性,一是数据资料的可得性,二是数据资料可量化,三是指标体系的设置应尽可能少而精。

五、可比性

首位度评价体系的可比性应当满足四个条件,即区域内首位城市与其他城市的可比性、区域间首位城市的可比性、国内首位城市与国际首位城市的可比性和首位城市的前后时期可比性。首先,区域内首位度应当反映出首位城市相对于其他城市所明显存在的竞争优势,包括其独特性和其比较优势两个方面;其次,区域间首位城市应当就其首位度做到可比性,以便反映首位度对于区域发展的影响;再次,国内首位城市与国际首位城市应当具有可比性,从而反映出国内首位城市距离发达国家的地区相对成熟的首位城市之间存在的具体差距;最后,首位度评价应当能够就首位城市的发展路径给出趋势对比,展示现有首位度的发展趋势,为政策建议做铺垫。

六、本章小结

相对于传统的片面追求数据基本面的量化指标体系,现阶段首位度衡量体系应当实现全面性、科学性、前瞻性、可操作性与可比性。第一,首位城市应当体现出一种综合性优势,以实现其领先地位确认的科学性与合理性,而非局限于经济规模领先,使得城市出现大而不强的现象,这会阻碍城市的进一步发展;第二,首位度的衡量应当具有创新精神,注重更为科学有效的发展路径和发展方式,切实注意到效率与公平的矛盾,以创新为动力,实现可持续发展路径与目标;第三,首位度的衡量应当具有前瞻性,随着省会城市及直辖市的国际地位不断提高,对于发展的前瞻性,尤其是对于经济发展的前瞻性是实现综合首位度的基本前提;第四,首位度体系的构建应当注重可操作性,即计算的科学合理性;第五,首位度体系的构建应当注重比较,通过比较正视自身的优势与劣势,努力学习国际先进城市的发展经验,同时又不应当盲目照搬或者将目标局限于此,而应当在先进水平的基础上寻求突破,为国内首位城市的领跑潜力发展提供科学合理的政策建议。

第七章　首位度评价指标的选择

在研究首位度的最早期文献中，Jefferson(1939)使用人口规模来测度首位度。很多著作沿用了这种方法，用单一指标，比如人口规模或者经济规模(陈彪，张锦高，2009；李宝礼，胡雪萍，2018；汪明峰，2001；徐长生，周志鹏，2014)来衡量首位度。这种方法有可取之处，它能很清楚地反映该城市作为一个地域中心来吸引人口以及聚集生产的能力，但也有一定的局限性，因为它所反映的人口规模和生产集聚仅仅是总量规模，无法体现出质量。一个城市的 GDP 总量高并不能说明这个城市有长足的发展潜力，因此，需要运用综合指标来评价各省会城市及直辖市的首位度。在以往的研究中，康俊杰(2010)、雷仲敏和康俊杰(2010)运用了综合指标来进行评价。本研究参考了康俊杰(2010)的指标体系构建，由于本研究评价的对象和研究时间段与康俊杰(2010)不同，评价指标基于全国省会城市和直辖市的具体情况进行了一些修改。本研究从三个层面对城市的广义首位度进行评价：第一是城市的规模情况，即从总体上考察城市的规模；第二是产业情况，产业发展的重要性在于它是一个城市的经济支撑；第三是城市的功能情况，它是一个城市的服务能力体现。具体评价指标如下：

一、规模综合指数

城市规模是一个包含了城市人口、土地、资本和经济等多个方面要素的概念。城市的规模指标主要包括两个方面的内容：一是城市的总体规模，主要是城市的人口、土地、资金等在总体规模上的总体情况；二是人均规模，反映的是各种资源对于人均的集中程度，包括人均的土地面积、资本存量、财政收入等方面。在这部分选取城市的指标包括：人口规模、城市的土地面积、城市建成区面积、城市 GDP 总量、投资总额、社会消费品零售总额、财政收入、人均 GDP、人均投资总额、人均土地面积、人均财政收入、城市化率。选取这些指标，一则可以从总量上考察城市规模，二则可以评价城市规模的效率。

人口规模、城市的土地面积、城市建成区面积、GDP 总量、投资总额、社会消费品零售总额、财政收入数据来源于国研网统计数据库,人均 GDP、人均投资总额、人均土地面积、人均财政收入数据来源于中国城市统计年鉴,城市化率数据来源于国民经济和社会发展报告。

二、产业综合指数

产业综合指数不是对各个城市的产业进行量的评估,而是从总体上对产业进行质的评估,所以采用的综合指数主要评估两个方面:一是产业在产业的价值链中所处的位置是否处于高端。如果某产业所生产的产品附加值高,产业的关联性强,则该产业在整个产业的价值链中处于价值链上游,对整个产业的拉动作用大;二是产业的生产效率,即城市的产业在发展中与其他城市相比所具有的相对技术水平。相同产业部门效率高的城市则产业水平高,反之则产业水平低。这一部分选择的指标综合了这两个方面,主要从产业结构和产业贡献率两个方面评价城市的产业发展。

产业结构包含工业结构指数、服务业结构指数和高新技术产业结构指数三个指标。工业结构指数等于城市工业增加值占 GDP 比重除以地区工业增加值占 GDP 比重,反映的是一个城市工业在城市 GDP 中的比重与全省工业在 GDP 中的比重的对比情况。如果该城市的工业在 GDP 中的比重高于全省平均水平则工业结构指数高,反之则工业结构指数低。服务业结构指数等于城市服务业增加值占 GDP 比重除以地区服务业增加值占 GDP 比重,衡量的是一个城市服务业在城市 GDP 中的比重与全省服务业在 GDP 中的比重的对比,如果该城市的服务业在 GDP 中的比重高于全省平均水平,则服务业结构指数高,反之则服务业结构指数低。高新技术产业结构指数等于城市高新技术产业产值占规模以上工业产值的比重除以地区高新技术产业产值占规模以上工业产值的比重。该指数反映的是一个城市高新技术产业在工业中的比重与全省高新技术产业在工业中的比重的对比情况,如果城市的高新技术产业在工业中的比重高于全省平均水平,则高新技术产业结构指数高,反之高新技术产业结构指数低。工业、服务业和高新技术产业这三个指数高,则说明产业竞争力高。

产业贡献包含了工业贡献度、服务业贡献度、高新技术产业贡献度、财政产出率。工业贡献度指数是城市工业增加值占地区工业增加值的比重,反映了一个城市工业在一个地区中的比重情况。工业贡献度高则说明工业在城市中的规模较大,产业首位度高,反之则工业首位度较低。服务业贡献度指数指城市服务业增加值占地区服务业增加值比重,衡量的是一个城市服务业在一个地区中的比重情况。服务业贡献度高则说明服务业在城市中的规模较大,产业首位度高,反之则服务业首位度较低。

高新技术产业贡献度指数指城市高新技术产业产值占地区高新技术产值比重。高新技术贡献度指数反映一个城市高新技术产业在一个地区中的比重情况,指数高则说明高新技术产业在区域中的规模较大,产业首位度高,反之则高新技术产业首位度较低。财政产出率指数反映的是一个城市财政在产业产出上的效率高低,用城市 GDP 总量占城市财政年支出总量来衡量。财政产出率高的城市说明城市的财政产出的经济效果好,反之则说明城市的产业效果差。

城市工业增加值、城市服务业增加值数据来源于中国城市统计年鉴,地区工业增加值、地区服务业增加值、规模以上工业产值数据来源于中国统计年鉴,城市高新技术产业产值、地区高新技术产业产值来源于中国高技术产业统计年鉴。

三、功能综合指数

城市的功能情况是一个城市的服务能力体现。对于城市功能首位度的评价,选取公共服务功能、集散功能、创新功能、国际化功能、市场化程度等 17 个指标进行比较分析。

(一)公共服务功能

公共服务能力包括基础设施、文化服务、医疗服务、教育、社会保障和城市环境。

基础设施包括一个城市供电、供水、道路和绿化四个方面;指数由城市人均供电量占地区人均供电量比重、城市人均供水量占地区人均供水量的比重、城市人均道路面积占地区人均道路面积的比重、城市人均绿地面积占区域人均绿地面积的比重这四者的乘积构成,以反映一个城市的基础设施水平。

文化服务用城市每万人拥有的图书馆藏书数量代表;指数等于城市每万人拥有的图书馆藏书数量占地区每万人拥有的图书馆藏书数量的比重,即一个城市对于城市居民文化服务的能力相对全省平均水平的情况。文化服务指数高,则说明城市的文化服务能力在全省处于较高的地位,反之则低。

医疗条件指数由医生数量和病床数量决定,等于城市每万人拥有的医生数量占地区每万人拥有的医生数量的比重乘以城市万人拥有的病床数量占区域万人拥有的病床数量的比重。城市医生万人拥有量和城市病床万人拥有量在很大程度上决定了该城市的医疗供给能力,二者与全省平均水平的比较情况综合起来可以说明该城市医疗条件在全省的水平。

教育条件指数由教育经费的支出情况表示,用城市教育支出占财政支出比重除以地区教育支出占财政支出比重得到。

社会保障指数包括城市养老保险参保率和医疗保险参保率,由城市养老保险参保率占区域养老保险参保率比重乘以城市医疗保险参保率占区域医疗保险参保率比重得到。

城市环境可以由空气质量的好坏反映,用城市年空气优良率占全区域年城市优良率比重作为城市环境指数。

城市人均供电量、城市人均供水量、城市人均道路面积、城市人均绿地面积数据来自中国城市统计年鉴,地区人均供电量、地区人均供水量、地区人均道路面积、区域人均绿地面积数据来自《中国统计年鉴》。城市每万人拥有的图书馆藏书数量、地区每万人拥有的图书馆藏书数量、城市每万人拥有的医生数量、地区每万人拥有的医生数量、城市万人拥有的病床数量、区域万人拥有的病床数量、城市教育支出、财政支出、地区教育支出、城市养老保险参保率、区域养老保险参保率、城市医疗保险参保率、区域医疗保险参保率数据来源于国研网统计数据库。城市年空气优良率、全区域年城市优良率数据来源于国民经济和社会发展报告。

(二)集散功能

集散功能包括客运周转指数、货物周转指数、城市旅游吸引指数、信息集中指数、资金集中指数。

客运周转指数用城市年客运总量占全区域年客运总量比重表示;货物周转指数用城市年货物运输总量占全区域年货运总量比重表示;城市旅游吸引指数用城市年旅游收入总额占区域年旅游收入总额的比重表示;信息集中指数用城市年邮电、电信业务量占全区域邮电、电信业务量的比重表示;资金集中指数用城市年储蓄总额占全区域年储蓄总额的比重表示。

城市年客运总量、城市年货物运输总量、城市年旅游收入总额、城市年邮电和电信业务量、城市年储蓄总额数据来源于中国城市统计年鉴。全区域年客运总量、全区域年货物运输总量、区域年旅游收入、全区域邮电、电信业务量、全区域年储蓄总额数据来源于《中国统计年鉴》。

(三)市场化指数

市场化指数来自王小鲁、樊纲的《中国分省份市场化指数报告》,指数通过从不同方面对各省自治区、直辖市的市场化进程进行全面比较,和使用基本相同的指标体系对各地区的市场化进程进行持续的测度获得。

（四）创新功能

技术创新用专利授权量来表示,技术创新指数等于城市万人授权专利占区域万人授权专利的比重。城市对人才的吸引力既能表现出该城市的创新吸引力,也会影响城市的创新潜力,因此人才吸引力指数也用以表示创新功能。吸引力指数等于城市科技人员占区域科技人员的比重。

城市万人授权专利数据来自国民经济和社会发展报告,区域万人授权专利来自中国统计年鉴,城市科技人员和区域科技人员数据来自国研网统计数据库。

（五）国际化功能

国际化功能包括经济外向度指数、投资外向度指数、旅游外向度指数。

经济外向度指数用城市外贸总额占 GDP 的比重除以全区域外贸总额占 GDP 的比重表示。投资外向度指数用城市外商直接投资占固定资产投资的比重除以全区域外商直接投资占固定资产投资的比重表示。旅游外向度指数用城市国际旅游收入占旅游总收入的比重除以全区域国际旅游收入占旅游总收入的比重表示。

城市外贸总额、城市外商直接投资、固定资产投资数据来源于中国城市统计年鉴,全区域外贸总额数据来自国研网统计数据库,城市国际旅游收入和旅游总收入数据来自国民经济和社会发展报告,全区域国际旅游收入数据来自《中国统计年鉴》。

四、本章小结

在研究首位度的早期文献中常用人口规模或者经济规模等单一指标来衡量首位度,本研究运用综合指标来评价各省会城市和直辖市的首位度。具体包括规模综合指数,从总体上考察城市的规模;产业规模指数,衡量产业的发展;城市功能指数,衡量城市的服务能力。城市规模指标从城市的总体规模和人均规模两方面进行衡量,具体包括人口规模、城市的土地面积、城市建成区面积、城市 GDP 总量、投资总额、社会消费品零售总额、财政收入、人均 GDP、人均投资总额、人均土地面积、人均财政收入、城市化率指标。产业规模指标主要从产业结构和产业贡献率两个方面评价城市的产业发展。产业结构包含工业结构指数、服务业结构指数和高新技术产业结构指数三个指标;产业贡献包含了工业贡献度、服务业贡献度、高新技术产业贡献度、财政产出率。对于城市功能首位度的评价,选取了公共服务功能、集散功能、创新功能、国际化功能、市场化程度共 17 个指标进行比较分析。公共服务能力包括基础设施、文化服务、医疗服务、教育、社会保障和城市环境；集散功能包括客运周转指数、货物周转指数、城市旅游吸引指数、信息集中指数、资金集中指数；创新功能用技术创新指数和人才吸引力指数来表示；国际化功能包括经济外向度指数、投资外向度指数、旅游外向度指数；市场化程度用市场化指数来表示。

参考文献

［1］陈彪,张锦高.基于城市首位度理论的湖北省城市体系结构研究［J］.科技进步与对策,2009(6):50-53.

［2］李宝礼,胡雪萍.区域经济增长与最优城市首位度的实证研究［J］.统计与决策,2018,(7):155-160.

［3］雷仲敏,康俊杰.城市首位度评价:理论框架与实证分析［J］.城市发展研究,2010,(4):33-38.

［4］康俊杰.基于首位度评价的区域中心城市发展研究［D］.青岛科技大学,2010.

［5］汪明峰.中国城市首位度的省际差异研究［J］.现代城市研究,2001,(1):27-30.

［6］徐长生,周志鹏.城市首位度与经济增长［J］.财经研究,2014,(9):59-68.

［7］Jefferson M.The law of the primate city［J］.*Geographical Review*,1939,(29):226-232.

第八章　首位度评价方法的选择

一、主成分分析法

主成分分析(Principal Component Analysis,PCA)是一种统计方法。该方法通过正交变换将一组可能存在相关性的变量转换为一组线性不相关的变量,转换后的这组变量叫主成分。主成分分析首先是由皮尔森(Karl Pearson)对非随机变量引入,而后霍特林(Harold Hotelling)将此方法推广到随机向量的情形,信息的大小通常用离差平方和或方差来衡量。主成分分析法的主要作用旨在降维,把多指标转化为少数几个综合指标即主成分,其中每个主成分都能够反映原始变量的大部分信息,且所含信息互不重复。这种方法在引进多变量的同时将复杂因素归结为几个主成分,使问题简单化,同时得到更加科学有效的数据信息。

本研究中有许多与城市首位度有关的因素,每个变量都在不同程度上反映城市首位度的某些信息,如果都保留会造成评价过程烦冗低效,因此要用主成分分析法从规模、产业、功能三大方面共 36 个指标,对 2012—2016 年全国 31 个省会城市和直辖市以及 27 个每省经济规模排名第二的城市综合指数进行测算。在 36 个城市综合评价指标体系中,部分指标存在一定的相关性。把指标分为规模、产业、功能三类进行KMO 检验(Kaiser-Meyer-Olkin)和 Bartlett 球形检验,结果显示检验值均达到标准,指标数据均适合进行主成分分析。

在主成分分析中,求出协方差阵或相关系数矩阵的特征值,按指定的贡献率从原始指标中集中抽取若干互不相关的主成分,再根据各个指标在选取的主成分上的载荷来计算各个指标的权重,重新组成几个彼此无关或者相关性较小的新指标。这些新指标尽可能不重复但能较充分反映原指标的信息量,以达到指标降维和简化评价的目的。根据成分矩阵的指标权重和标准化的指标数据可以分别计算出各个城市的规模综合指数、产业综合指数和功能综合指数的得分,再由此计算出省会城市和部分直辖市的规模首位度、产业首位度和功能首位度。具体研究步骤如下:

第一步,构建分值评价矩阵。假设有 m 个影响城市首位度的因子,同时有 n 个城市综合评价指标,据此建立 $n * m$ 阶的分值评价矩阵,公式如下:

$$X = (X_{ij})_{n*m}$$

式中,X_{ij} 为第 i 个评价对象在第 j 项的指标数值。

第二步,将原始数据标准化。因为各项评价指标的量纲不统一,需要针对原始数据进行标准化处理,使得数据具有可比性,公式如下:

$$Y = \frac{X_{ij} - \overline{X}}{S}$$

其中,$\overline{X}$ 为各指标的平均值,S 为样本标准差。

第三步,建立相关系数矩阵。使用原始数据标准化后的数据矩阵 Y,建立相关系数矩阵 R,即

$$R_{ij} = \frac{1}{n-1}\sum_{i=1}^{n} Y_{ik}Y_{jk}$$

第四步,求解主成分载荷矩阵,计算矩阵的特征值和对应的特征向量。

第五步,根据综合评价函数,分别对规模、产业、功能评价分值进行计算,即

$$Z_i = \frac{(a_1F_1 + a_2F_2 + \cdots + a_kF_k)}{\sum_{i=1}^{k} a_i}$$

其中,Z_i 为规模综合得分或产业综合得分或功能综合得分,F_k 为第 k 个主成分的分值,a_i 是每个主成分的方差贡献率。

第六步,用两城市法计算公式算得各省会城市及直辖市的规模首位度、产业首位度、功能首位度。根据首位度的计算公式:

$$U = \frac{P_1}{P_2}$$

其中,U 为城市首位度,P_1、P_2 分别代表省会城市与第二大城市的人口规模。本研究引申出城市的规模首位度、产业首位度、功能首位度的计算公式:

$$S_{scale} = \frac{F_{s1}}{F_{s2}}$$

$$S_{industry} = \frac{F_{c1}}{F_{c2}}$$

$$S_{function} = \frac{F_{g1}}{F_{g2}}$$

其中，S_{scale}，$S_{industry}$，$S_{function}$ 分别为省会城市的规模首位度、产业首位度、功能首位度。F_{s1} 和 F_{s2} 分别代表省会城市与第二大城市的规模综合得分，F_{c1} 和 F_{c2} 分别代表省会城市与第二大城市的产业综合得分，F_{g1} 和 F_{g2} 分别代表省会城市与第二大城市的功能综合得分。

二、聚类分析法

聚类分析(Cluster Analysis)是研究多要素事物分类问题的数量方法，指将物理或抽象对象的集合分组为由类似的对象组成的多个类的分析过程。聚类分析根据样本的多种指标表现出的属性，按照某种相似性或差异性确定样本之间的亲疏关系，按亲疏关系依次进行连接聚类，绘制出聚类图。本研究采用系统聚类法里的组间平均链锁法来聚类，因为相较于 k 均值聚类法需要人为指定聚类的类别数量，系统聚类法有更大优势，是系统根据数据之间的距离来自动列出类别。选用系统聚类法中的组间平均链锁法，相似性度量采用欧氏平方距离度量。

具体步骤如下：第一步，设初始模式样本有 n 个，每个样本自成一类，即建立 n 类 $G_1^{(0)}$, $G_2^{(0)}$, $G_3^{(0)}$, $\cdots G_n^{(0)}$，计算各类之间的距离（初始时即为各样本间的距离），得到一个 $n*n$ 维的距离矩阵 $D^{(0)}$。

第二步，假设前面的聚类运算中已求得距离矩阵 $D^{(N)}$，N 为逐次聚类合并的次数，则求 $D^{(N)}$ 中的最小元素。如果它是 $G_i^{(N)}$ 和 $G_j^{(N)}$ 两类之间的距离，则将 $G_i^{(N)}$ 和 $G_j^{(N)}$ 合并为一类 $G_{ij}^{(N+1)}$，并由此建立新的分类。

第三步，计算合并后新类别之间的距离。计算 $G_{ij}^{(N+1)}$ 与其他没有合并的 $G_1^{(N+1)}$，$G_2^{(N+1)} \cdots$ 之间的距离。

第四步，返回第二步，重复计算及合并。

可以有两种方法处理变量众多的研究，一种是先聚类后筛选变量，另一种是先用主成分分析法降维，再做聚类分析。第二种方法更适合进行省会城市间的比较和首位度的计算，因此本研究采用第二种办法。研究将在所做城市首位度主成分分析的基础上，根据产生的新的不相关变量算得规模、产业、功能这三项的综合得分，然后利用已经得到的各城市在这三项上的得分来进行城市首位度的聚类分析研究。

三、本章小结

主成分分析通过正交变换将一组可能存在相关性的变量转换为一组线性不相关的变量,其主要作用旨在降维,把多指标转化为少数几个综合指标(主成分),其中每个主成分都能够反映原始变量的大部分信息,且所含信息互不重复。本研究将运用主成分分析法从规模、产业、功能三大方面共 36 个指标对 2012—2016 年全国 31 个省会城市和直辖市以及 27 个每省经济规模排名第二的城市综合指数进行测算。

聚类分析(Cluster Analysis)是研究多要素事物分类问题的数量方法,指将物理或抽象对象的集合分组为由类似的对象组成的多个类的分析过程。本研究将在所做城市首位度主成分分析的基础上,根据产生的新的不相关变量算得规模、产业、功能这三项的综合得分,然后利用已经得到的各城市这三项的得分来进行城市首位度的聚类分析研究。

参考文献

[1] 康俊杰.基于首位度评价的区域中心城市发展研究[D].青岛科技大学,2010.

第三篇
我国各省会城市
及直辖市的首位度评价

第九章　我国各省会城市及直辖市首位度评价结果

城市首位度是个相对的概念,随着时间的不同及参照城市的不同,计算出的结果迥异。本研究选择具体的城市和具体的年份来度量规模指标得分、产业指标得分、功能指标得分,以便客观地衡量不同年份和区域中城市在规模、产业、功能方面的首位度表现。

一、规模首位度分析

表9-1中是评价城市规模的指标,共12个,定义为$X_1,X_2,X_3,\cdots,X_{12}$。如前文所述,规模不仅包括人口和经济总量,还包括了土地面积、投资总额、人均经济水平等多项指标,从经济规模、人均规模、空间聚集等多个方面来度量城市规模的综合表现。

表9-1　城市规模指标得分评价体系

项目	各评价指标	单位
X_1	人口规模	万人
X_2	土地面积	平方公里
X_3	建成区面积	平方公里
X_4	GDP 总量	亿元
X_5	投资总额	亿元
X_6	社会消费品零售总额	亿元
X_7	财政收入	亿元
X_8	人均 GDP	元
X_9	人均投资总额	万元
X_{10}	人均土地面积	平方公里/万人
X_{11}	人均财政收入	万元
X_{12}	城市化率	%

根据成分矩阵可知,第一主成分载荷较大的指标是人口规模、建成区面积、GDP总量、投资总额、社会消费品零售总额、财政收入,可归纳为人口和经济规模。第二主成分载荷较大的指标是人均 GDP、人均投资总额、人均财政收入、城市化率,可归纳为人均规模。第三主成分载荷较大的指标是土地面积、人均土地面积,可描述为土地规模。

表 9 - 2 是根据 2012 年数据的主成分分析得到的规模指标成分得分系数矩阵。根据表 9 - 2 中成分得分矩阵表中每个指标的得分可以算出主因子的得分方程,通过得分方程计算的得分可以对主因子进行进一步的分析解释。例如,根据表 9 - 2 可以列出 3 个主成分因子的得分方程:

$$F_1 = 0.225X_1 + 0.045X_2 + 0.175X_3 + \cdots + 0.043X_{11} - 0.03X_{12}$$

$$F_2 = -0.18X_1 - 0.046X_2 - 0.026X_3 + \cdots + 0.249X_{11} - 0.206X_{12}$$

$$F_3 = 0.049X_1 + 0.448X_2 + 0.017X_3 + \cdots + 0.155X_{11} - 0.219X_{12}$$

表 9 - 2 2012 年规模指标成分得分系数矩阵

类 型	成 分		
	1	2	3
人口规模(万人)	.225	−.180	.049
土地面积(平方公里)	.045	−.046	.448
建成区面积(平方公里)	.175	−.026	.017
GDP 总量(亿元)	.178	.004	.010
投资总额(亿元)	.135	.045	−.050
社会消费品零售总额(亿元)	.186	−.034	.016
财政收入(亿元)	.196	−.045	.064
人均 GDP(元)	−.038	.361	−.033
人均投资总额(万元)	−.141	.450	−.108
人均土地面积(平方公里/万人)	.048	−.038	.452
人均财政收入(万元)	.043	.249	.155
城市化率	−.030	.206	−.218

表 9 - 3 是根据 2013 年数据做主成分分析得到的规模指标成分得分系数矩阵,基于这些系数可以列出 2013 年 3 个主成分因子的得分方程。可以看出,2013 年第一主成分中人口规模的系数与 2012 年基本持平,建成区面积、GDP 总量、投资总额、

社会消费品零售总额系数略有上升,即人口与经济规模贡献系数总体上升。第二主成分中人均规模变化的贡献有升有降,人均 GDP 和人均投资总额的系数略有下降,人均财政收入的系数上升。第三主成分中土地面积和人均土地面积的系数略有上升,即土地规模对第三主成分的贡献系数上升。

表 9 - 3　2013 年规模指标成分得分系数矩阵

类　型	成　分		
	1	2	3
人口规模(万人)	.226	−.166	.068
土地面积(平方公里)	.060	−.028	.466
建成区面积(平方公里)	.178	−.024	.024
GDP 总量(亿元)	.186	−.003	.022
投资总额(亿元)	.138	.033	−.046
社会消费品零售总额(亿元)	.191	−.030	.021
财政收入(亿元)	.191	−.015	.071
人均 GDP(元)	−.024	.340	−.047
人均投资总额(万元)	−.128	.407	−.103
人均土地面积(平方公里/万人)	.061	−.020	.463
人均财政收入(万元)	.009	.301	.092
城市化率(%)	−.016	.168	−.230

表 9 - 4 是 2014 年规模指标成分得分系数矩阵,比较可发现,第一主成分中,人口规模、建成区面积、GDP 总量、投资总额、社会消费品零售总额的系数环比下降,即人口与经济规模对第一主成分的贡献系数下降。第二主成分中,人均 GDP、人均投资总额系数变大,人均财政收入的系数减小,人均规模对第二主成分的贡献呈此消彼长的态势。第三主成分中土地面积和人均土地面积的系数略有上升,即土地规模对第三主成分的贡献变大。

表 9 - 4　2014 年规模指标成分得分系数矩阵

类　型	成　分		
	1	2	3
人口规模(万人)	.218	−.167	.050
土地面积(平方公里)	.052	−.058	.472
建成区面积(平方公里)	.174	−.044	.020

类　型	成　分		
	1	2	3
GDP 总量(亿元)	.181	.000	.017
投资总额(亿元)	.127	.050	−.067
社会消费品零售总额(亿元)	.186	−.024	.012
财政收入(亿元)	.194	−.038	.063
人均 GDP(元)	−.022	.351	−.040
人均投资总额(万元)	−.146	.460	−.118
人均土地面积(平方公里/万人)	.043	.017	.446
人均财政收入(万元)	.051	.263	.128
城市化率(%)	−.050	.217	−.279

　　比较 2014 年和 2015 年的规模指标成分得分系数矩阵可看出，2015 年第一主成分中人口规模、建成区面积、投资总额、社会消费品零售总额的系数下降明显，GDP 总量略有上升，总体上经济和人口规模对第一主成分的贡献下降。第二主成分中，人均 GDP、人均投资总额、人均财政收入的系数减小，即人均规模对第二主成分的贡献下降。第三主成分中土地规模的贡献有升有降，土地面积系数下降，人均土地面积的系数上升。

表 9－5　2015 年规模指标成分得分系数矩阵

类　型	成　分		
	1	2	3
人口规模(万人)	.179	−.007	−.143
土地面积(平方公里)	.082	−.550	.228
建成区面积(平方公里)	.160	−.017	−.058
GDP 总量(亿元)	.184	−.084	.064
投资总额(亿元)	.111	.177	−.136
社会消费品零售总额(亿元)	.178	−.041	.006
财政收入(亿元)	.194	−.170	.106
人均 GDP(元)	.030	.015	.352
人均投资总额(万元)	−.133	.392	.159
人均土地面积(平方公里/万人)	−.073	−.182	.462
人均财政收入(万元)	.083	−.072	.355
城市化率(%)	−.020	.345	−.034

表 9-6 是 2016 年规模指标成分得分系数矩阵,比较可发现,2016 年第一主成分中人口规模、GDP 总量、投资总额、社会消费品零售总额、财政收入的系数上升,建成区面积的系数下降,经济和人口规模对第一主成分的贡献上升。第二主成分中,人均 GDP、人均投资总额、人均财政收入的系数变大,人均规模对第二主成分的贡献上升。第三主成分中土地规模的贡献提高,因为土地面积和人均土地面积的系数均上升。

表 9-6　2016 年规模指标成分得分系数矩阵

类　型	成　分		
	1	2	3
人口规模(万人)	.239	-.145	.021
土地面积(平方公里)	.057	-.071	.480
建成区面积(平方公里)	.097	-.112	.001
GDP 总量(亿元)	.198	.011	.022
投资总额(亿元)	.144	.021	-.050
社会消费品零售总额(亿元)	.202	-.014	.008
财政收入(亿元)	.214	-.035	.074
人均 GDP(元)	-.019	.354	-.006
人均投资总额(万元)	-.198	.462	-.051
人均土地面积(平方公里/万人)	.038	.020	.467
人均财政收入(万元)	.062	.255	.139
城市化率(%)	-.045	.259	-.215

根据以上规模指标成分得分系数矩阵以及主成分分析解释总方差的结果,可以算出规模综合得分中 F_1,F_2,F_3 的系数 W_1,W_2,W_3,加总后可得到每个城市每年规模指标的综合得分,即:

$$F_s = W_1 F_1 + W_2 F_2 + W_3 F_3$$

将这些得分整理后可得到如表 9-7 所示的 2012—2016 年省会城市和直辖市规模综合得分和排名。

表 9-7 2012—2016 年省会城市和直辖市规模综合得分和排名

省份	城市	规模综合得分					排名				
		2012年	2013年	2014年	2015年	2016年	2012年	2013年	2014年	2015年	2016年
河北	石家庄	0.885	0.874	0.860	1.034	0.874	19	19	19	18	18
山西	太原	0.684	0.665	0.625	0.824	0.592	22	21	24	22	26
辽宁	沈阳	1.429	1.391	1.299	1.310	0.890	10	9	11	12	17
吉林	长春	0.973	0.968	0.933	1.048	0.874	14	17	18	17	19
黑龙江	哈尔滨	1.084	1.121	1.009	1.019	0.983	13	13	14	19	13
江苏	南京	1.505	1.541	1.501	1.658	1.428	7	7	8	7	9
浙江	杭州	1.453	1.462	1.465	1.581	1.538	9	8	9	9	8
安徽	合肥	0.972	0.977	0.954	1.129	0.957	15	16	16	14	15
福建	福州	0.954	0.978	0.959	1.064	0.982	17	15	15	15	14
江西	南昌	0.723	0.741	0.739	0.938	0.757	21	20	21	20	20
山东	济南	0.968	1.016	1.039	1.172	0.995	16	14	13	13	12
河南	郑州	1.122	1.148	1.188	1.366	1.191	12	12	12	11	11
广东	广州	1.815	1.925	1.950	2.026	2.028	6	5	5	5	5
湖南	长沙	1.329	1.305	1.380	1.506	1.376	11	10	10	10	10
湖北	武汉	1.923	1.718	1.842	1.771	1.779	5	6	6	6	7
海南	海口	0.273	0.320	0.370	0.302	0.354	31	30	30	30	30
四川	成都	1.464	1.294	1.579	1.587	1.991	8	11	7	8	6
贵州	贵阳	0.559	0.533	0.568	0.694	0.613	26	26	26	24	25
云南	昆明	0.747	0.648	0.737	0.741	0.753	20	22	22	23	21
陕西	西安	0.903	0.933	0.942	1.052	0.939	18	18	17	16	16
甘肃	兰州	0.429	0.433	0.528	0.540	0.524	29	29	27	28	27
青海	西宁	0.297	0.314	0.330	0.367	0.328	30	31	31	29	31
内蒙古	呼和浩特	0.637	0.617	0.711	0.638	0.672	23	23	23	25	24
广西	南宁	0.618	0.604	0.581	0.588	0.685	25	25	25	27	22
西藏	拉萨	0.435	0.439	0.489	0.289	0.495	28	28	28	31	28
宁夏	银川	0.529	0.516	0.454	0.623	0.493	27	27	29	26	29
新疆	乌鲁木齐	0.622	0.612	0.807	0.864	0.674	24	24	20	21	23
直辖市	北京	3.009	2.963	2.987	3.053	2.915	1	1	1	1	2

（续表）

省份	城市	规模综合得分					排名				
		2012 年	2013 年	2014 年	2015 年	2016 年	2012 年	2013 年	2014 年	2015 年	2016 年
直辖市	天津	2.177	2.207	2.240	2.416	2.127	4	4	4	4	4
直辖市	上海	2.990	2.921	2.946	3.044	3.137	2	2	2	2	1
直辖市	重庆	2.260	2.266	2.295	2.586	2.270	3	3	3	3	3

从表 9-7 可以看出,北京、上海、天津、重庆这四个直辖市在 2012—2016 年一直占据着规模综合得分前四名。这四个直辖市的经济规模和人口总量上明显超越其他城市。直辖市具有明显的区位优势和经济政治优势,在国内主要城市中经济体量靠前,并且能够辐射和带动整个地区的经济发展,因此它们在规模综合指数的各项指标均表现良好,从而在规模排名中居于全国前列。武汉、广州、南京、杭州、成都这几个位于长三角、珠三角、中部和西部枢纽的城市,虽然在人口和 GDP 总量上略低于四个直辖市,但仍排在全国省会城市前十的位置。兰州、西宁、南宁、拉萨、银川地处西部地区,城市和经济的整体规模较小,经济基础比较差,因而规模综合指数的得分在省会城市中排名较后。

用二城市法的公式来计算省会城市的规模首位度,得到表 9-8。由于直辖市不易找到可参照的第二位城市,此处不计算其首位度。在省会城市中,多数城市拥有低度规模首位分布,没有超过 2 的首位度界限。以 2016 年为例,在 27 个省会城市中,19 个省会城市的规模大于本省第二大城市,得到的首位度 $S_{scale} > 1$。但是这19 个城市中有 15 个是低度首位分布,即 $1 < S_{scale} < 2$。武汉、长沙和兰州形成了中度首位分布,即 $2 < S_{scale} < 4$。成都形成了高度首位分布,$S_{scale} > 4$。据此可发现,高度首位分布多形成于西部地区,省会城市和第二位城市发展差距大造成了规模的集聚和较高首位度的形成。发达地区,比如沿海地带、长三角、珠三角地区,不易形成高度首位分布,甚至会由于第二位城市的规模太大而未形成省会城市首位分布。

表 9-8　2012—2016 年省会城市规模首位度

省份	城市	规模首位度				
		2012 年	2013 年	2014 年	2015 年	2016 年
河北	石家庄	0.9740	0.9788	1.0177	1.0384	1.0705
山西	太原	1.6196	1.6415	1.7359	1.9425	1.7240

（续表）

省份	城市	规模首位度				
		2012 年	2013 年	2014 年	2015 年	2016 年
辽宁	沈阳	0.9485	0.9410	0.9171	1.1548	0.9081
吉林	长春	2.0944	1.5684	1.5798	2.0152	1.3240
黑龙江	哈尔滨	1.2728	1.3738	1.3800	1.6996	1.3772
江苏	南京	0.8153	0.8722	0.8192	0.8968	0.8176
浙江	杭州	1.1195	1.1648	1.1273	1.1155	1.1360
安徽	合肥	1.7376	1.7521	1.7358	1.5681	1.6747
福建	福州	1.1673	1.1727	1.1606	1.0950	1.1322
江西	南昌	1.4994	1.4549	1.4688	1.7944	1.3704
山东	济南	0.6864	0.7692	0.7759	0.7616	0.7470
河南	郑州	1.6777	1.7259	1.8827	1.7658	1.7830
广东	广州	0.9504	1.0074	0.9554	1.0225	0.9476
湖南	**长沙**	**2.9652**	**2.7615**	**2.9579**	**2.8689**	**2.3804**
湖北	**武汉**	**3.4869**	**3.0173**	**3.0305**	**2.4057**	**2.7380**
海南	海口	0.5705	0.6882	0.7804	0.4676	0.8033
四川	**成都**	**3.7487**	**3.4684**	**4.1989**	**3.5929**	**4.8817**
贵州	贵阳	1.3015	1.2525	1.2654	1.9091	1.0113
云南	昆明	2.0002	1.7789	2.0754	1.9578	1.5271
陕西	西安	1.3241	1.4257	1.5333	2.5243	1.2280
甘肃	**兰州**	**1.6335**	**1.7060**	**2.3132**	**1.5865**	**2.4712**
青海	西宁	0.1399	0.1432	0.1546	−1.2828	0.1605
内蒙古	呼和浩特	0.4281	0.3421	0.4810	0.6935	0.5212
广西	南宁	1.1031	1.1125	1.0935	1.1784	1.3556
西藏	拉萨	0.7475	0.6408	1.5960	*	1.2600
宁夏	银川	1.4614	1.4257	1.5186	1.3956	1.8901
新疆	乌鲁木齐	1.7408	1.7005	1.9870	2.0078	1.6984

* 由于西藏第二大城市日喀则的数据缺失，拉萨的首位度无法计算。

二、产业首位度分析

表9-9中是评价城市产业的指标，共7个，定义为 $X_1, X_2, X_3, \cdots, X_7$，从工业结构指数、服务业结构指数、高新技术产业结构指数、工业贡献度指数、服务业贡献度

指数、高新技术产业贡献度指数、财政产出率指数等多个方面来度量城市产业的综合表现。

表 9-9　产业指标得分评价体系

项目	各评价指标
X_1	工业结构指数
X_2	服务业结构指数
X_3	高新技术产业结构指数
X_4	工业贡献度指数
X_5	服务业贡献度指数
X_6	高新技术产业贡献度指数
X_7	财政产出率指数

　　根据成分矩阵可知,第一主成分载荷较大的指标以服务业指数为主,第二主成分载荷较大的指标以高新技术产业指数为主,第三主成分载荷较大的指标是财政产出效率指数,第四主成分载荷较大的指标是工业指数。

表 9-10　2012 年产业指标成分得分系数矩阵

类　型	成　分			
	1	2	3	4
工业结构指数	-.019	-.009	.025	.972
服务业结构指数	.537	.165	-.276	.090
高新技术产业结构指数	.015	.580	-.110	.008
工业贡献度指数	.239	-.259	.257	.080
服务业贡献度指数	.524	-.087	.040	-.136
高新技术产业贡献度指数	-.069	.521	.205	-.013
财政产出率指数	-.122	.076	.899	.008

　　对比 2012 年和 2013 年产业指标成分得分系数矩阵可发现,2013 年第一主成分中服务业指数的贡献下降,第二主成分中高新技术产业指数的贡献变小,第三主成分中财政产出率指数的贡献下降,第四主成分中工业指数的贡献下降。

表 9-11　2013 年产业指标成分得分系数矩阵

类　型	成　分			
	1	2	3	4
工业结构指数	.462	−.128	.199	−.117
服务业结构指数	−.037	.492	.333	−.025
高新技术产业结构指数	.020	−.028	.797	−.043
工业贡献度指数	.463	−.028	−.073	−.042
服务业贡献度指数	−.008	.574	−.218	−.052
高新技术产业贡献度指数	−.083	−.049	−.052	1.018
财政产出率指数	.282	.195	−.111	.033

　　比较 2013 年和 2014 年产业指标成分得分系数矩阵可看出,2014 年第一主成分中服务业指数的贡献上升,第二主成分中高新技术产业指数的贡献变大,第三主成分中财政产出率指数的贡献变大,第四主成分中工业指数的贡献下降。

表 9-12　2014 年产业指标成分得分系数矩阵

类　型	成　分			
	1	2	3	4
工业结构指数	.558	−.057	.026	−.168
服务业结构指数	.003	.570	−.003	−.240
高新技术产业结构指数	−.004	−.156	.700	−.139
工业贡献度指数	.503	.023	−.053	.056
服务业贡献度指数	−.038	.587	−.184	.127
高新技术产业贡献度指数	−.030	−.052	.541	.119
财政产出率指数	−.073	−.082	−.021	.932

　　根据 2015 年产业指标成分得分系数矩阵可看出,2015 年第一主成分中服务业指数的贡献下降,第二主成分中高新技术产业指数的贡献变大,第三主成分中财政产出率指数的贡献变大,第四主成分中工业指数的贡献上升。

表 9-13　2015 年产业指标成分得分系数矩阵

类　型	成　分			
	1	2	3	4
工业结构指数	.593	.123	−.189	.001
服务业结构指数	−.195	.087	.645	.064

（续表）

类　型	成　分			
	1	2	3	4
高新技术产业结构指数	.087	.557	−.104	.002
工业贡献度指数	.557	.011	−.132	−.073
服务业贡献度指数	−.075	−.176	.594	−.033
高新技术产业贡献度指数	.051	.506	−.009	.021
财政产出率指数	−.055	.020	.027	1.005

根据 2016 年产业指标成分得分系数矩阵可看出，2016 年第一主成分中服务业指数的贡献上升，第二主成分中高新技术产业指数的贡献变小，第三主成分中财政产出率指数的贡献变小，第四主成分中工业指数的贡献下降。

表 9 - 14　2016 年产业指标成分得分系数矩阵

类　型	成　分			
	1	2	3	4
工业结构指数	.127	−.118	.693	−.178
服务业结构指数	.050	.689	−.083	−.297
高新技术产业结构指数	.549	.011	.076	−.142
工业贡献度指数	.011	.044	.499	.085
服务业贡献度指数	−.148	.501	.008	.083
高新技术产业贡献度指数	.550	−.127	.069	.191
财政产出率指数	.039	−.199	−.079	.940

根据以上产业指标成分得分系数矩阵可以计算出各年产业指标每个主成分的得分，再结合主成分分析中解释总方差得到的系数，加总后可得到每年各城市产业指标的综合得分，将这些得分整理后可得到如表 9 - 15 所示的 2012—2016 年省会城市和直辖市的产业综合得分和排名。直辖市产业综合得分的计算与省会城市的计算参照物不同，不具有可比性，因此不参与省会城市的排名，而是单独排名。

表 9 - 15　2012—2016 年省会城市产业综合得分和排名

省份	城市	产业综合得分					排名				
		2012 年	2013 年	2014 年	2015 年	2016 年	2012 年	2013 年	2014 年	2015 年	2016 年
河北	石家庄	1.592	1.173	1.163	1.078	1.140	2	11	11	12	15
山西	太原	1.054	1.065	0.988	0.918	0.967	17	16	15	19	20

（续表）

省份	城市	产业综合得分					排名				
		2012 年	2013 年	2014 年	2015 年	2016 年	2012 年	2013 年	2014 年	2015 年	2016 年
辽宁	沈阳	1.437	1.427	1.487	1.094	1.027	4	6	6	11	18
吉林	长春	1.264	1.394	1.493	1.237	1.408	8	7	5	8	9
黑龙江	哈尔滨	1.154	1.129	1.628	1.042	1.469	10	13	3	15	7
江苏	南京	1.116	1.151	1.191	1.162	1.192	11	12	10	9	13
浙江	杭州	1.591	1.628	1.640	1.618	1.636	3	2	2	5	5
安徽	合肥	1.726	1.666	2.212	1.804	1.794	1	1	1	2	1
福建	福州	1.090	1.528	1.528	1.050	1.582	14	3	4	14	6
江西	南昌	1.018	1.108	1.411	0.900	1.418	19	14	8	20	8
山东	济南	1.018	1.472	0.681	0.848	1.369	20	4	22	21	10
河南	郑州	1.062	1.179	1.088	0.953	0.951	16	10	13	17	21
广东	广州	1.074	1.076	1.056	0.922	1.012	15	15	14	18	19
湖南	长沙	1.093	0.767	0.806	0.669	0.799	13	20	19	22	23
湖北	武汉	1.030	1.438	1.418	1.056	1.190	18	5	7	13	14
海南	海口	1.216	0.905	0.963	1.971	1.349	9	19	17	1	11
四川	成都	1.284	1.184	1.137	1.804	1.275	7	9	12	3	12
贵州	贵阳	0.908	0.704	0.793	1.651	1.688	21	22	20	4	3
云南	昆明	1.408	0.743	0.819	1.612	1.639	5	21	18	6	4
陕西	西安	1.305	0.941	0.981	1.572	1.699	6	18	16	7	2
甘肃	兰州	1.105	1.261	1.210	1.031	1.056	12	8	9	16	16
青海	西宁	0.203	0.058	0.203	0.114	0.085	25	25	25	26	26
内蒙古	呼和浩特	0.367	0.194	0.340	0.180	0.862	23	23	23	24	22
广西	南宁	0.279	0.118	0.270	0.150	0.183	24	24	24	25	25
西藏	拉萨	0.033	−0.086	0.085	0.600	0.279	26	26	26	23	24
宁夏	银川	0.756	1.024	0.752	1.157	1.036	22	17	21	10	17
新疆	乌鲁木齐	0.938	1.917	0.797	2.269	2.051	*	*	*	*	*
直辖市	北京	1.361	1.014	0.943	1.004	0.858	1*	2*	2*	2*	2*
直辖市	天津	1.211	0.933	0.873	0.913	0.757	2*	3*	3*	3*	3*
直辖市	上海	1.057	1.022	0.968	1.043	0.871	3*	1*	1*	1*	1*
直辖市	重庆	0.685	0.755	0.776	0.845	0.735	4*	4*	4*	4*	4*

* 乌鲁木齐的数据与其他城市数据统计口径不一致,导致其存在异常值,不参与排名。直辖市产业综合得分的计算方法与省会城市不同,不参与省会城市排名,而是在四个直辖市里单另排名。

合肥、杭州的产业综合得分排名靠前,说明这两个城市所生产的产品附加值较高,产业的关联性较强,产业拉动和辐射作用大,并且产业的生产效率较高。西宁、南宁、拉萨排名靠后,说明其产业处于价值链的下游,对其他产业的拉动作用小,产业的生产效率较低。通过观察这几个城市的服务业指数、高新技术产业指数、财政产出效率指数、工业指数可发现,合肥的工业指数和服务业指数高,虽然高新技术产业指数和财政产出效率不高,但综合起来产业指数还是占有优势。杭州的工业指数和服务业指数也比较高,此外,高新技术产业指数高于合肥,但是财政产出效率很低。西宁、拉萨的工业指数、服务业指数、高新技术产业指数和财政产出效率都很低,因此它们在产业发展的综合得分上表现不佳。一些排名在中间的城市在产业结构上有优势也有短板,比如南京,工业指数和服务指数较好,说明工业结构和服务业结构较合理,但是高新技术产业指数和财政产业效率低,影响了总体的产业综合得分。在四个直辖市中,上海的产业综合指数有四年排名第一,说明上海的工业结构、服务业结构和高新技术结构总体比较合理。

用二城市法来计算省会城市的产业首位度,得到表 9-16。多数省会城市有着较低的产业首位度,即没有超过 2 的首位度标准。以 2016 年为例,在 27 个省会城市中,21 个省会城市的产业综合得分大于本省第二大城市,得到的首位度 $S_{industry} > 1$。在这 20 个城市中,有 16 个是低度首位分布,即 $1 < S_{industry} < 2$。乌鲁木齐、昆明、海口、贵阳、南昌形成了中度首位分布,即 $2 < S_{industry} < 4$。与规模首位度一样,产业首位度较高的城市多位于不太发达地区,省会城市和第二位城市发展差距大造成了产业集聚和较高首位分布的形成。发达地区不易形成产业的高首位分布,比如沿海省份,省内常有其他的港口城市产业实力可以与省会相媲美,使省会无法形成较高的首位度分布。

表 9-16　2012—2016 年省会城市产业首位度

省份	城市	产业首位度				
		2012 年	2013 年	2014 年	2015 年	2016 年
河北	石家庄	1.4833	0.9522	0.9879	1.1563	1.0430
山西	太原	1.4824	1.3801	1.2697	1.2646	1.4278
辽宁	沈阳	1.0831	1.0817	0.9796	1.1400	0.9137
吉林	长春	0.9039	1.2981	1.5421	1.4445	1.6938
黑龙江	哈尔滨	0.8472	0.6105	0.8812	0.8508	1.1623
江苏	南京	0.6592	1.5091	1.5311	1.8730	1.8021

（续表）

省份	城市	产业首位度				
		2012 年	2013 年	2014 年	2015 年	2016 年
浙江	杭州	1.1099	1.0854	1.4483	1.9239	1.8927
安徽	合肥	1.4188	1.3049	1.6999	1.3295	1.2931
福建	福州	0.7286	0.9777	0.9670	1.0440	1.3186
江西	**南昌**	**1.0641**	**1.0668**	**1.8118**	**0.8596**	**2.3424**
山东	济南	1.0116	1.3971	0.6930	0.9632	1.3876
河南	郑州	1.1671	1.6664	1.6680	1.1739	1.2115
广东	广州	1.0396	1.2211	0.5583	0.9885	1.0014
湖南	长沙	1.2520	1.1597	1.2334	0.8490	0.6693
湖北	武汉	1.5943	5.5267	4.5662	1.4340	1.6852
海南	**海口**	**1.6144**	**1.3331**	**1.7065**	**3.0356**	**2.4888**
四川	成都	1.7883	1.3907	1.5578	2.1900	1.9816
贵州	**贵阳**	**1.1915**	**0.6045**	**0.7911**	**1.2884**	**2.1243**
云南	**昆明**	**2.0513**	**1.0931**	**0.9577**	**1.3701**	**2.8160**
陕西	西安	1.6384	0.9155	0.9701	0.8749	1.7768
甘肃	兰州	1.9246	1.5366	1.4590	1.2896	1.5869
青海	西宁	0.2875	0.0560	0.1990	*	*
内蒙古	呼和浩特	0.3707	0.1681	0.2992	0.1879	0.8223
广西	南宁	0.3225	0.1136	0.2643	0.1695	0.2041
西藏	拉萨	*	*	*	*	*
宁夏	银川	1.0114	1.0348	0.7626	1.3336	1.1871
新疆	**乌鲁木齐**	**1.1793**	**2.3899**	**1.1269**	**3.4184**	**3.3803**

*由于西藏第二大城市日喀则的数据缺失,拉萨的首位度无法计算。由于青海第二大城市海西的数据缺失,西宁的部分年份首位度无法计算。

三、功能首位度分析

表 9-17 中是评价城市功能的指标,共 17 个,定义为 $X_1, X_2, X_3, \cdots, X_{17}$,从基础设施指数、文化服务指数、医疗条件指数、教育条件指数、社会保障指数、城市环境指数、客运周转指数、货物周转指数、城市旅游吸引指数、信息集中指数、资金集中指数、技术创新指数、人才吸引力指数、经济外向度指数、投资外向度指数、旅游外向度指数、市场化指数这 17 个方面来度量城市功能的综合表现。

表 9 - 17　城市功能指标得分评价体系

项目	各评价指标
X_1	基础设施指数
X_2	文化服务指数
X_3	医疗条件指数
X_4	教育条件指数
X_5	社会保障指数
X_6	城市环境指数
X_7	客运周转指数
X_8	货物周转指数
X_9	城市旅游吸引指数
X_{10}	信息集中指数
X_{11}	资金集中指数
X_{12}	技术创新指数
X_{13}	人才吸引力指数
X_{14}	经济外向度指数
X_{15}	投资外向度指数
X_{16}	旅游外向度指数
X_{17}	市场化指数

　　根据成分矩阵可知第一主成分载荷较大的指标以医疗卫生和国际化指数为主,第二主成分载荷较大的指标以集散功能指数为主,第三主成分载荷较大的指标是文化和创新指数,第四主成分载荷较大的指标是社会保障指数,第五主成分载荷较大的指标是教育和基础设施指数,第六主成分载荷较大的指标是市场化指数。

表 9 - 18　2012 年功能指标成分得分系数矩阵

类　型	成　分					
	1	2	3	4	5	6
基础设施指数	.030	−.026	.022	.207	−.684	−.162
文化服务指数	−.059	.048	.429	−.130	.003	−.075
医疗条件指数	.225	.104	−.016	.162	−.046	−.140
教育条件指数	−.036	−.022	.012	.158	.478	−.243
社会保障指数	−.155	−.020	.496	.050	−.043	.005

类 型	成 分					
	1	2	3	4	5	6
城市环境指数	.040	—.056	—.059	.268	.137	.189
客运周转指数	—.017	.361	.012	—.029	.031	—.020
货物周转指数	—.268	.091	.021	.215	.189	—.063
城市旅游吸引指数	—.002	.171	—.153	.119	—.125	.457
信息集中指数	.082	.385	—.022	—.236	—.005	—.064
资金集中指数	—.078	.266	.027	.044	.002	.186
技术创新指数	.016	—.089	.202	.144	.001	.041
人才吸引力指数	—.031	—.063	—.007	.499	—.153	—.118
经济外向度指数	.262	.153	.017	—.015	.040	—.405
投资外向度指数	.343	.007	—.058	.028	—.051	—.062
旅游外向度指数	.368	—.065	—.139	—.053	.042	.093
市场化指数	—.002	.011	.176	—.151	.073	.528

比较 2012 年和 2013 年的功能指标成分得分系数矩阵可发现，医疗卫生和国际化指数对第一主成分的贡献下降，集散功能指数对第二主成分的贡献降低，文化和创新指数对第三主成分的贡献减小，社会保障指数对第四主成分的贡献显著降低，教育和基础设施指数对第五主成分的贡献上升，市场化指数对第六主成分的贡献下降。

表 9－19　2013 年功能指标成分得分系数矩阵

类 型	成 分					
	1	2	3	4	5	6
基础设施指数	—.012	—.029	—.049	—.022	—.099	.736
文化服务指数	—.045	.016	.044	—.035	.428	.278
医疗条件指数	.079	.163	.099	.023	—.001	.067
教育条件指数	.016	—.064	.015	.004	.665	—.217
社会保障指数	—.066	—.118	.373	—.058	—.029	.093
城市环境指数	.043	—.101	.395	—.006	.049	—.173
客运周转指数	.194	.022	—.067	.116	.055	—.001
货物周转指数	.171	—.003	—.100	.173	—.083	.141
城市旅游吸引指数	.332	—.020	.041	—.165	—.111	—.072
信息集中指数	—.005	.045	.074	.412	—.051	.009
资金集中指数	.356	—.031	.030	—.184	.072	—.054

（续表）

类 型	成 分					
	1	2	3	4	5	6
技术创新指数	−.177	.106	.278	.254	−.109	.224
人才吸引力指数	.116	−.114	.365	.039	.131	−.112
经济外向度指数	−.099	.288	−.062	.349	.052	.009
投资外向度指数	.045	.368	−.100	−.046	.009	−.017
旅游外向度指数	−.065	.417	−.140	−.066	−.099	−.123
市场化指数	.132	.136	−.042	−.482	−.032	.074

通过比较 2013 年和 2014 年的功能指标成分得分系数矩阵可发现，医疗卫生和国际化指数对第一主成分的贡献下降，集散功能指数对第二主成分的贡献增大，文化和创新指数对第三主成分的贡献下降，社会保障指数对第四主成分的贡献上升，第五主成分中教育的贡献下降但基础设施的贡献上升，市场化指数对第六主成分的贡献降低。

表 9 - 20　2014 年功能指标成分得分系数矩阵

类 型	成 分					
	1	2	3	4	5	6
基础设施指数	−.036	−.095	.081	−.049	.617	.053
文化服务指数	.006	.075	−.066	.097	.538	−.032
医疗条件指数	−.126	.012	.430	−.313	.144	−.100
教育条件指数	−.111	.216	.011	−.253	−.013	.554
社会保障指数	.004	−.189	.398	.146	.012	−.118
城市环境指数	−.002	.086	.266	−.106	−.157	.099
客运周转指数	.207	.060	−.042	−.233	−.033	−.092
货物周转指数	.094	.057	.033	−.445	−.031	−.016
城市旅游吸引指数	.345	−.050	−.019	.144	−.098	.019
信息集中指数	.096	−.139	−.074	.171	.037	.614
资金集中指数	.302	.007	−.047	−.007	.094	−.027
技术创新指数	.043	.022	.176	.176	.042	−.008
人才吸引力指数	.240	−.113	.132	.142	−.035	.297
经济外向度指数	.093	.231	−.043	.059	.063	−.059
投资外向度指数	−.026	.421	−.054	−.184	.028	.058
旅游外向度指数	−.113	.346	−.028	−.002	−.122	−.046
市场化指数	.080	.077	−.095	.359	.002	−.039

对比 2014 年和 2015 年的功能指标成分得分系数矩阵可发现,第一主成分中医疗卫生贡献上升但国际化指数贡献下降,集散功能指数对第二主成分的贡献有升有降,文化和创新指数对第三主成分的贡献下降,社会保障指数对第四主成分的贡献降低,第五主成分中教育的贡献下降但基础设施的贡献上升,市场化指数对第六主成分的贡献增加。

表 9－21 　2015 年功能指标成分得分系数矩阵

类　型	成　分					
	1	2	3	4	5	6
基础设施指数	.013	－.051	－.015	－.030	.104	.498
文化服务指数	－.043	.116	.005	.015	－.104	.600
医疗条件指数	.051	－.148	.529	－.205	.226	.001
教育条件指数	－.067	－.069	－.022	.021	.362	－.069
社会保障指数	－.010	.040	.435	－.036	－.218	.027
城市环境指数	－.028	.031	.223	.243	－.122	－.116
客运周转指数	.180	.116	－.115	－.033	－.330	－.182
货物周转指数	.285	.004	.065	－.313	－.026	－.037
城市旅游吸引指数	.239	－.019	－.045	.283	－.101	－.108
信息集中指数	.257	－.021	.049	－.065	.003	.036
资金集中指数	.268	－.109	－.010	.168	.115	.098
技术创新指数	－.049	.290	.000	.106	－.122	.004
人才吸引力指数	－.010	－.039	－.095	.578	－.024	.016
经济外向度指数	.085	.219	.054	－.040	.226	.117
投资外向度指数	.089	.125	－.032	－.150	.521	.045
旅游外向度指数	－.085	.339	－.090	－.056	.127	－.150
市场化指数	.016	.403	－.069	－.112	－.108	.083

比较 2015 年和 2016 年的功能指标成分得分系数矩阵可发现,医疗卫生和国际化指数对第一主成分的贡献增加,集散功能指数对第二主成分的贡献有升有降,文化和创新指数对第三主成分的贡献上升,社会保障指数对第四主成分的贡献降低,第五主成分中基础设施的贡献上升但教育的贡献下降,市场化指数对第六主成分的贡献上升。

表 9 - 22 2016 年功能指标成分得分系数矩阵

类　型	成　分					
	1	2	3	4	5	6
基础设施指数	.006	−.019	−.055	.081	.500	−.065
文化服务指数	−.034	.023	.083	−.027	.492	−.001
医疗条件指数	.014	−.095	.471	−.087	.062	.089
教育条件指数	.028	.059	−.118	.369	.123	−.095
社会保障指数	.048	−.001	.455	−.175	−.037	−.090
城市环境指数	−.066	.036	.115	.311	−.049	−.230
客运周转指数	.291	.033	−.025	−.073	.018	.179
货物周转指数	.257	.054	.065	−.209	.155	.044
城市旅游吸引指数	.030	−.086	.038	−.020	−.044	.649
信息集中指数	.321	−.048	−.014	.091	−.103	−.097
资金集中指数	.334	−.108	.012	.135	−.057	−.030
技术创新指数	−.054	.000	.311	.064	.040	.219
人才吸引力指数	.022	−.124	−.089	.479	−.039	.136
经济外向度指数	.073	.228	−.045	.122	.033	−.019
投资外向度指数	−.005	.282	−.026	−.066	.018	.322
旅游外向度指数	−.119	.391	−.018	−.051	−.044	−.089
市场化指数	.008	.345	−.053	−.058	.015	−.167

　　根据以上功能指标成分得分系数矩阵可以计算出各年功能指标每个主成分的得分,再结合主成分分析中解释总方差得到的系数,加总后可得到每年各城市功能指标的综合得分,将这些得分整理后可得到如表 9 - 23 所示 2012—2016 年省会城市的功能综合得分和排名。

表 9 - 23 2012—2016 年省会城市和直辖市功能综合得分和排名

省份	城市	功能综合得分					排名				
		2012 年	2013 年	2014 年	2015 年	2016 年	2012 年	2013 年	2014 年	2015 年	2016 年
河北	石家庄	0.914	1.168	1.516	1.012	0.847	18	12	5	18	20
山西	太原	1.320	1.470	1.400	1.470	1.156	8	8	9	6	16
辽宁	沈阳	1.513	1.430	1.438	1.278	0.999	5	9	8	11	18
吉林	长春	1.199	1.545	1.700	1.478	1.262	11	7	2	5	12

（续表）

省份	城市	功能综合得分					排名				
		2012 年	2013 年	2014 年	2015 年	2016 年	2012 年	2013 年	2014 年	2015 年	2016 年
黑龙江	哈尔滨	1.007	1.028	1.609	1.010	1.490	17	17	3	19	5
江苏	南京	1.147	0.922	1.036	1.275	1.197	14	19	18	12	13
浙江	杭州	1.190	1.074	1.265	1.335	1.403	12	16	13	10	9
安徽	合肥	1.265	1.087	1.359	1.458	1.438	10	14	10	7	7
福建	福州	1.129	1.007	1.229	1.081	1.375	15	18	15	16	10
江西	南昌	1.177	1.078	1.346	1.221	1.160	13	15	11	14	15
山东	济南	0.697	0.527	0.751	0.891	0.977	20	25	21	21	19
河南	郑州	0.644	0.630	0.709	0.878	0.781	23	23	22	22	21
广东	广州	0.691	0.808	0.829	0.958	1.174	21	21	20	20	14
湖南	长沙	0.785	0.856	0.979	1.066	1.023	19	20	19	17	17
湖北	武汉	1.088	1.277	1.305	1.453	1.414	16	11	12	8	8
海南	海口	1.579	1.737	1.042	1.261	1.542	3	3	17	13	3
四川	成都	1.758	1.721	1.507	1.773	1.751	1	5	6	2	2
贵州	贵阳	1.487	1.737	1.555	1.627	1.765	6	4	4	3	1
云南	昆明	1.600	1.611	1.260	1.492	0.763	2	6	14	4	22
陕西	西安	1.461	1.318	1.184	1.351	1.439	7	10	16	9	6
甘肃	兰州	0.529	0.570	0.340	0.204	0.437	25	24	24	26	23
青海	西宁	0.638	0.639	0.254	0.261	0.167	24	22	26	24	27
内蒙古	呼和浩特	0.512	0.354	0.311	0.227	0.395	26	27	25	25	24
广西	南宁	0.503	0.468	0.369	0.307	0.271	27	26	23	23	25
西藏	拉萨	0.687	1.155	0.227	0.114	0.170	22	13	27	27	26
宁夏	银川	1.560	2.283	2.270	2.059	1.507	4	1	1	1	4
新疆	乌鲁木齐	1.297	2.007	1.489	1.212	1.263	9	2	7	15	11
直辖市	北京	1.975	1.526	1.504	1.534	1.463	2*	2*	2*	2*	2*
直辖市	天津	1.508	1.073	1.189	1.126	1.183	3*	3*	3*	3*	3*
直辖市	上海	2.110	1.607	1.729	1.621	1.493	1*	1*	1*	1*	1*
直辖市	重庆	1.025	0.695	0.834	0.808	0.815	4*	4*	4*	4*	4*

* 直辖市功能指标的计算方法与省会城市不同,不具可比性,不参与省会城市排名,而是在四个直辖市间单另排名。

观察表 9－23 可发现,银川属于功能综合得分较高的城市。根据功能指标的计算公式,很多指标受到省级地区指标的影响。比如,文化服务指数等于城市每万人拥有的图书馆藏书数量占地区每万人拥有的图书馆藏书数量的比重,教育条件指数等于城市教育支出占财政支出比重除以地区教育支出占财政支出比重。因此,虽然从绝对的质和量来看,银川在全国城市中不发达,如果直接比较医疗支出或者教育支出,银川属于较低的地区,但是从相对指标来看,由于银川城市小,社会服务的容纳和提供能力有限,银川已达到了较高的功能综合得分。与银川情形相似的还有成都、贵阳,西部地区受所处地域限制,反而达到了较高的功能指标综合得分和较好的排名。一些规模较大的城市,比如广州、武汉、南京、杭州,都排名在中间甚至偏后,说明这些城市所处地区社会服务供给的能力强,还有较大的空间和潜力可挖掘,合理利用政策和发挥市场力量有很大可能性可以提高社会服务功能。四个直辖市的功能综合得分在五年中保持着不变的排名,上海第一,北京第二,天津第三,重庆第四。

同样,运用二城市法来计算省会城市的功能首位度,得到表 9－24。多数省会城市有着较低的功能首位分布,没有超过 2 的首位度标准。以 2016 年为例,在 27个省会城市中,20 个省会城市的规模大于本省第二大城市,得到的首位度 $S_{function} > 1$。在这 20 个城市中,有 16 个是低首位分布,即 $1 < S_{function} < 2$。长春、长沙、武汉、成都形成了中度首位分布,即 $2 < S_{function} < 4$。总体来说,中部腹地省会城市整体偏高。

表 9－24　2012—2016 年省会城市功能首位度

省份	城市	功能首位度				
		2012 年	2013 年	2014 年	2015 年	2016 年
河北	石家庄	1.1684	1.2770	1.7435	1.2931	0.9579
山西	太原	1.3254	2.3197	1.4933	2.0807	1.8809
辽宁	沈阳	1.2448	1.2378	1.0996	1.0200	1.0597
吉林	**长春**	**0.8612**	**1.9440**	**1.6084**	**1.8788**	**2.1433**
黑龙江	哈尔滨	1.3803	1.1579	1.3148	1.0569	1.4487
江苏	南京	0.7638	0.6398	0.6866	0.8916	0.6529
浙江	杭州	1.0083	0.8933	0.9580	0.9185	1.0300
安徽	合肥	1.2420	1.2333	1.2908	1.3282	1.3212
福建	福州	1.0707	0.9945	1.1532	0.9920	1.1576

（续表）

省份	城市	功能首位度				
		2012 年	2013 年	2014 年	2015 年	2016 年
江西	南昌	1.2382	1.4676	1.6585	1.3402	1.1982
山东	济南	0.6196	0.4919	0.7328	0.8514	1.2149
河南	郑州	0.8293	1.1291	1.0123	1.3426	1.1268
广东	广州	0.5439	0.5736	0.7284	0.8129	1.0703
湖南	**长沙**	**1.4928**	**1.4396**	**1.5219**	**1.9015**	**3.0586**
湖北	**武汉**	**1.1241**	**1.8044**	**2.0642**	**2.2387**	**2.7718**
海南	海口	1.7496	1.9876	1.7431	1.3703	1.5052
四川	**成都**	**2.7156**	**3.5651**	**2.5461**	**2.9576**	**3.1934**
贵州	贵阳	2.1210	2.6432	1.4720	1.8646	1.6447
云南	昆明	2.8414	2.7061	2.4513	3.1184	1.5103
陕西	西安	2.6542	2.6734	2.1384	2.8529	1.8118
甘肃	兰州	1.2091	1.4643	0.7556	0.8366	0.9534
青海	西宁	1.4647	1.1256	1.0062	*	*
内蒙古	呼和浩特	0.9707	0.2671	0.3060	0.2021	0.2401
广西	南宁	0.5235	0.5395	0.4460	0.2727	0.3666
西藏	拉萨	*	*	*	*	*
宁夏	银川	1.9387	2.5056	2.6500	2.8356	1.9209
新疆	乌鲁木齐	5.6931	5.4275	3.2747	1.3084	1.0023

* 由于日喀则和海西的数据缺失,拉萨的首位度和西宁部分年份的首位度无法计算。

四、综合首位度分析

将以上分析中的规模指标综合得分、产业指标综合得分、功能指标综合得分加总后,可得到如表 9 - 25 中所示的省会城市总计综合得分,并可整理出排名。纵观2012—2016 年这五年中,总计综合得分排名较高的城市是杭州、合肥、广州、武汉、成都、南京。这六个城市中有四个来自长三角和珠三角地区。南京与另外五个省会城市相比,排名相对较低,但一直稳居前十。此外,沈阳和西安也偶尔有良好的综合得分表现,但不稳定。

表 9 - 25　2012—2016 年省会城市总计综合得分和排名

省份	城市	总计综合得分					排名				
		2012 年	2013 年	2014 年	2015 年	2016 年	2012 年	2013 年	2014 年	2015 年	2016 年
河北	石家庄	3.3918	3.2156	3.5393	3.1244	2.8612	11	13	11	19	21
山西	太原	3.0583	3.2011	3.0125	3.2115	2.7142	16	14	17	16	22
辽宁	沈阳	4.3787	4.2485	4.2235	3.6826	2.9170	2	3	5	13	20
吉林	长春	3.4367	3.9067	4.1259	3.7623	3.5434	10	6	7	12	12
黑龙江	哈尔滨	3.2444	3.2779	4.2469	3.0718	3.9419	12	12	4	20	9
江苏	南京	3.7685	3.6141	3.7286	4.0951	3.8173	6	10	9	6	11
浙江	杭州	4.2341	4.1643	4.3702	4.5345	4.5768	3	5	3	2	2
安徽	合肥	3.9624	3.7293	4.5241	4.3912	4.1891	5	9	2	3	5
福建	福州	3.1732	3.5126	3.7156	3.1958	3.9388	14	11	10	18	10
江西	南昌	2.9181	2.9269	3.4963	3.0589	3.3341	18	22	12	21	14
山东	济南	2.6824	3.0153	2.4711	2.9115	3.3411	22	16	21	22	13
河南	郑州	2.8292	2.9574	2.9845	3.1970	2.9232	21	20	18	17	19
广东	广州	3.5789	3.8083	3.8349	3.9061	4.2135	9	8	8	9	4
湖南	长沙	3.2078	2.9286	3.1651	3.2408	3.1984	13	21	14	15	16
湖北	武汉	4.0409	4.4323	4.5656	4.2796	4.3830	4	2	1	5	3
海南	海口	3.0679	2.9625	2.3744	3.5341	3.2453	15	19	22	14	15
四川	成都	4.5061	4.1997	4.2228	5.1643	5.0174	1	4	6	1	1
贵州	贵阳	2.9545	2.9734	2.9163	3.9724	4.0650	17	18	19	8	7
云南	昆明	3.7538	3.0015	2.8167	3.8453	3.1548	7	17	20	10	17
陕西	西安	3.6679	3.1913	3.1068	3.9752	4.0766	8	15	15	7	6
甘肃	兰州	2.0642	2.2635	2.0782	1.7752	2.0162	23	23	23	23	23
青海	西宁	1.1389	1.0103	0.7870	0.7423	0.5807	27	27	27	27	27
内蒙古	呼和浩特	1.5151	1.1647	1.3616	1.0457	1.9302	24	26	24	24	24
广西	南宁	1.4005	1.1897	1.2203	1.0450	1.1392	25	25	25	25	25
西藏	拉萨	1.1540	1.5079	0.8021	1.0022	0.9442	26	24	26	26	26
宁夏	银川	2.8453	3.8225	3.4761	3.8388	3.0361	20	7	13	11	18
新疆	乌鲁木齐	2.8567	4.5366	3.0932	4.3450	3.9883	19*	1*	16*	4*	8*
直辖市	北京	6.3445	5.5031	5.4349	5.5918	5.2365	*	*	*	*	*

（续表）

省份	城市	总计综合得分					排名				
		2012 年	2013 年	2014 年	2015 年	2016 年	2012 年	2013 年	2014 年	2015 年	2016 年
直辖市	天津	4.8967	4.2118	4.3013	4.4558	4.0663	*	*	*	*	*
直辖市	上海	6.1570	5.5498	5.6432	5.7078	5.5014	*	*	*	*	*
直辖市	重庆	3.9705	3.7161	3.9056	4.2392	3.8208	*	*	*	*	*

* 直辖市功能指标的计算方法与省会城市不同，不具可比性，不参与排名。乌鲁木齐的部分数据统计口径不同，排名不具参考价值。

表 9 - 26 反映了 2012—2016 年省会城市的综合首位度，与分项首位度结论类似的是，多数省会城市没有呈现出高首位度，只有极少数城市有高于 2 的首位度，比如武汉、成都。这与选用的评价指标多元化有关，因为评价指标较为全面，评价的层面很多维，指标之间有相互抵消的影响，很难出现单一指标评价时明显高的首位度。有的城市呈中度首位分布，并在不断上升，越来越明显，比如成都。还有城市目前只有低首位度分布，但是首位度呈上升态势，比如福州。

表 9 - 26　2012—2016 年省会城市综合首位度

省份	城市	综合首位度				
		2012 年	2013 年	2014 年	2015 年	2016 年
河北	石家庄	1.2267	1.0577	1.2239	1.1525	1.0241
山西	太原	1.4362	1.7675	1.4516	1.7301	1.6603
辽宁	沈阳	1.0816	1.0747	0.9957	1.1001	0.9571
吉林	长春	1.0555	1.5717	1.5774	1.7397	1.7037
黑龙江	哈尔滨	1.1025	0.9225	1.1167	1.1048	1.3114
江苏	南京	0.7476	0.9101	0.9051	1.0501	0.9000
浙江	杭州	1.0824	1.0522	1.1646	1.2216	1.2784
安徽	合肥	1.4181	1.3735	1.5584	1.3831	1.3747
福建	福州	0.9421	1.0304	1.0702	1.0417	1.2102
江西	南昌	1.2212	1.2823	1.6699	1.2331	1.5688
山东	济南	0.7576	0.8750	0.7384	0.8399	1.0698
河南	郑州	1.2006	1.5317	1.5049	1.4276	1.3620
广东	广州	0.8497	0.9068	0.7563	0.9544	0.9921
湖南	长沙	1.7363	1.6938	1.7947	1.7298	1.5180
湖北	**武汉**	**1.8661**	**2.8836**	**2.9441**	**2.0173**	**2.3489**

(续表)

省份	城市	综合首位度				
		2012 年	2013 年	2014 年	2015 年	2016 年
海南	海口	1.4378	1.4677	1.4514	1.5952	1.6165
四川	**成都**	**2.5662**	**2.4594**	**2.4871**	**2.7691**	**3.1366**
贵州	贵阳	1.5607	1.3232	1.1628	1.5778	1.6437
云南	昆明	2.3137	1.8311	1.6332	1.8910	1.9964
陕西	西安	1.8084	1.4676	1.4257	1.4793	1.6211
甘肃	兰州	1.6189	1.5468	1.3785	1.2826	1.5100
青海	西宁	0.3486	0.2665	0.2310	*	*
内蒙古	呼和浩特	0.5045	0.2720	0.3751	0.3481	0.4843
广西	南宁	0.5865	0.4854	0.5124	0.4164	0.5320
西藏	拉萨	*	*	*	*	*
宁夏	银川	1.4864	1.6895	1.6230	1.8817	1.5828
新疆	乌鲁木齐	2.0695	2.9612	1.9728	2.1506	1.7619

* 由于西藏第二大城市日喀则的数据缺失,拉萨的首位度无法计算。由于青海海西部分年份的数据缺失,西宁的部分年份首位度无法计算。

五、评价结果的聚类分析

这一部分利用各个城市的规模综合指数、产业综合指数、功能综合指数的得分作为聚类分析的依据,并结合 SPSS 软件的聚类分析功能,将全国省会城市和直辖市按综合指数和首位度进行分类。

首先选择用省会城市和直辖市的规模综合得分、产业综合得分、功能综合得分聚类,得到冰柱图和树状图。以 2012 年的综合得分聚类为例,在聚类分析冰柱图中,冰柱图的最下端样本长条对应的纵坐标为 30,这表示在聚类过程中,首先将 31 个样本划分为 30 类,类与类之间由白色间隙间隔开。总共 29 个白色间隙,分隔为 30 类。

聚类将 31 个样本划分为五类,如果选择纵坐标 5,有 4 个白色间隙将 31 个样本分为 5 类。其中北京、上海是一类,重庆、天津、武汉、广州聚为一类,兰州为一类,长春、福州、哈尔滨、济南、郑州、长沙、沈阳、成都、南京、杭州、石家庄、合肥、昆明、西安、太原、乌鲁木齐、南昌、贵阳、银川、海口聚为一类,呼和浩特、南宁、西宁、拉萨聚为一类。

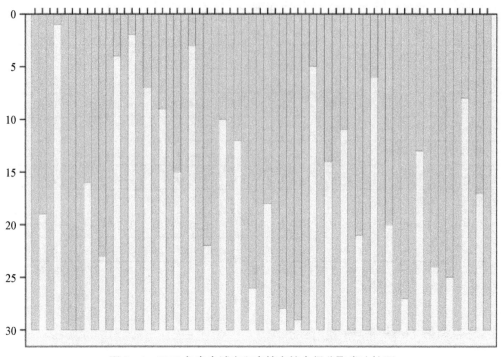

图 9 - 1　2012 年省会城市和直辖市综合得分聚类冰柱图

　　图 9 - 2 是综合得分聚类树状图,31 个省会城市和直辖市在第一次分类时被聚成很多小类。第二次聚类时长春、福州、哈尔滨、济南、郑州、长沙被聚在了一类;第三次聚类时,这几个城市与合肥、石家庄、杭州、南京、成都、沈阳聚成了一类;第四次聚类时以上城市又与昆明、西安、太原、乌鲁木齐、南昌、贵阳、银川、海口聚为了一类,与冰柱图得到一样的结果。

　　把 2012—2016 年省会城市和直辖市聚类结果整理后可得到如表 9 - 27 所示的结果。2012—2016 年,全国省会城市和直辖市被分为五类。比较可发现,北京和上海在一类,广州、天津、重庆始终在一类,南宁、拉萨、西宁属于一类。其他城市在两类城市间变动。综合得分聚类的结果与城市的经济发达程度比较一致。

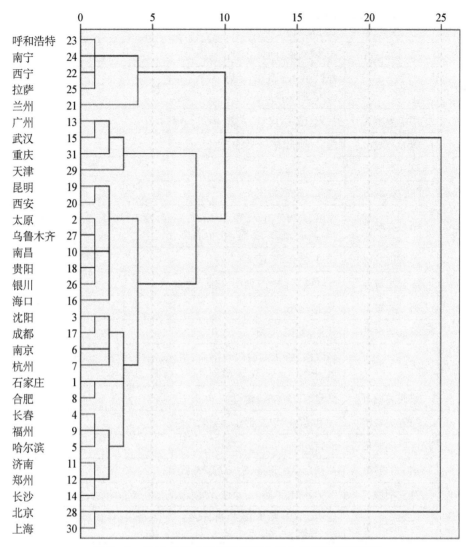

图 9 - 2 2012 年省会城市和直辖市综合得分聚类树状图

表 9 - 27 2012—2016 年省会城市和直辖市综合得分聚类

	第一类城市	北京、上海
	第二类城市	广州、武汉、重庆、天津
2012 年	第三类城市	长春、福州、哈尔滨、济南、郑州、长沙、沈阳、成都、南京、杭州、石家庄、合肥、昆明、西安、太原、乌鲁木齐、南昌、贵阳、银川、海口
	第四类城市	兰州
	第五类城市	呼和浩特、南宁、西宁、拉萨

2013年	第一类城市	北京、上海
	第二类城市	天津、重庆、南京、广州、长沙
	第三类城市	沈阳、武汉、杭州、长春、成都、济南、郑州、合肥、福州、石家庄、南昌、西安、哈尔滨、兰州
	第四类城市	贵阳、昆明、海口、太原、银川、乌鲁木齐
	第五类城市	呼和浩特、南宁、西宁、拉萨
2014年	第一类城市	北京、上海
	第二类城市	广州、天津、重庆
	第三类城市	昆明、乌鲁木齐、太原、贵阳、石家庄、西安、海口、沈阳、杭州、武汉、成都、南京、长沙、济南、郑州、合肥、银川
	第四类城市	长春、哈尔滨、福州、南昌
	第五类城市	呼和浩特、南宁、西宁、拉萨、兰州
2015年	第一类城市	北京、上海
	第二类城市	天津、重庆、广州
	第三类城市	石家庄、哈尔滨、福州、南昌、济南、郑州、沈阳、长春、太原、南京、武汉、长沙、杭州、成都、贵阳、昆明、合肥、西安
	第四类城市	海口、乌鲁木齐、银川
	第五类城市	呼和浩特、南宁、西宁、兰州、拉萨
2016年	第一类城市	北京、上海
	第二类城市	广州、天津、重庆、武汉、成都、杭州
	第三类城市	兰州、呼和浩特、石家庄、沈阳、太原、南宁、郑州、长沙、南京
	第四类城市	合肥、西安、哈尔滨、福州、长春、南昌、济南、乌鲁木齐、昆明、海口、银川、贵阳
	第五类城市	南宁、拉萨、西宁

把 2012—2016 年省会城市首位度聚类结果整理后可得到如表 9 - 28 所示的结果。2012—2016 年,全国省会城市被分为了四类。聚类结果显示,武汉、长沙、成都这几个位于中部和西部腹地城市的首位度被聚为一类,它们是主要经济大省中首位度最高的省会城市,说明这三个省会作为中西部的三座大区中心城市有着相似性,可能都是集聚了省内最好的资源。乌鲁木齐与呼和浩特也有着相似的地方,它们的产业发展为其聚集省里资源奠定了良好基础。东北、长三角、珠三角地区,尤其是沿海地区的省会城市没有显著拉开和省内第二大城市的差距,因为沿海省份基本上都有一个港口城市与省会相抗衡,因此它们省会城市的首位度有着相似特征,聚在同一类。

表 9 - 28　2012—2016 年省会城市首位度聚类

2012 年	第一类城市	乌鲁木齐
	第二类城市	长沙、武汉、成都
	第三类城市	昆明、西安
	第四类城市	呼和浩特、海口、西宁、太原、合肥、兰州、长春、郑州、沈阳、杭州、石家庄、哈尔滨、南昌、福州、济南、广州、南京、南宁、贵阳、银川
2013 年	第一类城市	武汉
	第二类城市	成都、乌鲁木齐
	第三类城市	呼和浩特、南宁、西宁
	第四类城市	太原、长春、西安、银川、昆明、贵阳、海口、长沙、石家庄、沈阳、杭州、福州、哈尔滨、南昌、合肥、兰州、郑州、南京、济南、广州
2014 年	第一类城市	武汉
	第二类城市	成都、长沙
	第三类城市	西安、银川、昆明、乌鲁木齐
	第四类城市	哈尔滨、贵阳、沈阳、福州、石家庄、南京、杭州、海口、合肥、郑州、长春、南昌、太原、兰州、济南、广州、南宁、呼和浩特、西宁
2015 年	第一类城市	成都
	第二类城市	海口、乌鲁木齐
	第三类城市	长春、贵阳、太原、武汉、长沙、昆明、银川、西安
	第四类城市	沈阳、福州、广州、济南、石家庄、合肥、郑州、哈尔滨、南昌、兰州、南京、杭州、呼和浩特、南宁
2016 年	第一类城市	成都
	第二类城市	长沙、武汉
	第三类城市	呼和浩特
	第四类城市	南宁、乌鲁木齐、沈阳、广州、石家庄、福州、济南、南京、杭州、长春、西安、太原、银川、合肥、郑州、哈尔滨、兰州、海口、贵阳、南昌、昆明

六、本章小结

本研究选择了具体的城市和具体的年份来度量规模指标得分、产业指标得分、功能指标得分,客观地衡量了不同年份和区域中城市在规模、产业、功能方面的首位度表现。

在 2012—2016 年省会城市和直辖市规模综合得分排名中,北京、上海、天津、重庆这四个直辖市一直占据着规模综合得分前四名的位置。这四个直辖市的经济规模和人口总量上明显超越其他城市。武汉、广州、南京、杭州、成都这几个位于长三角、珠三角、中部和西部枢纽的城市,虽然在人口和 GDP 总量上略低于四个直辖市,但是仍排在全国省会城市中前十的位置。兰州、西宁、南宁、拉萨、银川地处西部地区,城市和经济的整体规模较小,经济基础比较差,因而在规模综合指数的得分在省会城市中排名较后。多数省会城市拥有低规模首位度,长沙和兰州形成了中首位度,高首位度多形成于西部地区,省会城市和第二位城市发展差距大造成了规模的集聚和较高首位度的形成。发达地区,比如沿海地带、长三角、珠三角地区,不易形成高首位度,甚至会由于第二位城市的发达规模而未形成省会城市首位分布。

从 2012—2016 年省会城市的产业综合得分和排名可以得到,合肥和杭州的产业综合得分排名靠前。西宁和拉萨的工业指数、服务业指数、高新技术产业指数和财政产出效率都很低,因此它们在产业发展的综合得分上表现不佳。一些排名在中间的城市在产业结构上有优势也有短板,比如南京,工业指数和服务指数较好,说明工业结构和服务业结构较合理,但是高新技术产业指数和财政产业效率低,影响了总体的产业综合得分。多数省会城市有着较低的产业首位度,即没有超过 2 的首位度标准。在 27 个省会城市中,20 个省会城市的产业综合得分大于本省第二大城市,乌鲁木齐、昆明、海口、贵阳、南昌形成了中首位度,产业首位度较高的城市多位于不太发达地区。

从 2012—2016 年省会城市的功能综合得分和排名中可知,银川属于功能综合得分较高的城市。与银川情形相似的还有成都、贵阳,西部地区受地域限制,反而达到了较高的功能指标综合得分和较好的排名。一些规模较大的城市,比如广州、武汉、南京、杭州,都排名在中间甚至偏后,说明这些城市还有较大的空间和潜力可挖掘,合理利用政策和市场力量可以有很大可能性提高功能综合得分。

将以上分析中的规模指标综合得分、产业指标综合得分、功能指标综合得分加总后,得到省会城市总计综合得分,并整理出排名。总计综合得分排名较高的城市是杭州、合肥、广州、武汉、成都、南京。这六个城市中有四个来自长三角和珠三角地区。南京与另外五个省会城市相比排名相对较低,但一直稳居前十。此外,沈阳和西安也偶尔有良好的综合得分表现,但不稳定。与分项首位度结论类似的是,多数省会城市没有呈现出高首位度,只有极少数城市有高于 2 的首位度。

省会城市和直辖市的综合得分聚类结果呈现出与城市的经济发达程度比较一致的趋势。北京和上海聚为一类,广州、天津、重庆聚为一类,南宁、拉萨、西宁聚在一类。省会城市首位度聚类显示,武汉、长沙、成都这几个位于中部和西部腹地的省会集聚了省内最好的资源。而东北、长三角、珠三角地区的省会城市首位度聚类排名较低,没有显著拉开和省内第二大城市的差距。

参考文献

［1］康俊杰.基于首位度评价的区域中心城市发展研究［D］.青岛科技大学,2010.

第十章 我国各省会城市及直辖市
首位度的空间比较

本章将根据前文计算得到的我国各省会城市各项综合得分与首位度指标分别从规模、产业、功能三个方面，对各省会城市进行比较，以期从空间分布上直观、清晰地呈现我国各省会城市首位度情况。综合评分作为绝对值指标，反映了各城市的竞争优势，首位度作为相对值指标则代表了各省会城市的比较优势。

一、总指标综合得分与首位度分析

（一）总指标综合得分空间比较

将前文计算得出的我国省会城市各项综合得分指标进行加总，得到各省会城市总指标综合得分。图 10-1 为 2016 年 27 个省会城市总指标综合得分的空间分布情

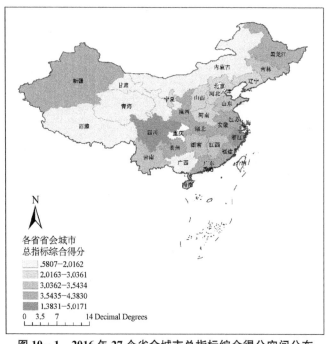

图 10-1　2016 年 27 个省会城市总指标综合得分空间分布

况,从图中可以清晰地发现,各省会城市总指标综合得分具有明显的差异,总体来看,东部地区省会城市综合得分要高于中、西部省会城市。

具体城市排序如图 10 - 2 所示,总指标综合得分排在前 9 位的城市分别为成都、杭州、武汉、广州、合肥、西安、贵阳、乌鲁木齐、哈尔滨,总指标综合得分均高于 3.9;排名后 9 位的省会城市分别为郑州、沈阳、石家庄、太原、兰州、呼和浩特、南宁、拉萨、西宁,总指标综合得分均低于 3。27 个省会城市总指标综合得分平均值为 3.23,标准差为 1.09,成都市总指标综合评分最高,为 5.02。27 个省会城市总指标综合得分排序情况说明,东部城市相对于中、西部城市仍然具有显著的竞争优势。

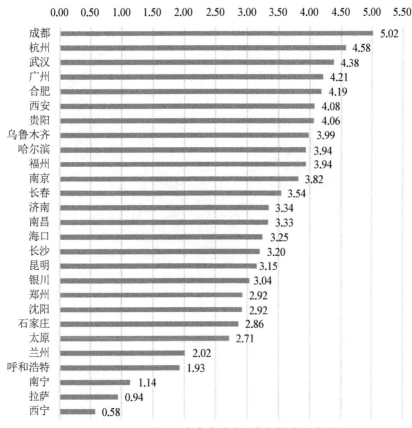

图 10 - 2　2016 年 27 个省会城市总指标综合评分排序

(二)总体首位度指标空间比较

依据前文计算得出的我国各省会城市首位度指标,将各省会城市的规模首位度、产业首位度、功能首位度进行加总,得到 2016 年我国 27 个省会城市总体首位度指标,其空间分布情况由图 10-3 直观呈现。从图中可以明显地看出,我国各省会城市总体首位度区域差异界限明显,总体呈现中西部高、东部沿海较低的空间特征。如图 10-4 所示,从具体的排序来看,成都的总体首位度最高,为 10.06,且与排名第二的武汉具有较大的差距;从武汉开始,各省会城市间总体首位度的差距缩小。总体首位度排名前 9 位的省会城市有成都、武汉、长沙、乌鲁木齐、昆明、长春、太原、兰州、银川,总体首位度均高于 5;排名后 9 位的省会城市有济南、南京、石家庄、广州、沈阳、南宁、呼和浩特、拉萨、西宁[①],总体首位度均低于 3.5。27 个省会城市总体首位度的均值为 4.28,标准差为 1.925,约 48% 的省会城市总体首位度低于全国平均水平。

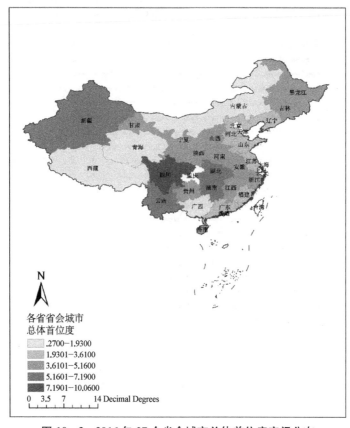

图 10-3　2016 年 27 个省会城市总体首位度空间分布

　　[①]　如果剔除数据缺失较严重的西宁市,成都与其他省会城市之间规模首位度的差距仍然显著。

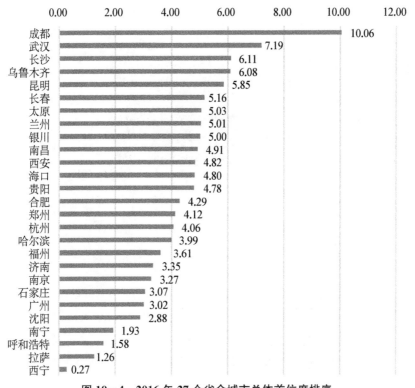

图 10 - 4　2016 年 27 个省会城市总体首位度排序

二、规模综合得分与规模首位度分析

（一）区域差异界限明显，首尾差距较大

图 10-5 和图 10-6 分别为 2016 年我国 27 个省会城市的规模综合得分与规模首位度区域分布总体情况。从绝对指标来看，图 10-5 中东、中部地区省会城市规模综合得分要高于其他地区省会城市。从相对指标，即各省会城市规模首位度来看，中西部地区四川、宁夏、山西、湖南、甘肃、新疆的省会城市的规模首位度较高；而东部沿海地区辽宁、山东、江苏、广东等省份的省会城市首位度规模相对较低。规模综合得分区域分布情况说明，中、东部省会城市，如东部沿海的广州、杭州、南京等，在人口规模与经济总量方面仍然具有显著的优势；规模首位度的区域分布情况则说明，相较于中、东部地区，西部地区省会城市与该地区其他城市之间在人口规模与经济总量上仍然具有显著的比较优势。

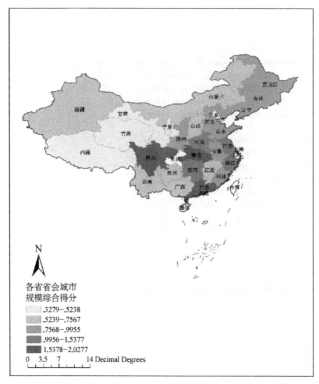

图 10－5　2016 年全国 27 个省会城市规模综合得分区域分布情况

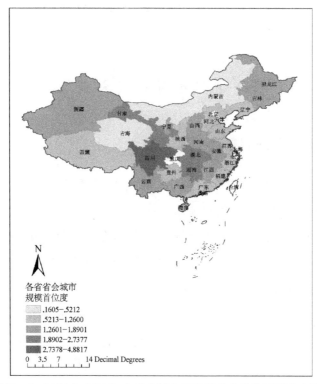

图 10－6　2016 年全国 27 个省会城市规模首位度总体区域分布情况

图 10-7 对 27 个省会城市的规模综合得分进行了排序,根据 2016 年数据计算得到的规模首位度,广州是规模综合得分最高的省会城市,得分为 2.03,各省会城市之间规模综合得分的差距相对较小;规模综合得分排在前 9 位的省会城市分别为广州、成都、武汉、杭州、南京、长沙、郑州、济南、哈尔滨,大部分为东、中部城市;排在后9 位的省会城市分别为乌鲁木齐、呼和浩特、贵阳、太原、兰州、拉萨、银川、海口、西宁,除海口外均为西部城市。这一排序反映出我国 27 个省会城市规模综合得分区域分布呈现以下几点显著特征:一是不同地区省会城市经济、人口规模具有明显的差异,中、东部城市要高于西部城市;二是省会城市之间规模综合得分差异不大,但是排在首位的广州市与排在末位的西宁市之间仍然具有较大的差距。

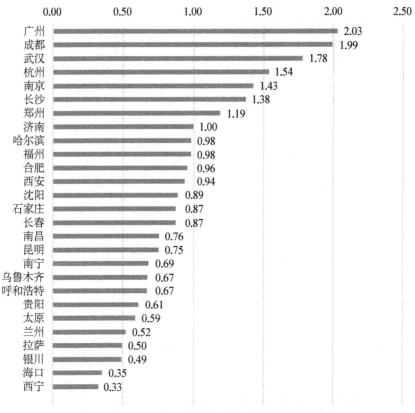

图 10-7　2016 年 27 个省会城市规模综合得分排序

图 10-8 对 27 个省会城市的规模首位度进行了排序,根据 2016 年数据计算得到的规模首位度,成都是规模首位度最高的省会城市,达到 4.882,显著领先于排在第二位的武汉,武汉与其他省会城市之间规模首位度的差距相对较小;规模首位度排在前 9 位的省会城市分别为成都、武汉、兰州、长沙、银川、郑州、太原、乌鲁木齐及合肥,规模首位度均高于 1.6;排在后 9 位的省会城市分别为石家庄、贵阳、广州、沈阳、

南京、海口、济南、呼和浩特及西宁,规模首位度均低于1.1。通过整体比较可以发现,我国27个省会城市规模首位度区域分布的总体情况具有以下几个显著特点:一是不同地区省会城市的规模首位度具有明显的差异,整体呈中西部高,东部低的特点;二是排名第一的成都市与排名最后的西宁市的规模首位度之间具有较大差异[①],全国27个省会城市规模首位度的标准差达到0.879,说明我国各省会城市的发展具有显著的不平衡现象;三是27个省会城市规模首位度的平均值为1.44,高于中位数1.32,多数省会城市的规模首位度低于全国平均值。

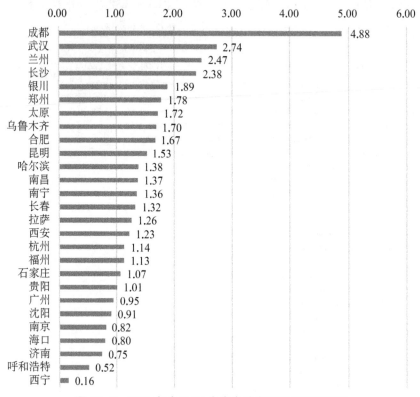

图10-8　2016年全国27个省会城市规模首位度排序

(二)中西部省会一枝独秀,东部沿海呈双中心趋势

绝对指标与相对指标空间分布呈现不同特征的原因在于,东部地区城市在经济规模绝对数量上仍然具有显著的领先优势,但是由于东部地区,特别是长三角地区经济以由"单中心"向城市群趋势发展,省会城市与非省会城市之间差距缩小,因此相对

---

① 如果剔除数据缺失较严重的西宁市,成都与其他省会城市之间规模首位度的差距仍然显著。

指标排名较为靠后。

图 10-9 对各省会城市经济总量占所在省份的比重进行了排序,在全国 27 个省会城市中,2016 年有 10 个城市的经济总量占所在省份的比重超过了 30%。排名第一的城市是银川,其经济总量占全省经济总量的比重达到 50.48%;排名第二的西宁,这一比重也达到了 47.97%。西部省份经济总量较小、人口总量较少,且都集中在省会城市或自治区首府,使得西部地区省会城市的规模首位度较高。东北的长春占比超过 40%,达到 40.06%,哈尔滨也达到了 39.21%,分别排在第三、四位,这两个城市作为副省级城市发展较早,经济与人口规模相对占全省的比重较高。

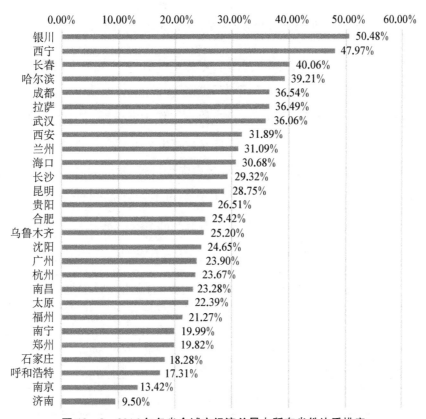

图 10-9　2016 年各省会城市经济总量占所在省份比重排序

与中西部省会城市多为所在省份的单极核心城市这种情况不同的是,东部沿海各省呈现出明显的"双中心""多中心"趋势。图 2-6 对各省会城市与第二大城市的规模综合得分进行了比较,可以明显看出,省会城市规模首位度较高的省份如四川、甘肃、湖南、湖北、河南,其省会城市的规模综合得分显著高于第二大城市;而东部沿海省份江苏、广东、山东,其第二大城市的规模综合得分则高于省会城市,导致了省会城市规模首位度较低。

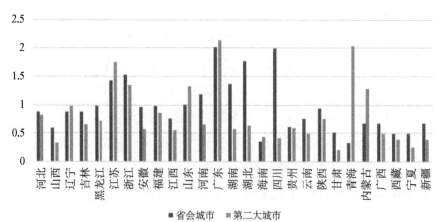

图 10-10 各省省会城市与第二大城市规模综合得分比较

表 10-1 统计了各省省会城市与第二大城市的人口规模及经济规模,通过比较可以明显发现,在江苏、福建、山东三个东部沿海省份,第二大城市分别为苏州、泉州、青岛,经济总量在全省经济总量中的占比,超过了作为省会城市的南京、福州、济南。特别是济南与南京,作为省会城市,其经济总量在山东省和江苏省经济总量的占比仅为 9.5% 和 13.42%。苏州、泉州、青岛等城市由于科技、港口、开放等方面的优势,成为地区经济增长的新核心,经济发展水平已经超过了省会城市,使得行政等级造成的公共资源差异不再是决定城市之间经济发展差异的重要因素。

表 10-1 各省省会城市与第二大城市

省份	省会	第二大城市	省会城市人口规模(万人)	第二大城市人口规模(万人)	省会城市GDP总量(亿元)	第二大城市GDP总量(亿元)	省会城市经济总量占比	第二大城市经济总量占比
河北	石家庄	唐山	1038.00	760.00	5861.03	6283.36	18.28%	19.59%
山西	太原	长治	370.00	339.00	2922.35	1256.18	22.39%	9.63%
辽宁	沈阳	大连	734.00	596.00	5484.04	6733.57	24.65%	30.27%
吉林	长春	吉林	753.00	422.00	5919.06	2425.90	40.06%	16.42%
黑龙江	哈尔滨	大庆	962.00	276.00	6032.95	2580.64	39.21%	16.77%
江苏	南京	苏州	663.00	678.00	10384.84	15300.96	13.42%	19.77%
浙江	杭州	宁波	736.00	591.00	11186.42	8588.75	23.67%	18.18%
安徽	合肥	芜湖	730.00	388.00	6203.78	2669.06	25.42%	10.94%
福建	福州	泉州	687.00	730.00	6127.90	6571.84	21.27%	22.81%
江西	南昌	赣州	523.00	971.00	4305.99	2182.36	23.28%	11.80%

（续表）

省份	省会	第二大城市	省会城市人口规模（万人）	第二大城市人口规模（万人）	省会城市GDP总量（亿元）	第二大城市GDP总量(亿元)	省会城市经济总量占比	第二大城市经济总量占比
山东	济南	青岛	723.31	791.00	6462.57	9898.64	9.50%	14.55%
河南	郑州	洛阳	972.40	680.10	8022.67	3777.12	19.82%	9.33%
广东	广州	深圳	1404.35	1190.84	19327.49	19273.27	23.90%	23.84%
湖南	长沙	岳阳	764.50	568.11	9251.62	3065.98	29.32%	9.72%
湖北	武汉	襄阳	1076.62	563.90	11778.57	3652.94	36.06%	11.18%
海南	海口	三亚	227.21	58.00	1243.51	470.21	30.68%	11.60%
四川	成都	绵阳	1592.00	481.09	12033.29	1809.82	36.54%	5.50%
贵州	贵阳	遵义	401.00	622.84	3122.17	2376.89	26.51%	20.18%
云南	昆明	曲靖	560.00	652.97	4251.69	1755.14	28.75%	11.87%
陕西	西安	榆林	825.00	338.20	6186.77	2741.85	31.89%	14.13%
甘肃	兰州	庆阳	370.60	270.00	2238.75	591.11	31.09%	8.21%
青海	西宁	海西	233.40	51.26	1234.12	481.48	47.97%	18.72%
内蒙古	呼和浩特	鄂尔多斯	308.90	205.53	3137.88	4368.19	17.31%	24.10%
广西	南宁	柳州	706.20	395.87	3661.66	2449.07	19.99%	13.37%
西藏	拉萨	日喀则	83.00	0.00	420.17	0.00	36.49%	0.00%
宁夏	银川	石嘴山	184.04	75.00	1599.50	507.80	50.48%	16.03%
新疆	乌鲁木齐	昌吉	267.87	37.75	2431.31	380.43	25.20%	3.94%

* 由于数据可得性问题，日喀则数据存在缺失。

三、产业综合得分与产业首位度分析

（一）存在区域差异界限，城市间差距较小

图 10-11 和图 10-12 分别为 2016 年我国 26[①] 个省会城市的产业综合得分与产业首位度区域分布总体情况。从绝对指标空间分布来看，各省会城市之间在产业发展方面仍然具有明显的差异，总体来看，呈现"东西高、中部低"的特点，即东、西部

---

　① 　如果剔除数据缺失较严重的西宁市，成都与其他省会城市之间规模首位度的差距仍然显著。

地区省会城市产业综合得分要高于中部省会城市。

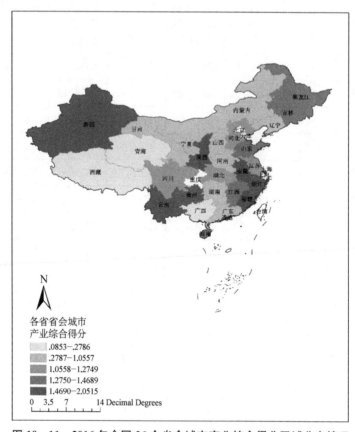

图 10 - 11　2016 年全国 26 个省会城市产业综合得分区域分布情况

在相对指标方面,图 10 - 12 中可以清晰地看出,相较于规模首位度,省会城市产业首位度尽管存在区域差异界限,但是不同地区省会城市间的差距较小。中西部地区新疆、云南、四川、贵州的省会城市产业首位度较高;东部沿海地区省份江苏、浙江、山东、福建的省会城市产业首位度与中西部地区相比,并没有过大的差距。

图 10 - 13 对 27 个省会城市的产业综合得分进行了排序,根据 2016 年数据计算得到的产业综合得分,乌鲁木齐是产业综合得分最高的省会城市,得分为 2.05,各省会城市之间产业综合得分的差距相对较小;产业综合得分排在前 9 位的省会城市分别为乌鲁木齐、合肥、西安、贵阳、昆明、杭州、福州、哈尔滨、南昌;排在后 9 位的省会城市分别为沈阳、广州、太原、郑州、呼和浩特、长沙、拉萨、南宁、西宁。

图 10 - 14 对 26 个省会城市的产业首位度进行了排序,相对指标产业首位度的排序与产业综合得分的排名有所重叠,根据 2016 年数据计算得到的产业首位度,乌鲁木齐是产业首位度最高的省会城市,达到3.380,领先于排在第二位的昆明,各省

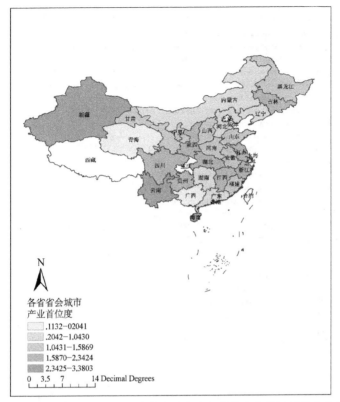

图 10-12　2016 年全国 26 个省会城市产业首位度总体区域分布情况

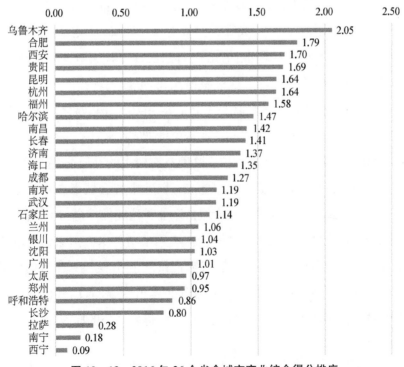

图 10-13　2016 年 26 个省会城市产业综合得分排序

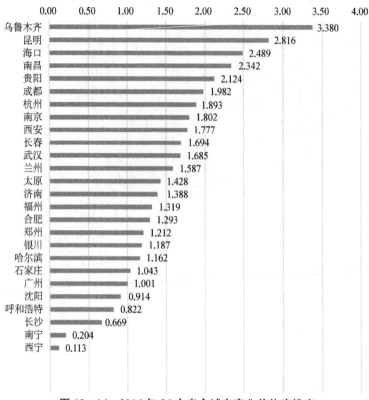

图 10 - 14　2016 年 26 个省会城市产业首位度排序

会城市之间产业首位度的差距相对较小;产业首位度排在前 9 位的省会城市分别为乌鲁木齐、昆明、海口、南昌、贵阳、成都、杭州、南京及西安,产业首位度均高于 1.7;排在后 9 位的省会城市分别为银川、哈尔滨、石家庄、广州、沈阳、呼和浩特、长沙、南宁及西宁,规模首位度均低于 1.2。通过整体比较,可以发现我国 26 个省会城市产业首位度区域分布的总体情况具有以下几个显著特点:一是区域之间差异界限明显,但是相对于规模首位度,省会城市之间产业首位度的差距较小;二是排名第一的乌鲁木齐市与排名最后的西宁市的产业首位度之间具有较大的差异①,造成了 26 个省会城市产业首位度的标准差较大,达到 0.718;三是 26 个省会城市产业首位度的均值为 1.513,高于中位数 1.408,50% 的省会城市产业首位度低于全国平均值。

乌鲁木齐作为新疆维吾尔自治区的首府,集聚了乌鲁木齐国家级高新区等产业园区,具有良好的产业基础。伴随"一带一路"倡议的推进,为乌鲁木齐提供了最大的发展机遇,对内对外开放程度提高,推动产业转型与升级,较省内其他城市具有显著的竞争优势,这可能是乌鲁木齐产业首位度在全国排名第一的原因。

———————————

① 如果剔除数据缺失较严重的西宁市,成都与其他省会城市之间规模首位度的差距仍然显著。

（二）东部沿海省会城市仍然具备先发优势

与规模首位度不同的是,南京、杭州、济南等东部沿海省会城市产业综合得分高于省内第二大城市(见图 10-15),因此产业首位度排名较为靠前。这是由于这些城市具有许多产业发展所需的区位优势与经济基础,较省内第二大城市具备产业发展的先发优势。

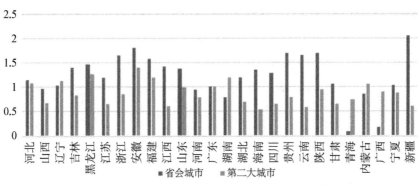

图 10-15 各省会城市与第二大城市产业综合得分比较

（三）服务业发展促进省会城市引领作用

进一步对 26 个省会城市的产业贡献率加以比较,可以发现,服务业贡献率较高的省会城市通常产业首位度较高。如图 10-16 所示,产业首位度排名靠前的昆明、海口、南昌,服务业贡献率指数分别达到了 0.35、0.44、0.25。由此可见,服务业对省会城市引领地区产业发展具有促进作用。

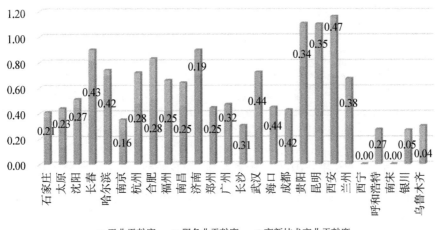

图 10-16 26 个省会城市产业贡献率

四、功能综合得分与功能首位度分析

(一)东部城市得分接近,西部城市两极分化

图 10 - 17 为 2016 年 27 个省会城市功能综合得分的空间分布情况。图 10 - 17 显示,在资源集聚、对外开放等城市功能方面,27 个省会城市之间仍然呈现出显著的差异,西部地区的成都、贵阳,东部地区的哈尔滨等城市综合得分要显著高于其他省会城市。

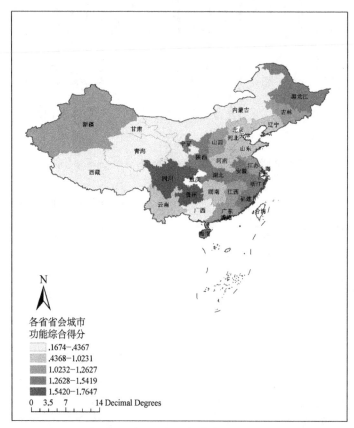

图 10 - 17   2016 年 27 个城市功能综合得分空间分布

图 10 - 18 为 2016 年我国 25[①] 个省会城市的功能首位度区域分布总体情况,可以清晰地看出,中西部地区四川、湖北、湖南、陕西、山西、宁夏的省会城市功能首位度

---

①   由于数据可得性,拉萨和西宁两个省会城市功能首位度为缺失值,故将其从样本中剔除。

较高;而东部沿海地区江苏、山东、浙江、广东等省份的省会城市功能首位度相对
较低。

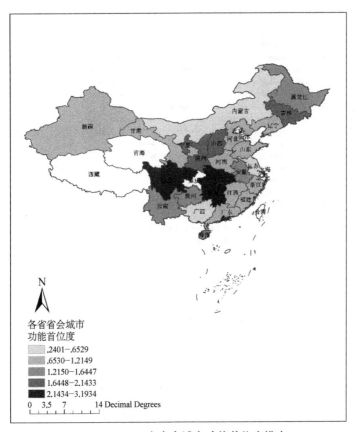

图 10-18　25 个省会城市功能首位度排序

图 10-19 对 27 个省会城市的功能综合得分进行了排序,根据 2016 年数据计算
得到的各城市功能综合得分,排在前 9 位的省会城市分别为贵阳、成都、海口、银川、
哈尔滨、西安、合肥、武汉、杭州,功能综合得分均高于 1.4;排在后 9 位的省会城市分
别为济南、石家庄、郑州、昆明、兰州、呼和浩特、南宁、拉萨、西宁,功能综合得分均低
于 1。通过整体比较可以发现,27 个省会城市在城市功能方面差异较小,特别是东部
地区省会城市在城市功能方面得分非常接近,而西部地区则呈现出两极分化的现象,
排名靠前的贵阳、成都、银川与排名靠后的南宁、拉萨、西宁之间功能综合得分差距
较大。

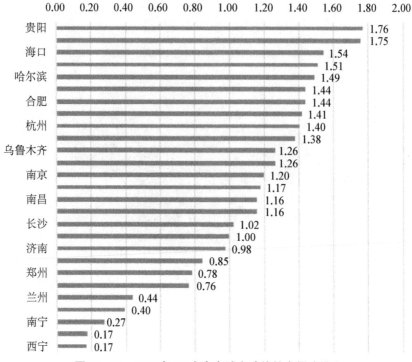

图 10-19 2016 年 27 个省会城市功能综合得分排序

　　相对指标方面,图 10-20 对 25 个省会城市的功能首位度进行了排序,根据 2016 年数据计算得到的各城市功能首位度,成都是功能首位度最高的省会城市,达到 3.193,领先于排在第二位的长沙,各省会城市之间功能首位度的差距相对较小;产业首位度排在前 8 位的省会城市分别为成都、长沙、武汉、长春、银川、太原、西安、贵阳,功能首位度均高于 1.6;排在后 8 位的省会城市分别为沈阳、杭州、乌鲁木齐、石家庄、兰州、南京、南宁、呼和浩特,规模首位度均低于 1.1。通过整体比较可以发现,我国 25 个省会城市功能首位度区域分布的总体呈现以下几个显著特点:一是区域之间差异界限明显,但是省会城市之间功能首位度的差距较小;二是排名第一的成都市与排名最后的呼和浩特市的功能首位度之间具有较大的差异,造成了 25 个省会城市功能首位度的标准差较大,达到 0.727;三是 25 个省会城市功能首位度的均值为 1.450,高于中位数 1.215,60% 的省会城市功能首位度低于全国平均值。

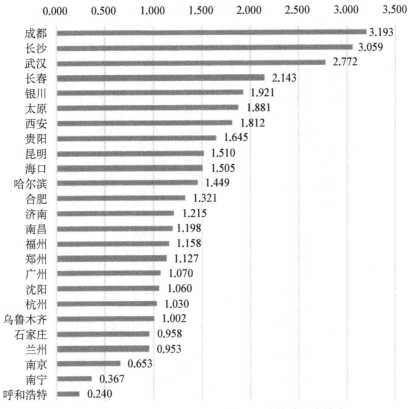

图 10 - 20　2016 年全国 25 个省会城市功能首位度排序

（二）中西部省会城市引领地区创新

2016 年城市创新指数排名前 20 的城市中,如图 10 - 21 所示,除 4 个直辖市外,中西部省会城市占有 5 席,分别是成都市、武汉市、西安市、长沙市、合肥市;东北省会城市哈尔滨和沈阳上榜;东部省份共有深圳、苏州、杭州、广州、无锡、宁波、青岛、济南 8 个城市上榜,仍然是我国创新能力较强的地区。但是,比较不同城市创新指数可以发现,东部地区的深圳、苏州、青岛三个城市的创新指数已经超过同省的省会城市广州、南京、济南。特别是深圳和苏州两个东部非省会城市,创新能力表现亮眼,分别位列全国第 2 位和第 4 位。由此可见,尽管东部沿海省会城市的创新能力仍然领先于全国其他城市,但是与省内其他城市相较不再具有显著的优势(如杭州与宁波),甚至落后于省内第二大城市(广州与深圳、南京与苏州),创新在省会城市的集聚效应相对落后于中西部省会城市。

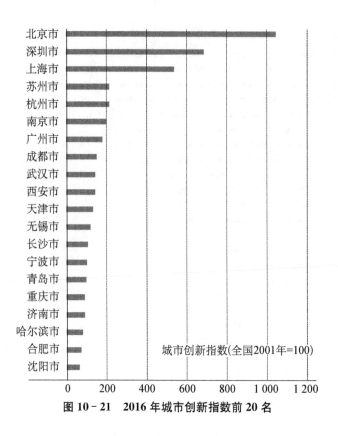

图 10－21　2016 年城市创新指数前 20 名

（三）东部省会城市推动地区开放作用突出

在影响省会城市功能首位度的各项指标中,对 27 个省会城市的市场化指数与对外开放度分别加以比较可以发现,东部地区对内对外开放程度仍然全国领先,有利于引领地区经济开创对外开放新局面。如图 10－22 所示,27 个省会城市市场化指数排名前 4 位的省会城市均为东部沿海城市,分别为杭州、南京、广州、济南;排名后 5 位的省会城市均为西部城市,分别为贵阳、兰州、乌鲁木齐、西宁、拉萨。

在对外开放方面,如图 10－23 所示,广州、杭州、南京、武汉、杭州为对外开放度排名前 5 位的省会城市,除武汉外均为东部省会城市;排名后 5 位的城市分别为贵阳、兰州、乌鲁木齐、西宁、拉萨,均为西部省会城市。由此可见,在对内对外开放方面,东西部地区省会城市间仍然具有较大的差距,东部省会城市在引领地区开放方面表现更为突出。

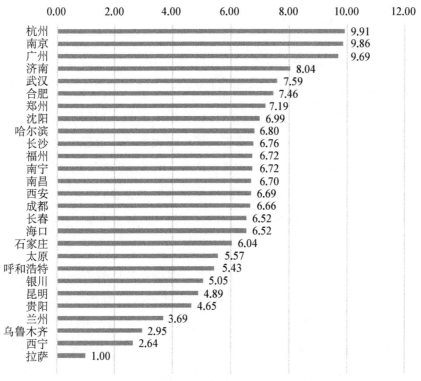

图 10 - 22　27 个省会城市市场化指数

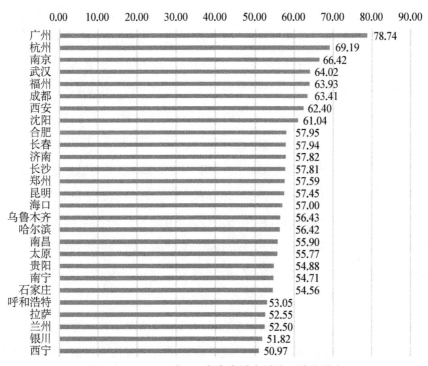

图 10 - 23　2016 年 27 个省会城市对外开放度排序

五、本章小结

通过对我国各省会城市总体首位度、规模首位度、产业首位度,以及功能首位度各项指标的空间比较,可以得出以下几点结论:

第一,当前阶段,我国经济发展并没有在省级层面表现出向中心城市的集聚,东部沿海经济较为发达的省份在省会城市经济首位度和功能首位度的排名较为靠后;东部省份总体表现具有较低的省会城市首位度,中西部经济欠发达省份表现出较高的省会城市首位度。东部省份具有较强的外向型经济特征,省会城市的引领作用较弱;中西部省份省会城市对区域经济的引领作用较强,其城市集中度排序较好地反映了区域经济分布特征。

第二,省会城市首位度排名显示四川省会成都具有极高的城市首位度,山东省会济南具有极低的省会城市首位度。较高的城市首位度虽然反映出省会城市较强的引领作用,但也反映了区域内城市经济发展水平的失衡。四川省应该注重其他城市的经济发展,较大的城市发展水平差异不利于区域城市发展;山东省应注重处理好青岛与济南的关系,青岛是港口城市,要充分发挥青岛的港口经济对山东经济的引领作用。

第三,东西部省会城市在引领地区经济发展方面的侧重点存在显著差异。中西部地区创新资源更多集中在省会城市,因此其引领区域创新的功能表现较东部地区更为突出;东部省会城市则在产业发展、对外开放、市场化方面具有显著的先发优势,因此在引领地区产业升级、对内对外开放方面的功能表现更为亮眼。

第四,副省级城市是影响省会城市首位度的重要因素。济南、福州、南京、广州、沈阳、杭州等副省级城市对省会城市首位度指数影响明显,石家庄、呼和浩特等资源型城市对城市首位度也存在较为显著的影响。副省级城市是区域经济发展的重要组成部分,我国在设置副省级城市时已经充分考虑其在区域发展中的地位,因此要充分发挥副省级城市对区域经济的引领作用。河北、内蒙古的资源型城市发展在一定阶段对区域发展具有重要引领作用,但在当前资源型城市转型发展过程中,要注重城市经济结构调整对区域经济发展的影响,做好资源型城市转型,以实现其引领作用,维持地区经济的可持续发展。

通过以上分析,能够看到我国经济发展与城市结构布局的基本规律:经济发达地区的省会城市首位度相对较弱,外向型经济降低了省会城市对区域经济的引领作用;中西部省份加强发展省会城市,突出省会城市的引领作用。但同时也应看到一些省份表现出的差异,如贵州、内蒙古、江西、广西也表现出较低的省会城市首位度。城市布局与经济发展具有一定的关联,但区域的自然地理特征和经济发展模式也是影响城市布局的重要因素。

参考文献

[1] 康俊杰.基于首位度评价的区域中心城市发展研究[D].青岛科技大学,2010.

[2] 何利.中国省会城市首位度结构特征研究——基于经济分布的实证分析[J].技术经济与管理研究,2017(06):111-115.

[3] 求煜英.中国分省首位度研究[D].华东师范大学,2014.

[4] 汪明峰.中国城市首位度的省际差异研究[J].现代城市研究,2001(03):27-30.

第十一章 我国各省会城市及直辖市首位度的时间变化

一、规模首位度分析

(一)规模首位总体的演化情况

首先,本小节将分析总体规模首位度随时间的演化情况。图 11-1 给出了全国 31 个城市规模首位度综合得分的演化情况。从下图中可以发现,中国城市的规模首位度在过去 5 年呈现出先上升后下降的趋势。2012—2014 年逐年上升,2015 年达到峰值,2016 年回落到均值状态。

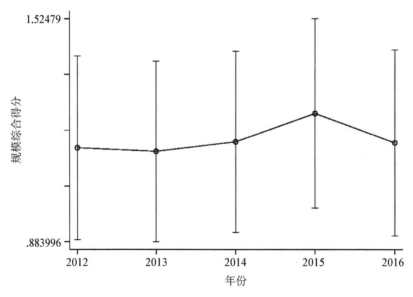

图 11-1 2012—2016 年总体规模首位度随时间的演化情况

图 11-2 给出所有城市总体规模首位度的直方图,从图中可以发现城市规模首

位度总体上处于偏正态分布的状态,具有典型的"偏左峰"特征。大部分城市的规模首位度处于0.5到1.5的区间,处于1.5到2.5区间的城市较少,部分特大型城市的规模首位度达到3。这样的数据结构表明,中国的城市规模首位度正处于高速发展的状态,大部分城市首位度较低,具有较强的发展潜力和发展空间,随着未来城镇化进程的加速,城市的规模首位度有望进一步提升。此外,中国以四大直辖市为代表的特大型城市已经具有极强的城市规模首位度,今后可以发挥规模首位度优势,刺激规模经济,促进经济长期稳定的增长。

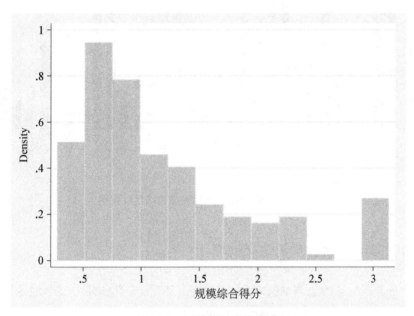

图 11-2　规模首位度的直方图

图11-3给出了31个城市及直辖市的首位度均值情况。从图11-3中可以看出上海和呼和浩特的规模首位度最高,两者都达到3。紧随其后的是石家庄和乌鲁木齐,这两个城市的规模首位度超过2。接下来规模首位度较高的城市依次是杭州市、沈阳市、福州市、哈尔滨市、南宁市、太原市、武汉市、昆明市和合肥市等9座城市,这9座城市的规模首位度都超过1。在31个城市中,规模首位度较低的城市是海口市、银川市和贵阳市,这3个城市的规模首位度相对不足。

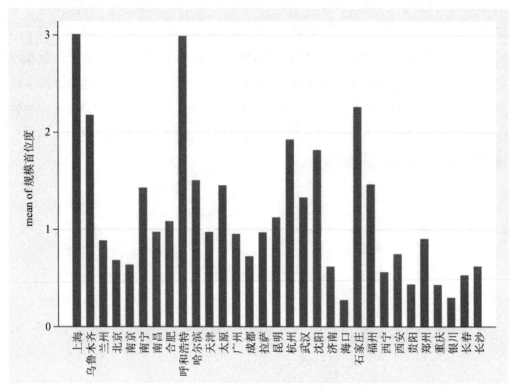

图 11-3　31 个城市规模首位度均值柱状图

（二）东部规模首位度的演化情况

分析完全国地区的总体情况之后，本章将对东部、中部和西部三个地区进行深入的分析，首先分析东部地区城市的首位度演化情况。

表 11-1　东部 11 个城市规模首位度

城市	2012 年	2013 年	2014 年	2015 年	2016 年
上海	2.9904	2.9214	2.9465	3.0442	3.1372
北京	3.0088	2.9635	2.9870	3.0533	2.9151
南京	1.5052	1.5413	1.5013	1.6583	1.4281
广州	1.8146	1.9248	1.9498	2.0261	2.0277
杭州	1.4526	1.4625	1.4652	1.5815	1.5377
济南	0.9681	1.0164	1.0393	1.1722	0.9955
海口	0.2726	0.3204	0.3701	0.3020	0.3544
福州	0.9538	0.9778	0.9588	1.0644	0.9820

（续表）

城市	2012 年	2013 年	2014 年	2015 年	2016 年
天津	2.1773	2.2066	2.2401	2.4163	2.1268
石家庄	0.8852	0.8742	0.8596	1.0341	0.8738
沈阳	1.4293	1.3911	1.2989	1.3104	0.8902

表 11-1 给出东部地区 11 个城市的规模首位度分布情况。为了进一步直观展示 11 个城市的规模首位度的特征,图 11-4 给出东部 11 个城市规模首位度折线图。从图中可以发现:过去 5 年,东部城市的规模首位度排名发生了一定幅度的变化。上海市取代北京市成为东部地区规模首位度排名第一的城市,两个城市的规模首位度远高于其他城市,均高于 2.5。天津市排名第三,广州市排名第四,这两个城市规模首位度在 2016 年超过 2。随后是杭州市和南京市,济南市、福州市、沈阳市和石家庄市排名 7 至 10 位,排名最后的是海口市。

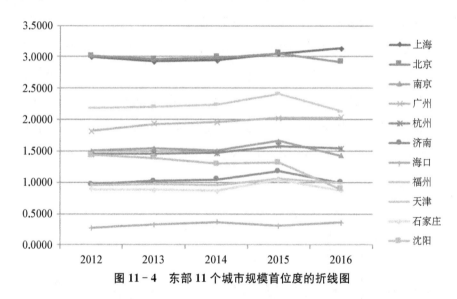

图 11-4　东部 11 个城市规模首位度的折线图

为了进一步分析东部地区 11 个城市在不同年份的分布情况。图 11-5 给出2012 年东部地区 11 个城市规模首位度的柱状图。

从图中可以发现,北京市以 3.0088 的得分排名第一;上海市以 2.9904 的得分紧随其后,这两个城市远远高于其他城市。天津市以 2.1773 的得分排名第三,这也是东部地区仅有的三座得分超过 2 的城市。广州市排名第四。南京市得分为 1.5052,排名第五。杭州市得分为 1.4526,排名第六。沈阳市得分为 1.4293,排名第七。剩下的四座城市得分均不足 1,济南市得分 0.97,排名第八;福州市得分 0.95,排名第九;石家庄得分 0.89,排名第十;海口市的得分仅有 0.27,远远低于其他九个城市,排名最后。

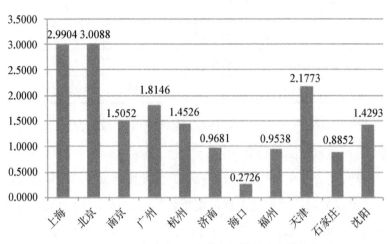

图 11 - 5 2012 年东部 11 个城市规模首位度的柱状图

图 11 - 6 给出 2013 年东部 11 个城市的规模首位度柱状图。从图中可以发现,北京市和上海市的规模首位度得分均有所下滑,但是依旧处于前两名。其中,北京市以 2.9635 的得分排名首位,上海市以 2.9214 得分排名第二。天津市的规模首位度得分有所上升,为 2.2066,排名第三。随后四个城市为广州市、南京市、杭州市和沈阳市,规模首位度得分分别为 1.9248、1.5413、1.4625 和 1.3911。济南市得分超过 1,达到 1.0164,排名第八。福州市得分有微弱上升,为 0.9778,排名第九;石家庄市得分 0.8742,排名第十。海口市得分为 0.3204,虽然有所上升,但依旧远低于其他城市,排名第十一。

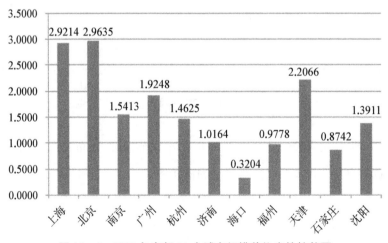

图 11 - 6 2013 年东部 11 个城市规模首位度的柱状图

图 11 - 7 给出 2014 年东部 11 个城市的规模首位度柱状图。从图中可以发现,北京市和上海市的规模首位度得分依旧处于前两位,较 2013 年均有所上升。其中,

北京市以 2.987 的得分排名首位，上海市以 2.9465 的得分排名第二。天津市的规模首位度得分持续上升，为 2.2401，排名第三。随后五个城市为广州市、南京市、杭州市、沈阳市和济南市，规模首位度得分分别为 1.9498、1.5013、1.4652、1.2989 和 1.0393。福州市规模首位度得分为 0.9588，排名第九；石家庄市得分 0.8596，排名第十。海口市规模首位度得分继续上升，达到 0.3701，排名第十一。

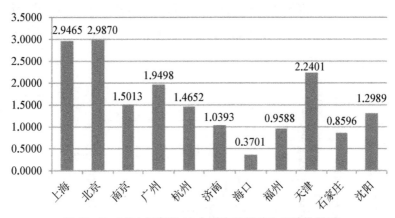

图 11-7　2014 年东部 11 个城市规模首位度的柱状图

图 11-8 给出 2015 年东部 11 个城市的规模首位度柱状图。从图中可以发现，北京市规模首位度得分为 3.0533，排名第一。上海市以微弱劣势屈居第二，得分为 3.0442。天津市规模首位度得分有长足的进步，达到 2.4163，排名第三。广州市规模首位度得分也突破 2，达到 2.0261，排名第四。南京市和杭州市规模首位度得分均有所上升，分别为 1.6583 和 1.5815，位列五、六名。沈阳市、济南市、福州市和石家庄市规模首位度得分均超过 1，分别排名第七、第八、第九和第十位。海口市规模首位度得分下降 0.0681，排名不变。

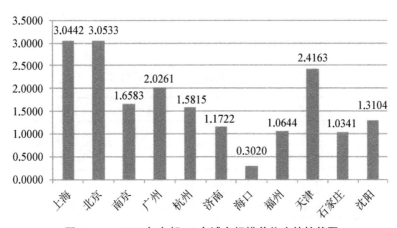

图 11-8　2015 年东部 11 个城市规模首位度的柱状图

图 11-9 给出 2016 年东部 11 个城市的规模首位度柱状图。从图中可以发现，北京市规模首位度出现下滑，上海市强势上升，超过北京，规模首位度得分达到创纪录的 3.1372，首次排名第一。北京市以 2.9151 的规模首位度得分排名第二。天津市规模首位度和北京市相似，出现大幅度下滑，排名第三。广州市规模首位度得分不变，为 2.0277，排名第四。杭州市则高出南京市 0.096，取代南京成为第五大城市。南京滑落至第六。济南市规模首位度得分 0.9955，排名第七。福州市、沈阳市和石家庄市规模首位度得分为 0.9820、0.8902 和 0.8738，排名第八、第九和第十。海口市规模首位度得分 0.3544，排名第十一。

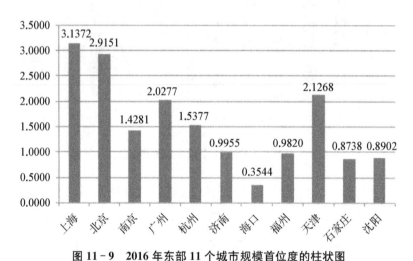

图 11-9　2016 年东部 11 个城市规模首位度的柱状图

（三）中部规模首位度的演化情况

分析完东部地区的情况之后，本章将对中部地区 8 个城市的首位度进行深入分析。表 11-2 给出了南昌市、合肥市、武汉市、郑州市、长沙市、太原市、哈尔滨市和长春市的规模首位度得分情况。

表 11-2　中部地区 8 个城市规模首位度

城市	2012 年	2013 年	2014 年	2015 年	2016 年
南昌	0.7229	0.7408	0.7395	0.9379	0.7567
合肥	0.9715	0.9771	0.9537	1.1289	0.9569
武汉	1.9230	1.7175	1.8418	1.7708	1.7793
郑州	1.1225	1.1484	1.1884	1.3662	1.1912
长沙	1.3295	1.3051	1.3796	1.5058	1.3759

（续表）

城市	2012 年	2013 年	2014 年	2015 年	2016 年
太原	0.6839	0.6654	0.6251	0.8239	0.5917
哈尔滨	1.0837	1.1206	1.0091	1.0195	0.9829
长春	0.9731	0.9677	0.9330	1.0481	0.8737

为了进一步直观地展示 8 个城市的规模首位度的特征,图 11－10 给出中部地区 8 个城市规模首位度折线图。从图中可以发现,过去 5 年,中部地区规模首位度呈现出不同幅度的变化情况。武汉市虽然有所波动,但一直稳居中部地区第一名。随后是长沙市、郑州市、哈尔滨市和合肥市。长春市、南昌市和太原市三个城市排名靠后。

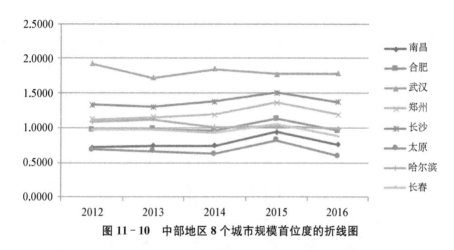

图 11－10　中部地区 8 个城市规模首位度的折线图

为了进一步分析中部地区 8 个城市在不同年份的分布情况。图 11－11 给出2012 年中部地区 8 个城市规模首位度的柱状图。

图 11－11　2012 年中部地区 8 个城市规模首位度的柱状图

从图中可以发现,武汉市的规模首位度得分为 1.923,排名第一。随后是长沙市,规模首位度得分为 1.3295。这两个城市规模首位度得分远高于其他城市。郑州市以 1.1225 的得分排名第三,哈尔滨市得分为 1.0837,排名第四。2012 年,这 4 个城市的规模首位度得分超过 1。随后是长春市和合肥市,得分分别为 0.9731 和 0.9715。南昌市规模首位度得分为 0.7229,排名第七。太原市规模首位度得分为 0.6839,规模程度不足,排名最后。

图 11-12 给出 2013 年中部地区 8 个城市的规模首位度柱状图。从图中可以发现,武汉市和长沙市规模首位度得分均有所下降,但是依旧处于前两名。其中,武汉市以 1.7175 的得分,稳居第一。长沙市得分为 1.3051,排名第二。随后是郑州市和哈尔滨市,得分分别为 1.1484 和 1.1206。合肥市得分为 0.9771,排名第五;长春市以微弱的劣势排名第六,落后 0.0094。南昌市得分 0.7408,排名第七。太原市规模首位度得分为 0.6654,排第八名。

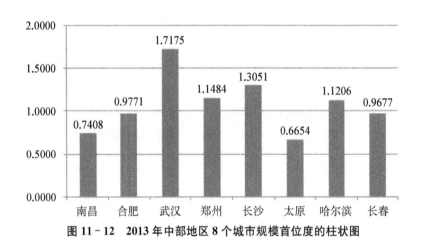

图 11-12 2013 年中部地区 8 个城市规模首位度的柱状图

图 11-13 给出 2014 年中部地区 8 个城市的规模首位度柱状图。从图中可以发现,武汉市、长沙市和郑州市规模首位度得分均有所上升。其中,武汉市得分为 1.8418,排名第一;长沙市得分为 1.3796,排名第二;郑州市规模首位度得分上升 0.04,稳居第三;哈尔滨市规模首位度得分有一定幅度下滑,得分 1.0091,排名第四。五到八名依次是合肥市、长春市、南昌市和太原市,规模首位度得分为 0.9537、0.933、0.7395 和 0.6251。

图 11-13　2014 年中部地区 8 个城市规模首位度的柱状图

图 11-14 给出 2015 年中部地区 8 个城市的规模首位度柱状图。从图中可以发现,虽然武汉市规模首位度得分依旧排名中部地区第一,但是和长沙市之间的差距在收窄,仅领先 0.265,较前一年差距缩小 57.36%。长沙市规模首位度得分首次超过 1.5,达到 1.5058。郑州市的规模首位度得分也有长足的进步,达到 1.3662,排名第三。合肥市和长春市的规模首位度得分超过哈尔滨市,排名第四和第五。哈尔滨市规模首位度得分为 1.0195,排名第六。南昌市和太原市规模首位度得分也有所上升,分别为 0.9379 和 0.8239,相对位置不变。

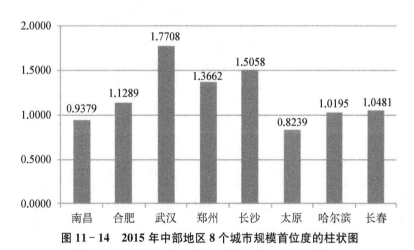

图 11-14　2015 年中部地区 8 个城市规模首位度的柱状图

图 11-15 给出 2016 年中部地区 8 个城市的规模首位度柱状图。从图中可以发现,武汉市规模首位度得分上涨 0.0085,排名第一。长沙市规模首位度得分有一定幅度的下滑,为 1.3759,相对排名不变。郑州市规模首位度得分下滑 0.175,名列第三。哈尔滨市、合肥市和长春市规模首位度得分都有所下降,哈尔滨重新夺回第三的

位置。合肥市规模首位度得分为 0.9569,排名第四。长春市得分 0.8737 滑落到第
六。南昌市规模首位度得分 0.7567,排名第七。太原市得分为 0.5917,排名第八。

图 11－15　2016 年中部地区 8 个城市规模首位度的柱状图

(四)西部规模首位度的演化情况

　　分析完东部和中部地区的情况之后,接着将对西部地区 12 个城市的规模首位度
进行分析。表 11－3 给出乌鲁木齐市、兰州市、南宁市、呼和浩特市、成都市、拉萨市、
昆明市、西宁市、西安市、贵阳市、重庆市和银川市的规模首位度得分情况。

表 11－3　西部地区 12 个城市规模首位度

城市	2012 年	2013 年	2014 年	2015 年	2016 年
乌鲁木齐	0.6216	0.6120	0.8072	0.8644	0.6742
兰州	0.4295	0.4327	0.5282	0.5397	0.5238
南宁	0.6176	0.6036	0.5807	0.5879	0.6850
呼和浩特	0.6367	0.6165	0.7108	0.6382	0.6725
成都	1.4641	1.2937	1.5786	1.5874	1.9914
拉萨	0.4345	0.4391	0.4893	0.2887	0.4953
昆明	0.7466	0.6476	0.7374	0.7413	0.7529
西宁	0.2972	0.3140	0.3301	0.3671	0.3279
西安	0.9026	0.9325	0.9420	1.0518	0.9386
贵阳	0.5592	0.5327	0.5677	0.6941	0.6125
重庆	2.2601	2.2659	2.2949	2.5864	2.2699
银川	0.5293	0.5156	0.4544	0.6229	0.4930

为了进一步直观展示 12 个城市的规模首位度的特征,图 11 - 16 给出西部地区
12 个城市规模首位度折线图。从图中可以发现,重庆市、成都市和西安市稳居西部
地区前三名。随后 8 个城市在样本期规模首位具有不同幅度的变化。西宁市规模首
位度的得分相对较低,排在西部地区最后一名。

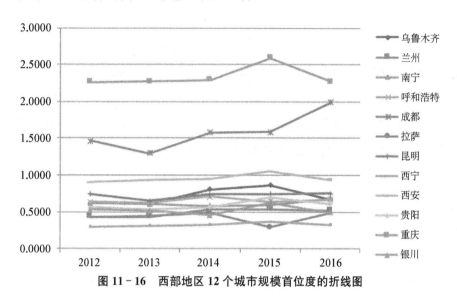

图 11 - 16　西部地区 12 个城市规模首位度的折线图

为了进一步分析西部地区 12 个城市在不同年份的分布情况,图 11 - 17 给出
2012 年西部地区 12 个城市规模首位度的柱状图。

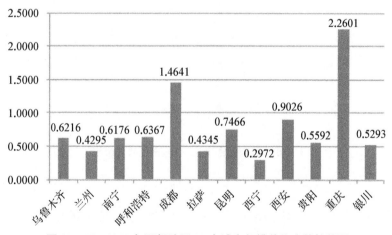

图 11 - 17　2012 年西部地区 12 个城市规模首位度的柱状图

从图中可以发现,重庆市规模首位度得分为 2.2601,遥遥领先于其他 11 个城
市。成都市规模首位度得分为 1.4641,大幅领先于其他 10 个城市,排名第二。西安
市规模首位度得分为 0.9026,也具有比较明显的规模优势。昆明市得分为 0.7466,

排名第四。呼和浩特市、乌鲁木齐市和南宁市规模首位度得分相近,分别为 0.6367、0.6216 和 0.6176,排在五到七名。贵阳市和银川市规模首位度得分为 0.5592 和 0.5293,分列第八名和第九名。拉萨市和兰州市得分相近,分别为 0.4345 和 0.4295,排名为第十名和第十一名。西宁市规模首位度得分仅有 0.2972,排第十二名。

图 11-18 给出 2013 年西部地区 12 个城市的规模首位度柱状图。从图中可以发现,重庆市规模首位度得分有微小幅度上升,居首位。成都市规模首位度有一定幅度下降,仍然排名第二。西安市规模首位度得为 0.9325,较 2012 年有所上升。昆明市规模首位度得分为 0.6476,排名第四。随后三个城市分别为得分 0.6165 的呼和浩特市、得分 0.6120 的乌鲁木齐市和得分 0.6036 的南宁市。贵阳市规模首位度得分为 0.5327,排名第八。银川市得分为 0.5156,排名第九。拉萨市、兰州市和西宁市的规模首位度得分不足 0.5,排名分别为第十名、第十一名和第十二名。

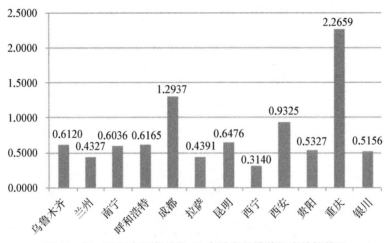

图 11-18　2013 年西部地区 12 个城市规模首位度的柱状图

图 11-19 给出 2014 年西部地区 12 个城市规模首位度的排名。从图 11-19 中可以发现,重庆市规模首位度得分 2.2949,排名稳居第一。成都市得分为 1.5786,排名第二。西安市规模首位度得分为 0.8072,排名第三。乌鲁木齐市得分超过 0.8,从第六名上升到第四名。昆明市规模首位度得分为 0.7374,排名下降一位。呼和浩特市得分为 0.7108,排名第六。随后是得分 0.5807 的南宁市,

0.5677 的贵阳市和 0.5282 的兰州市。拉萨市规模首位度得分为 0.4893,排名第十。银川市得分 0.4544,排名十一位。排名最后的西宁市,规模首位度为 0.3301。

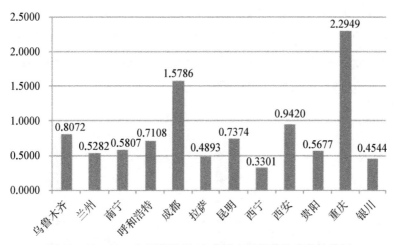

图 11 - 19　2014 年西部地区 12 个城市规模首位度的柱状图

图 11 - 20 给出 2015 年西部地区 12 个城市规模首位度的排名。从图 11 - 20 中可以发现,重庆市和成都市的规模首位度得分为 2.5864 和 1.5874,排名分别为第一名和第二名。西安市规模首位度的得分首次突破 1,达到 1.0518,排名稳居第三。乌鲁木齐市得分 0.8644,排名第四。昆明市得分 0.7413,排名第五。贵阳市、呼和浩特市和银川市分别排名第六、第七和第八。兰州市和南宁市的规模首位度得分为0.5879 和 0.5397,分列第九名和第十名。西宁市规模首位度得分为 0.3671,排名十一位。拉萨市的规模首位度有较大幅度下滑,从第十名跌倒第十二名。

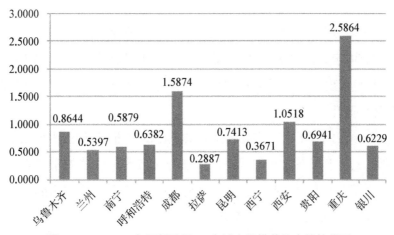

图 11 - 20　2015 年西部地区 12 个城市规模首位度的柱状图

图 11 - 21 给出 2016 年西部地区 12 个城市的规模首位度柱状图。从图中可以发现,重庆市规模首位度得分为 2.2699,排名第一。成都市规模首位度得分为 1.9914,排名第二。西安市规模首位度得分为 0.9386,排名第三。昆明市以 0.7529 的得分重新夺回第四名。随后的城市分别为南宁市(0.685)、乌鲁木齐市(0.6742)、呼和浩特市(0.6725)和贵阳市(0.6125)。兰州市的规模首位度为 0.5238,排名第九。拉萨市得分 0.4953,排名第十。银川市规模首位度得分为 0.4930,排名十一位。西宁市规模首位度得分仅有 0.3279,排名十二。

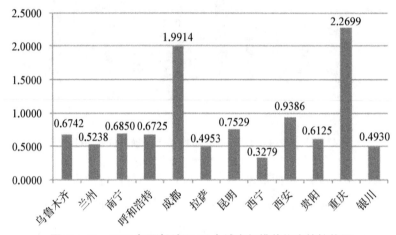

图 11 - 21 2016 年西部地区 12 个城市规模首位度的柱状图

二、产业首位度分析

(一)产业首位度总体的演化情况

首先,本小节将分析总体上产业首位度随时间的演化情况。图 11 - 22 给出了全国 31 个城市总体产业首位度的演化情况。从下图中可以发现,中国城市的产业首位度在过去 5 年呈现出先下降后上升的趋势。2012 年到 2014 年逐年下降,随后进入上行区间,稳步上升。

图 11 - 23 给出了 31 个城市总体产业首位度的直方图,从图中可以发现城市产业首位度总体上处于正态分布的状态。大部分城市的首位度处于 0.5 到 1.5 的区间。产业首位度高于 1.5 或者低于 0.5 的城市较少,表明中国城市的产业首位度分布较为合理,符合标准的正态分布特征。

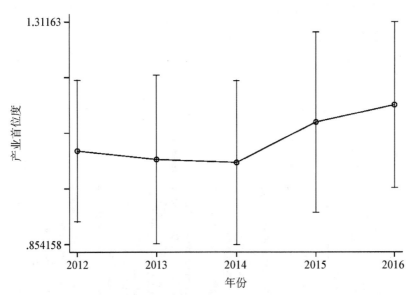

图 11 - 22　2012—2016 年总体产业首位度随时间的演化情况

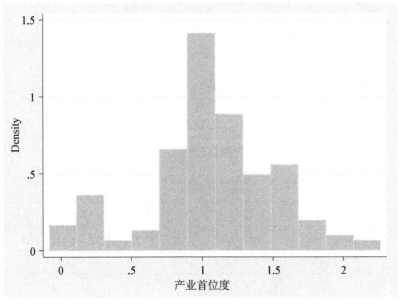

图 11 - 23　产业首位度的直方图

图11-24给出了31个省会城市及直辖市的产业首位度均值情况。从图11-24中可以看出,合肥市、杭州市和乌鲁木齐市的产业首位度较好;南宁市、拉萨市和西宁市的产业首位度较差,区域内部产业发展不理想。

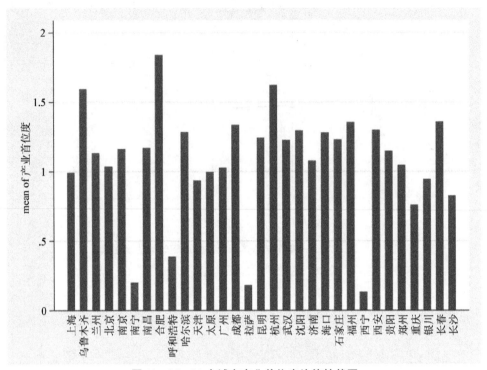

图11-24 31个城市产业首位度均值柱状图

(二)东部产业首位度的演化情况

分析完全国地区的总体情况之后,本章将对东部、中部和西部三个地区进行深入的分析,首先分析东部地区城市的产业首位度演化情况。

表11-4 东部11个城市产业首位度得分表

城市	2012年	2013年	2014年	2015年	2016年
上海	1.0568	1.0219	0.9676	1.0429	0.8711
北京	1.3606	1.0138	0.9435	1.0045	0.8580
南京	1.1159	1.1507	1.1910	1.1615	1.1923
广州	1.0737	1.0758	1.0559	0.9217	1.0121
杭州	1.5913	1.6276	1.6401	1.6185	1.6360
济南	1.0176	1.4721	0.6810	0.8485	1.3690

（续表）

城市	2012 年	2013 年	2014 年	2015 年	2016 年
海口	1.2160	0.9051	0.9627	1.9708	1.3490
福州	1.0904	1.5282	1.5278	1.0503	1.5816
天津	1.2112	0.9326	0.8726	0.9134	0.7567
石家庄	1.5923	1.1731	1.1634	1.0779	1.1402
沈阳	1.4368	1.4272	1.4865	1.0944	1.0274

　　表 11-4 给出东部地区 11 个城市的产业首位度得分情况。为了进一步直观地展示 11 个城市的产业首位度的特征,图 11-25 给出东部 11 个城市产业首位度折线图。从图中可以发现:过去 5 年,东部城市的产业首位度排名发生了一定幅度的变化。杭州成为东部地区产业首位度最高的城市。海口市在 2015 年产业首位度有上升,但是 2016 年出现下滑。天津市的产业首位度相对较低,排名最后。这和最近几年天津产业发展速度滞后有一定关系。

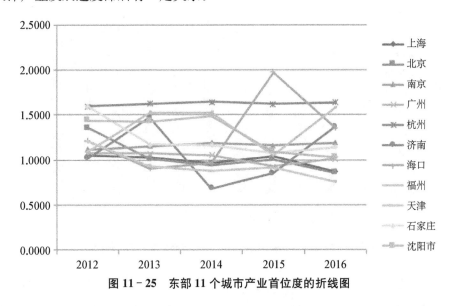

图 11-25　东部 11 个城市产业首位度的折线图

　　为了进一步分析东部地区 11 个城市在不同年份的产业首位度得分情况。图 11-26 给出 2012 年东部地区 11 个城市产业首位度的柱状图。

　　从图中可以发现,2012 年东部地区 11 个城市的产业首位度均超过 1。其中,石家庄市的产业首位度得分为 1.5923,在东部 11 个城市中排名第一。杭州市以 0.001 的微弱劣势,屈居第二。沈阳市产业首位度得分为 1.4368,排名第三。北京市的产业首位度得分为 1.3606,排名第四。海口市和天津市的产业首位度分别为 1.2160 和 1.2112,分列五、六位。南京市产业首位度为 1.1159,排名第七。福州市得分为

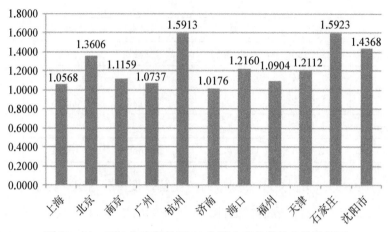

图 11-26 2012 年东部地区 11 个城市产业首位度的柱状图

1.0904,排名第八。广州市、上海市和济南市,产业首位度分别为 1.0737、1.0568 和 1.0176,排名依次为第九、第十和第十一名。

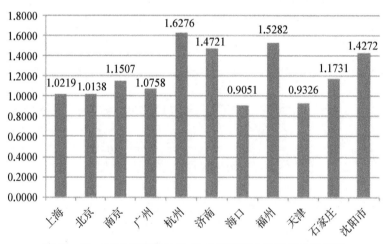

图 11-27 2013 年东部地区 11 个城市产业首位度的柱状图

图 11-27 给出 2013 年东部地区 11 个城市的产业首位度柱状图。从图中可以发现,杭州市以 1.6276 居东部地区首位。福州市和济南市的产业首位度有了大幅上升,分别以 1.5282 和 1.4721 飙升到第二位和第三位。沈阳市得分为 1.4272,排名第四。石家庄从 2012 年第一名跌倒第五名,得分为 1.1731。南京产业首位度为 1.1507,排名上升一位,排名第六。广州市、上海市和北京市 3 个城市的产业首位度大体相当,分别排名第七、第八和第九名。排名最后的两个城市为天津市和海口市,得分不足 1。

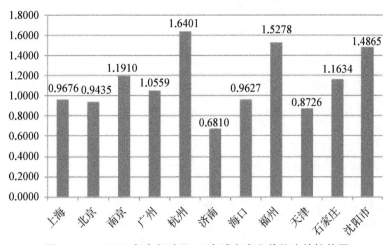

图 11 - 28　2014 年东部地区 11 个城市产业首位度的柱状图

图 11 - 28 给出 2014 年东部 11 个城市的产业首位度柱状图。杭州以 1.6401 的得分,稳居第一。福州市的产业首位度保持不变,继续排名第二。沈阳市有细微的上升,得分为 1.4865,排名第三。南京市产业首位度有小幅上涨,由于其他城市下滑较为严重,南京市的排名上升到东部地区第四名。石家庄产业首位度为 1.1634,排名第五。广州市的产业首位度为 1.0559,排名第六。其余 5 个城市的产业首位度均不

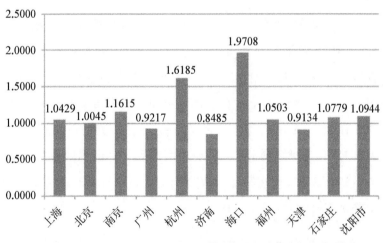

图 11 - 29　2015 年东部地区 11 个城市产业首位度的柱状图

到 1。上海市、海口市和北京市的产业首位度分别为 0.9676、0.9627 和 0.9435,排在第七位、第八位和第九位。天津市排名第十,济南市产业首位度出现大幅下滑,跌幅超过 50%,排名最后。

图 11 - 29 给出 2015 年东部 11 个城市的产业首位度柱状图。2015 年,产业首位

度表现出较为异常的特征,海口市产业首位度出现大幅度飙升,涨幅超过 100%,从第七名上升到第一名。杭州市产业首位度以 1.6185 的得分排名第二。南京市产业首位度上升到第三名,得分为 1.1615。沈阳市、石家庄市、福州市、上海市和北京市的产业首位度近似,排名第四到第八。广州市和天津市的首位度分别为 0.9217 和 0.9134,排名第九和第十。济南市的产业首位度得分为 0.8485,排名继续垫底。

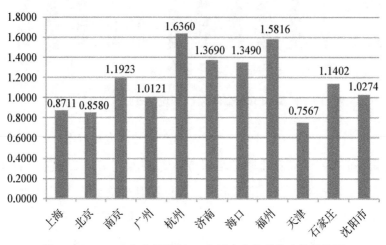

图 11-30　2016 年东部地区 11 个城市产业首位度的柱状图

图 11-30 给出 2016 年东部 11 个城市的产业首位度得分柱状图。杭州市以 1.636 的得分重新夺回第一。福州市产业首位度得分涨幅达到 50%,得分为 1.5816,排名第二。济南市产业首位度涨幅为 61.34%,排名从最后一名飙升到第三名。海口市的得分为 1.349,排名第四。南京市和石家庄市的产业首位度得分近似,分别为 1.1923 和 1.1402,排在第五位和第六位。沈阳市和广州市的产业首位度得分为 1.0274 和 1.0121,排名第七和第八。上海市和北京市的产业首位度得分相似,分别为 0.8711 和 0.8580,排在第九位和第十位。天津市的产业首位度得分在东部地区最低,仅有 0.7567,排在第十一名。

(三)中部产业首位度的演化情况

分析完东部地区的情况之后,接着将对中部地区 8 个城市的产业首位度进行深入分析。表 11-5 给出了南昌市、合肥市、武汉市、郑州市、长沙市、太原市、哈尔滨市和长春市的产业首位度得分情况。

表 11 - 5　中部地区 8 个城市产业首位度

城市	2012 年	2013 年	2014 年	2015 年	2016 年
南昌	1.0182	1.1083	1.4105	0.9002	1.4177
合肥	1.7259	1.6657	2.2118	1.8044	1.7941
武汉	1.0297	1.4379	1.4184	1.0561	1.1896
郑州	1.0622	1.1793	1.0875	0.9532	0.9506
长沙	1.0933	0.7673	0.8064	0.6691	0.7995
太原	1.0544	1.0654	0.9876	0.9178	0.9669
哈尔滨	1.1537	1.1293	1.6284	1.0422	1.4689
长春	1.2645	1.3940	1.4934	1.2366	1.4076

表 11 - 5 给出中部地区 8 个城市的产业首位度得分情况。为了进一步直观展示 8 个城市的产业首位度的特征,图 11 - 31 给出中部地区 8 个城市产业首位度折线图。从图中可以发现,过去十年,中部地区功能首位度呈现出不同幅度的变化情况。合肥市已经成为中部地区产业首位度排名第一的城市,大幅领先于其他城市。而太原市、长沙市和郑州市明显落后于其他城市。

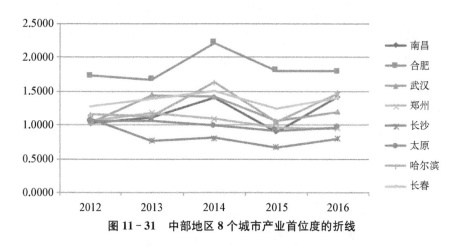

图 11 - 31　中部地区 8 个城市产业首位度的折线

为了进一步分析中部地区 8 个城市在不同年份的分布情况,图 11 - 32 给出 2012 年中部地区 8 个城市产业首位度的柱状图。

从图中可以发现,中部地区 8 个城市产业首位度均超过 1,说明中部地区产业发展的基础较好。其中,合肥市的产业首位度得分为 1.7259,排名第一,远远高于其他七个城市。长春市的产业首位度也有不错的基础,产业首位度得分为 1.2645,排名第二。哈尔滨市产业首位度得分为 1.1537,排名第三。其他 5 个城市产业首位度得分均不足 1.1。长沙市产业首位度得分为 1.0933,排名第四。郑州市和太原市产业首位度近似,得分分别为 1.0622 和 1.0544,分列第五位和第六位。武汉市和南昌市产业首位度相近似,得分为 1.0297 和 1.0182,排在最后两名。

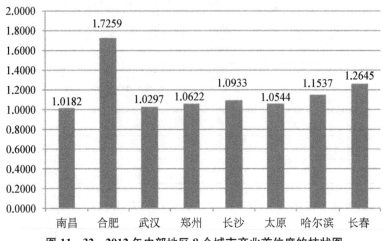

图 11-32　2012 年中部地区 8 个城市产业首位度的柱状图

　　图 11-33 给出 2013 年中部地区 8 个城市产业首位度的柱状图。从图中可以发现,合肥市的产业首位度依旧排在中部地区首位。但是武汉市的产业有长足的发展,产业首位度达到 1.4379,成为中部地区排名第二位的城市。长春市则跌落到第三名,产业首位度得分为 1.394。郑州市产业也有一定幅度的进步,产业首位度得分达到 1.1793,排名第四。哈尔滨市产业首位度得分 1.1293,排名第五。南昌市和太原市产业首位度分别为 1.1083 和 1.0654,排在第六位和第七位。长沙市的产业首位度出现大幅下滑,仅有 0.7673,排名最后。

图 11-33　2013 年中部地区 8 个城市产业首位度的柱状图

　　图 11-34 给出 2014 年中部地区 8 个城市的产业首位度柱状图。从图中可以发现,合肥市产业首位度有了大幅上升,达到创纪录的 2.2118,排名继续中部地区首

位。哈尔滨市产业首位度有大幅上升,产业首位度达到 1.6284,排名第二。随后是长春市、武汉市和南昌市,三个城市产业首位度得分相近,分别为 1.4934、1.4184 和 1.4105,排名为第三、第四和第五。郑州市产业首位度为 1.0875,排名第六。太原市产业发展受阻,得分跌到 1 以下,排在第七位。长沙市产业首位度较 2013 年有一定幅度上升,但是仍然排在最后一位。

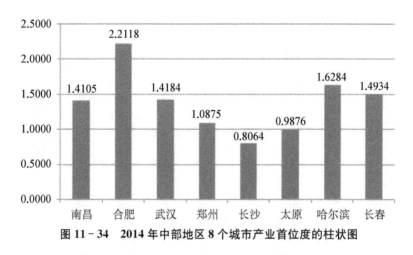

图 11 - 34　2014 年中部地区 8 个城市产业首位度的柱状图

图 11 - 35 给出 2015 年中部地区 8 个城市的产业首位度柱状图。中部地区产业首位度均出现不同程度下滑。合肥市产业首位度出现较大幅度下滑,仍居中部地区首位。长春市以 1.2366 的得分,排在第二位。武汉市和哈尔滨市的得分相近,分别为 1.0561 和 1.0422,排在第三位和第四位。郑州市、太原市和南昌市的产业首位度相近,得分在 0.9—1.0 之间,分列第五位、第六位和第七位。长沙市产业首位度发展较为滞后,仅有 0.6691,排名第八位。

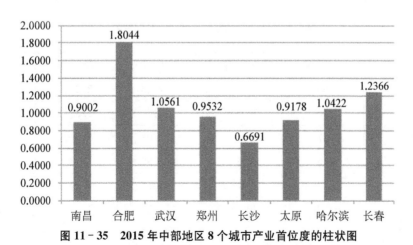

图 11 - 35　2015 年中部地区 8 个城市产业首位度的柱状图

图 11-36 给出 2016 年中部地区 8 个城市的产业首位度柱状图。从图中可以发现,合肥市的产业首位度继续下滑,但依旧排名第一。哈尔滨市、南昌市和长春市为第二集团,产业首位度得分分别为 1.4689、1.4177 和 1.4076,排在第二到四位。武汉市产业首位度为 1.1896,排名第五位。太原市和郑州市的得分为 0.9669 和 0.9506,排在第六位和第七位。长沙市的产业发展依然滞后,得分为 0.7995,排名最末。

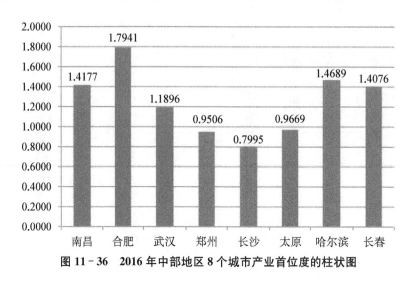

图 11-36 2016 年中部地区 8 个城市产业首位度的柱状图

(四) 西部产业首位度的演化情况

分析完东部和中部地区的情况之后,本章将对西部地区 12 个城市的产业首位度进行分析。表 11-6 给出 2012—2016 年乌鲁木齐市、兰州市、南宁市、呼和浩特市、成都市、拉萨市、昆明市、西宁市、西安市、贵阳市、重庆市和银川市的产业首位度得分情况。

表 11-6 西部地区 12 个城市产业首位度

城市	2012 年	2013 年	2014 年	2015 年	2016 年
乌鲁木齐	0.9381	1.9175	0.7966	2.2690	2.0515
兰州	1.1054	1.2611	1.2102	1.0311	1.0557
南宁	0.2795	0.1183	0.2703	0.1497	0.1827
呼和浩特	0.3665	0.1943	0.3399	0.1803	0.8624
成都	1.2842	1.1845	1.1373	1.8039	1.2749
拉萨	0.0326	-0.0859	0.0855	0.5999	0.2786
昆明	1.4075	0.7434	0.8191	1.6116	1.6389
西宁	0.2031	0.0578	0.2029	0.1142	0.0853

（续表）

城市	2012 年	2013 年	2014 年	2015 年	2016 年
西安	1.3048	0.9405	0.9810	1.5723	1.6995
贵阳	0.9084	0.7041	0.7933	1.6508	1.6878
重庆	0.6854	0.7548	0.7764	0.8446	0.7354
银川	0.7558	1.0243	0.7521	1.1571	1.0363

为了进一步直观地展示 12 个城市的产业首位度特征,图 11 - 37 给出西部地区 12 个城市产业首位度折线图。从图中可以发现,乌鲁木齐市、贵阳市和西安市居前三名,昆明市紧随其后。拉萨市、南宁市和西宁市的产业首位度较低,排在最后三位。

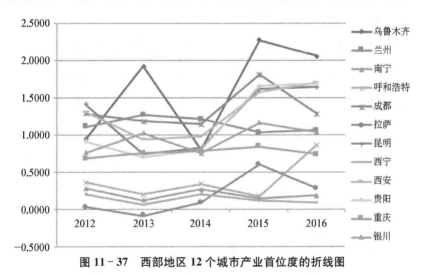

图 11 - 37　西部地区 12 个城市产业首位度的折线图

为了进一步分析西部地区 12 个城市在不同年份的分布情况,图 11 - 38 给出 2012 年西部地区 12 个城市产业首位度的柱状图。

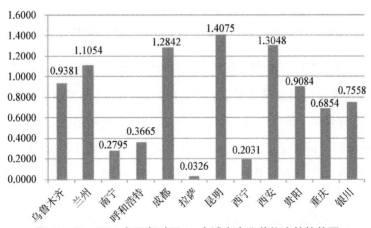

图 11 - 38　2012 年西部地区 12 个城市产业首位度的柱状图

从图中可以发现,昆明市产业首位度得分为 1.4075,领先于其他 11 个城市。随后是西安市,产业首位度得分为 1.3048,排名第二。成都市以 1.2842 的分值,排名第三。兰州市产业首位度得分为 1.1054,排名第四。其他 8 个城市的分值均低于 1。乌鲁木齐市和贵阳市产业首位度得分分别为 0.9381 和 0.9084,排在第五位和第六位。银川市得分为 0.7558,排在第七名。重庆市产业首位度也相对不足,仅有 0.6854,位列第八。呼和浩特市的产业首位度为 0.3665,排名第九。南宁市和西宁市的产业首位度得分分别为 0.2795 和 0.2031,排在第十位和第十一位。拉萨市的产业基础最差,得分仅有 0.0326,排在最后。

图 11-39 给出 2013 年西部地区 12 个城市的产业首位度柱状图。从图中可以发现,2013 年乌鲁木齐市的产业首位度有了大幅增长,得分为 1.9175,排名第一。兰州市的产业首位度排名第二。成都市和银川市产业首位度得分超过 1,分别为 1.1845 和 1.0243,排在第三位和第四位。西安市得分为 0.9405,排名第五。排在六到十一位的城市分别是:重庆市、昆明市、贵阳市、呼和浩特市、南宁市和西宁市。拉萨得分出现负值,排名最后。

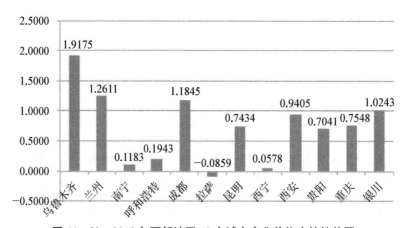

图 11-39　2013 年西部地区 12 个城市产业首位度的柱状图

图 11-40 给出 2014 年西部地区 12 个城市产业首位度的排名。从图中可以发现,兰州市产业首位度超过乌鲁木齐市,排名上升到第一位。成都市产业首位度得分为 1.1373,排名上升到第二位。其余 10 个城市的得分均未能超过 1。西安市产业首位度得分为 0.981,排名第三。昆明市产业首位度得分 0.8191,排名第四。随后四个城市分别为乌鲁木齐市、贵阳市、重庆市和银川市,得分依次是 0.7966、0.7933、0.7764 和 0.7521。呼和浩特市产业首位度为 0.3399,排在第九位。南宁市得分为 0.2703,排在第十位。西宁市和拉萨市的产业首位度为 0.2029 和 0.0855,排在最后。

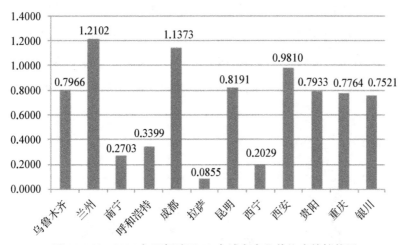

图 11－40　2014 年西部地区 12 个城市产业首位度的柱状图

图 11－41 给出 2015 年西部地区 12 个城市产业首位度的排名。从图中可以发现，西部地区产业首位度呈现极化现象，方差扩大。乌鲁木齐市产业首位度继续上升，达到 2.269，排名稳居第一。成都市得分为 1.8039，排在第二位。贵阳市和昆明市产业首位度接近，分别为 1.6508 和 1.6116，分列第三位和第四位。西安市的产业首位度得分为 1.5723，排在第五位。第三集团的四个城市为银川市、兰州市、重庆市和拉萨市，产业首位度得分依次为 1.1571、1.0311、0.8446 和 0.5999。排在最后的三个城市是呼和浩特市（0.1803），南宁市（0.1497）和西宁市（0.1142）。

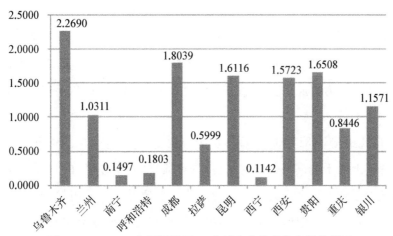

图 11－41　2015 年西部地区 12 个城市产业首位度的柱状图

图 11－42 给出 2016 年西部地区 12 个城市的产业首位度柱状图。从图中可以发现，乌鲁木齐市产业首位度得分 2.0515，远高于其他城市，继续排在首位。西

安市、贵阳市和昆明市组成第二集团,得分分别为 1.6995、1.6878 和 1.6389。成都市、兰州市和银川市组成第三集团,产业首位度分别是 1.2749、1.0557 和 1.0363。呼和浩特市得分为 0.8624,排在第八位。重庆市得分为 0.7354,排在第九位。拉萨市、南宁市和西宁市的产业首位度为 0.2786、0.1827 和 0.0853,排在最后三位。

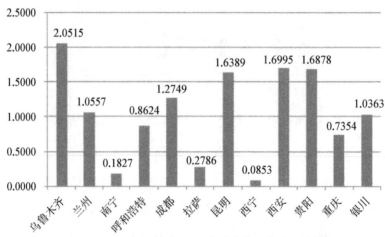

图 11 - 42　2016 年西部地区 12 个城市产业首位度的柱状图

三、功能首位度分析

(一)功能首位总体的演化情况

本小节将分析总体上功能首位度随时间的演化情况。图 11 - 43 给出了全国 31 个城市总体功能首位度的演化情况。从下图中可以发现,中国城市的功能首位度在过去 5 年呈现出较为明显的先增后减的态势。2012 年到 2013 年有一定幅度上升,随后四年逐年下降。

图 11 - 44 给出了 31 个城市总体功能首位度的直方图,从图中可以发现城市功能首位度总体上处于偏正态分布的状态,具有典型的"偏左峰"的特征。即大部分城市的首位度处于 0.5 到 1.5 的区间。功能首位度超过 2 的城市较少,这说明中国城市功能首位度目前尚在中低水平徘徊,大型城市和特大型城市的功能优势并没有完全释放。未来,中国需要加强城市公共服务和主体功能区的建设,强化城市功能首位度及其辐射效应。

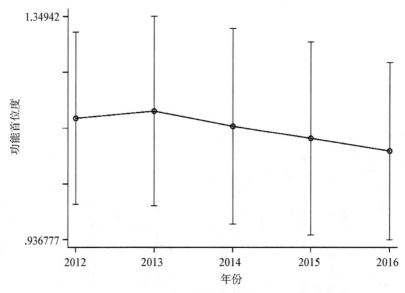

图 11－43　2012—2016 年总体功能首位度随时间的演化情况

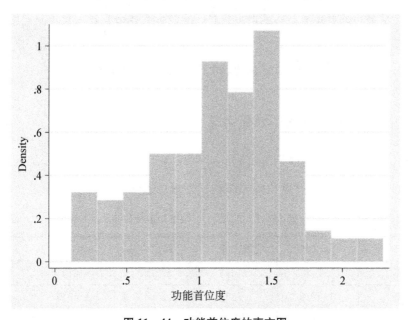

图 11－44　功能首位度的直方图

图 11－45 给出了 31 个城市及直辖市的功能首位度得分情况。从图 11－45 中可以看出上海市、北京市、成都市、西安市和银川市的功能首位度较高，均超过 1.5。功能首位度相对不足的城市有兰州市、南宁市、呼和浩特市、拉萨市和西宁市，均属于西部地区的城市。这说明，西部地区的城市功能相对不足，城市功能区的辐射作用较弱。

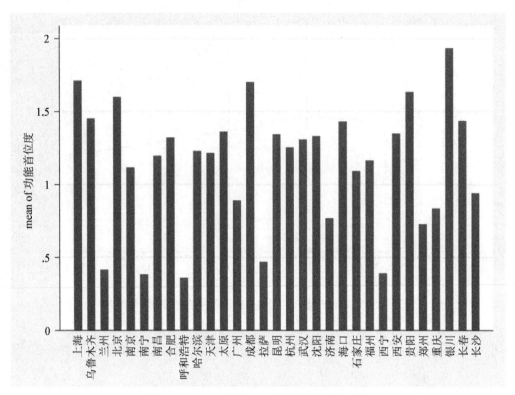

图 11－45　31 个城市功能首位度得分柱状图

（二）东部功能首位度的演化情况

分析完全国地区的总体情况之后,本章将对东部、中部和西部三个地区进行深入的分析,首先分析东部地区城市的功能首位度演化情况。

表 11－7　东部 11 个城市功能首位度

城市	2012 年	2013 年	2014 年	2015 年	2016 年
上海	2.1098	1.6065	1.7292	1.6207	1.4931
北京	1.9751	1.5258	1.5045	1.5340	1.4634
南京	1.1475	0.9221	1.0364	1.2753	1.1969
广州	0.6907	0.8077	0.8292	0.9584	1.1737
杭州	1.1901	1.0743	1.2650	1.3346	1.4031
济南	0.6966	0.5268	0.7508	0.8908	0.9767
海口	1.5793	1.7370	1.0416	1.2613	1.5419
福州	1.1290	1.0066	1.2289	1.0811	1.3752

（续表）

城市	2012 年	2013 年	2014 年	2015 年	2016 年
天津	1.5082	1.0726	1.1886	1.1262	1.1828
石家庄	0.9143	1.1683	1.5163	1.0124	0.8473
沈阳	1.5126	1.4302	1.4382	1.2778	0.9993

表 11 - 7 给出东部地区 11 个城市的功能首位度分布情况。为了进一步直观展示 11 个城市的功能首位度的特征,图 11 - 46 给出东部 11 个城市功能首位度折线图。从图中可以发现:过去 5 年,东部城市的产业首位度排名发生了一定幅度的变化;主要表现出收敛性特征,即初始功能首位度较高的城市数值在下降,初始数值较低的城市有一定幅度的上升。北京市和上海市居前三位,海口市异军突起,入围第一集团。济南市和石家庄市的功能首位度相对较低,排名靠后。

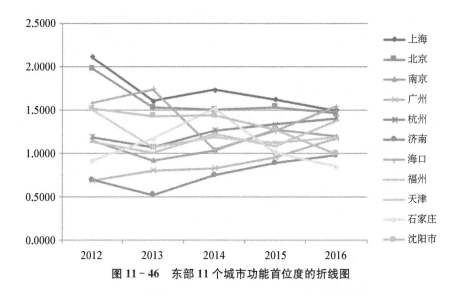

图 11 - 46　东部 11 个城市功能首位度的折线图

为了进一步分析东部地区 11 个城市在不同年份的分布情况,图 11 - 47 给出 2012 年东部地区 11 个城市功能首位度的柱状图。

从图中可以发现,上海市和北京市展示出极强的功能外溢特征,功能首位度得分居前两名。其中,上海市以 2.1098 的得分,排名第一。北京市以 1.9751,排名第二。海口市、沈阳市和天津市功能首位度近似,海口市得分为 1.5793,沈阳市得分为 1.5126,天津市得分为 1.5082,分别排在第三位、第四位和第五位。杭州市、南京市和福州市的功能强度相当,杭州市功能首位度为 1.1901,排在第六位;南京市功能首位度为 1.1475,排在第七位;福州市功能首位度为 1.129,排在第八位。剩下三个城市的功能首位度都不到 1。其中,石家庄功能首位为 0.9143,排在第九位;济南市得分 0.6966,排在第十位;广州市功能首位度排在第十一名,得分仅有 0.6907。

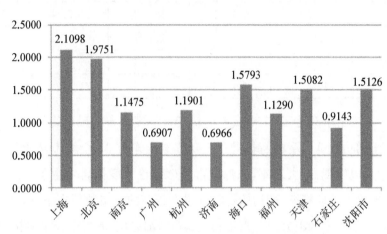

图 11 - 47　2012 年东部地区 11 个城市功能首位度的柱状图

图 11 - 48 给出 2013 年东部地区 11 个城市的功能首位度柱状图。从图中可以发现,海口市实现了对北京市和上海市的赶超,功能首位度有了长足的进步,达到 1.737。而上海市和北京市的功能出现较大幅度的下滑,现在排名分别为第二位和第三位。沈阳市排名不变,位列第四。石家庄市功能首位度为 1.1683,排名第五。随后是杭州市、天津市和福州市,得分分别为 1.0743、1.0726 和 1.0066,排在第六到第八位。剩下三个城市功能首位度得分均不足 1。南京市出现较大幅度下滑,得分仅有 0.9221,排在第九位。广州市得分有一定程度上升,达到 0.8077,排在第十位。济南市功能首位度也有所下滑,排名最末。

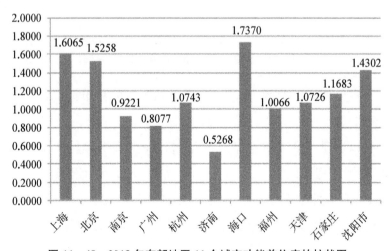

图 11 - 48　2013 年东部地区 11 个城市功能首位度的柱状图

图 11 - 49 给出 2014 年东部 11 个城市的功能首位度柱状图。上海市以 1.7292

的得分,重新成为东部地区的龙头。石家庄市功能首位度有较大幅度的上升,排名第二位。北京市得分为 1.5045,排名第三。沈阳市得分为 1.4382,排名第四位。杭州市功能首位度为 1.265,排名第五。福州市紧随其后,排名第六。天津市、海口市和南京市的得分分别为 1.1886、1.0416 和 1.0364,分列第七到九位。广州市和济南市的排名不变,仍旧是最后两位。

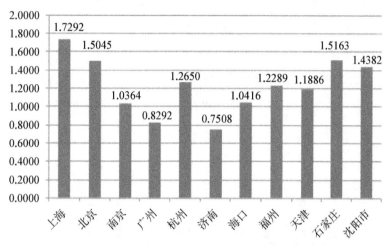

图 11 - 49　2014 年东部地区 11 个城市功能首位度的柱状图

图 11 - 50 给出 2015 年东部 11 个城市的功能首位度柱状图。从图中可以发现,上海市功能首位度虽然有一定程度下滑,但是排名依旧是首位。北京市以 1.534 的得分,上升一名,排在第二位。杭州市功能首位度继续上升,得分为 1.3346,首次进入前三名。沈阳市继续排名第四位,得分为 1.2778。南京市得分也有长足的进步,

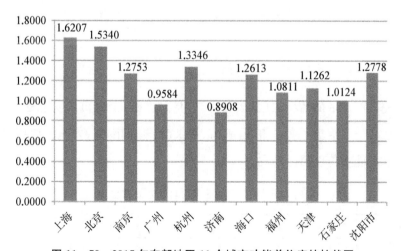

图 11 - 50　2015 年东部地区 11 个城市功能首位度的柱状图

达到 1.2753,排名第五位。海口市功能首位度得分为 1.2613,排在第六位。随后的三个城市是天津市、福州市和石家庄市,得分为 1.1262、1.0811 和 1.0124,依次排在第七位、第八位和第九位。广州市和济南市的功能首位度都所有上涨,但是排名不变。

图 11-51 给出 2016 年东部 11 个城市的功能首位度柱状图。2016 年,海口市的功能首位度出现大幅度上升,取代上海市成为东部地区的龙头。上海市和北京市的得分为 1.4931 和 1.4634,分别为第二位和第三位。杭州市紧随其后,以 1.4031 的得分排在第四位。福州市功能首位度得分为 1.3752,排在第五位。南京市、天津市和广州市得分大体相当,分别为 1.1969、1.1828 和 1.1737,排在第六位、第七位和第八位。沈阳市、济南市和石家庄市功能首位度有较大幅度的退步,排在最后三位。

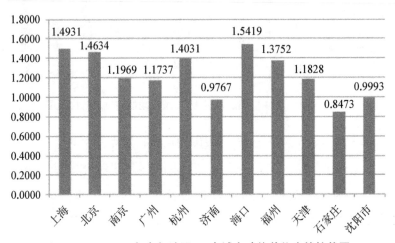

图 11-51　2016 年东部地区 11 个城市功能首位度的柱状图

(三)中部功能首位度的演化情况

分析完东部地区的情况之后,接着将对中部地区 8 个城市的功能首位度进行深入分析。表 11-8 给出了南昌市、合肥市、武汉市、郑州市、长沙市、太原市、哈尔滨市和长春市的功能首位度得分情况。

表 11-8　中部地区 8 个城市功能首位度

城市	2012 年	2013 年	2014 年	2015 年	2016 年
南昌	1.1769	1.0779	1.3463	1.2208	1.1597
合肥	1.2651	1.0866	1.3586	1.4579	1.4381

（续表）

城市	2012 年	2013 年	2014 年	2015 年	2016 年
武汉	1.0882	1.2769	1.3054	1.4527	1.4140
郑州	0.6445	0.6297	0.7086	0.8776	0.7814
长沙	0.7851	0.8562	0.9791	1.0659	1.0231
太原	1.3200	1.4703	1.3998	1.4698	1.1556
哈尔滨	1.0069	1.0280	1.6094	1.0102	1.4901
长春	1.1991	1.5450	1.6996	1.4775	1.2621

　　为了进一步直观地展示 8 个城市的功能首位度的特征,图 11 - 52 给出中部地区 8 个城市功能首位度折线图。从图中可以发现,过去十年中部地区功能首位度呈现出不同幅度的变化情况。武汉市、合肥市和哈尔滨市功能首位度较高,组成了第一集团。长沙市和郑州市功能首位度明显低于其他城市。

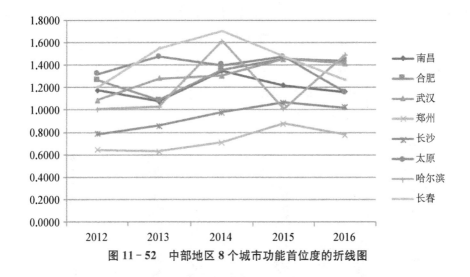

图 11 - 52　中部地区 8 个城市功能首位度的折线图

　　为了进一步分析中部地区 8 个城市在不同年份的分布情况,图 11 - 53 给出 2012 年中部地区 8 个城市功能首位度的柱状图。

　　从图中可以发现,2012 年太原市的功能首位度得分最高,为 1.32,排名第一。合肥市以 1.2651 的得分排在第二位。长春市和南昌市的得分为 1.1991 和 1.1769,排在三、四位。武汉市和哈尔滨市的功能首位度得分为 1.0882 和 1.0069,排在第五和第六位。长沙市和郑州市的功能首位度得分不足 1,分别为 0.7851 和 0.6445,排在最后两位。

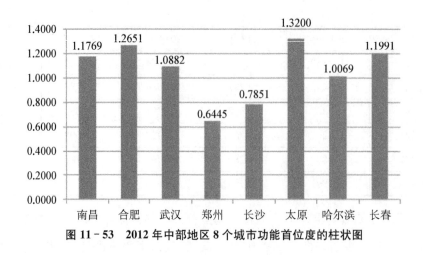

图 11－53　2012 年中部地区 8 个城市功能首位度的柱状图

　　图 11－54 给出 2013 年中部地区 8 个城市的功能首位度柱状图。从图中可以发现,长春市的功能首位度有了大幅的上升,从第三名升至第一名。太原市以 1.4703 的得分排在第二位。武汉市功能首位度也有一定程度的上升,得分为 1.2769,排在第三位。合肥市和南昌市得分相近,前者为 1.0866,后者为 1.0779,分列第四位和第五位。哈尔滨市的功能首位度出现明显的下滑,仅为 1.028,排在第六位。长沙市和郑州市的功能首位度相对较低,分别为 0.8562 和 0.6297,排在最后两位。

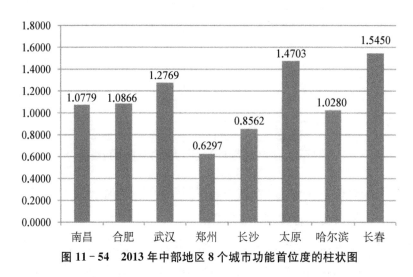

图 11－54　2013 年中部地区 8 个城市功能首位度的柱状图

　　图 11－55 给出 2014 年中部地区 8 个城市的功能首位度柱状图。从图中可以发现,长春市功能首位度为 1.6996,继续排在第一位。哈尔滨市的得分增加 0.6,取得第二名的好成绩。太原市、合肥市、南昌市和武汉市功能首位度相近,分别为 1.3998、1.3586、1.3463 和 1.3054,排在第三到六位。长沙市和郑州市的得分几乎不变,继续排在最后两位。

图 11-55　2014 年中部地区 8 个城市功能首位度的柱状图

图 11-56 给出 2015 年中部地区 8 个城市的功能首位度柱状图。2015 年,中部地区头名之争异常激烈。长春市、太原市、合肥市和武汉市属于第一集团,长春市以微弱的优势保持住首位。太原市落后 0.0077,屈居第二。合肥市功能首位度得分为1.4579,排在第三位。武汉市以 1.4527 的得分排在第四位。南昌市功能首位度为1.2208,排在第五位。长沙市有长足的进步,排在第六位。哈尔滨市出现断崖式下跌,仅有 1.0102,排在倒数第二位。郑州市是中部 8 个城市仅有的得分不足 1 的城市,排在最后一位。

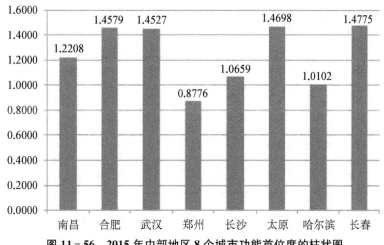

图 11-56　2015 年中部地区 8 个城市功能首位度的柱状图

图 11-57 给出 2016 年中部地区 8 个城市的功能首位度柱状图。哈尔滨出现逆势上升,从第七位一跃成为中部地区功能首位度的龙头城市。合肥市以 1.4381 的得分,排在第二位。武汉市功能首位度为 1.414,排在第三位。长春市出现大幅度下

滑,从第一名跌到第四名。南昌市和太原市的得分相近,分别为 1.1597 和 1.1556,排在第五位和第六位。长沙市的功能首位度为 1.0231,排在第七位。郑州市功能首位度下滑,排在末位。

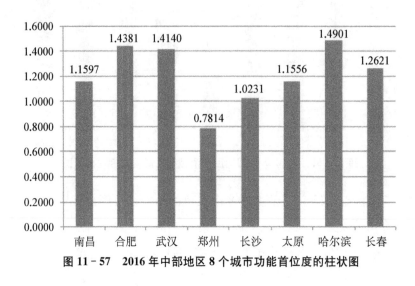

图 11 - 57　2016 年中部地区 8 个城市功能首位度的柱状图

(四) 西部功能首位度的演化情况

分析完东部和中部地区的情况之后,本节将对西部地区 12 个城市的功能首位度进行分析。表 11 - 9 给出乌鲁木齐市、兰州市、南宁市、呼和浩特市、成都市、拉萨市、昆明市、西宁市、西安市、贵阳市、重庆市和银川市的功能首位度得分情况。

表 11 - 9　西部地区 12 个城市功能首位度

城市	2012 年	2013 年	2014 年	2015 年	2016 年
乌鲁木齐	1.2970	2.0072	1.4895	1.2116	1.2627
兰州	0.5294	0.5697	0.3399	0.2044	0.4367
南宁	0.5034	0.4678	0.3693	0.3074	0.2714
呼和浩特	0.5119	0.3539	0.3109	0.2273	0.3954
成都	1.7579	1.7215	1.5070	1.7730	1.7511
拉萨	0.6869	1.1548	0.2273	0.1135	0.1703
昆明	1.5997	1.6105	1.2602	1.4924	0.7630
西宁	0.6385	0.6385	0.2539	0.2610	0.1674
西安	1.4606	1.3183	1.1837	1.3511	1.4386
贵阳	1.4868	1.7366	1.5553	1.6275	1.7647

（续表）

城市	2012 年	2013 年	2014 年	2015 年	2016 年
重庆	1.0250	0.6954	0.8343	0.8081	0.8155
银川	1.5602	2.2827	2.2697	2.0589	1.5069

为了进一步直观地展示 12 个城市的功能首位度的特征,图 11 - 58 给出西部地区 12 个城市功能首位度折线图。从图中可以发现,成都市和贵阳市的功能首位度居前两位。南宁市和拉萨市的功能首位度不足,排在最后两位。

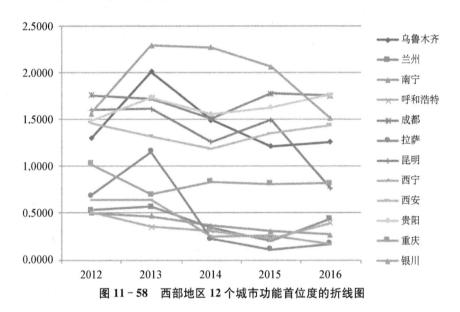

图 11 - 58　西部地区 12 个城市功能首位度的折线图

为了进一步分析西部地区 12 个城市在不同年份的分布情况,图 11 - 59 给出 2012 年西部地区 12 个城市功能首位度的柱状图。

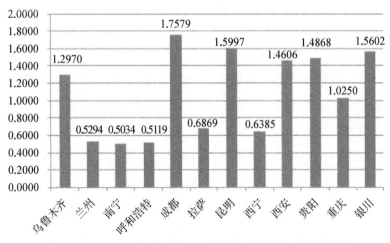

图 11 - 59　2012 年西部地区 12 个城市功能首位度的柱状图

从图中可以发现,成都市的功能首位度为 1.7579,显著领先于其他城市,是西部地区明星城市。昆明市、银川市、贵阳市和西安市的功能首位度比较接近,分别为 1.5997、1.5602、14868 和 1.4606,分别排在第二到五位。乌鲁木齐市得分为 1.297,排在第六位。重庆市的得分为 1.025,排在第七位。拉萨市、西宁市、兰州市、呼和浩特市和南宁市的功能首位度得分不到 1,排在第八到十二位。

图 11-60 给出 2013 年西部地区 12 个城市的功能首位度柱状图。从图中可以发现,银川市功能首位度出现大幅度上升,达到创纪录的 2.2827,排在首位。乌鲁木齐的功能首位度也有长足的进步,达到 2.0072,排在第二位。贵阳市和成都市得分为 1.7366 和 1.7215,排在第三位和第四位。昆明市得分为 1.6105,位列第五。西安市功能首位度为 1.3183,排名第六。拉萨市得分为 1.1548,排名第七。剩余五个城市功能首位度较低,排名依次是重庆市(0.6954)、西宁市(0.6385)、兰州市(0.5697)、南宁市(0.4678)和呼和浩特市(0.3539)。

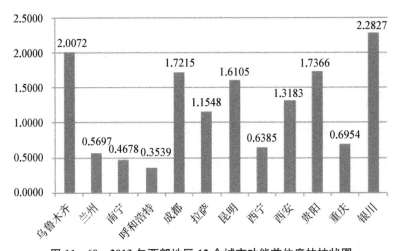

图 11-60 2013 年西部地区 12 个城市功能首位度的柱状图

图 11-61 给出 2014 年西部地区 12 个城市功能首位度的排名。从图中可以发现,银川市继续高居榜首,得分为 2.2697。贵阳市、成都市和乌鲁木齐市的得分依次是 1.5553、1.5070 和 1.4895,分别排在第二到四位。昆明市功能首位度为 1.2602,排在第五位。西安市得分为 1.1837,排名第六位。重庆市功能首位度得分为 0.8343,排在第七位。剩下五个城市功能首位度处于低水平徘徊,依次是南宁市(0.3693)、兰州市(0.3399)、呼和浩特市(0.3109)、西宁市(0.2539)和拉萨市(0.2273)。

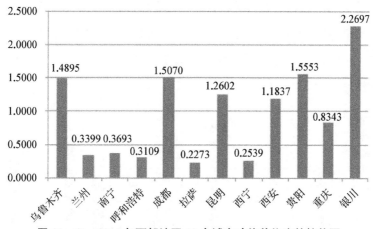

图 11 - 61　2014 年西部地区 12 个城市功能首位度的柱状图

　　图 11 - 62 给出 2015 年西部地区 12 个城市功能首位度的排名。从图中可以发现，西部地区功能首位度出现极化现象，不同城市功能差距的方差不断扩大。银川市、成都市、贵阳市、昆明市、西安市和乌鲁木齐市等 6 座城市为高水平组，功能首位度得分从 1.2116 到 2.0589。南宁市、西宁市、呼和浩特市、兰州市和拉萨市等 5 座城市为低水平，得分最高的是南宁市的 0.3074；最低的是拉萨市，仅有 0.1135。重庆市为中等水平，功能首位度为 0.8081，排在第七位。

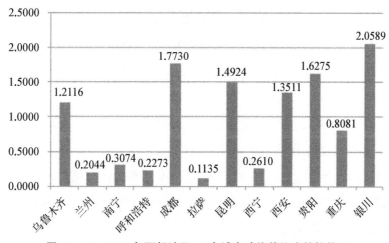

图 11 - 62　2015 年西部地区 12 个城市功能首位度的柱状图

　　图 11 - 63 给出 2016 年西部地区 12 个城市的功能首位度柱状图。从图中可以发现，银川市功能首位度出现大幅度下滑，得分仅有 1.5069，排在第三名。贵阳市以 1.7647，成为西部地区功能首位度的龙头城市，成都市以微弱的劣势排在第三位。西安市功能首位度也有一定幅度的上升，排在第四位。乌鲁木齐市得分为 1.2627，排

在第五位。重庆市和昆明市得分较为接近，分别为 0.8155 和 0.763，排在第六位和第七位。兰州市、呼和浩特市和南宁的得分依次是 0.4367、0.3954 和 0.2714，排在第八到十位。拉萨市的功能首位度有一定幅度上升，上升一位，为第十一名。西宁市继续下滑，得分仅有 0.1674，排在最后。

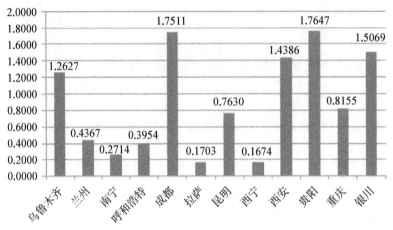

图 11-63　2016 年西部地区 12 个城市功能首位度的柱状图

四、本章小结

本章通过对各个城市首位度的时间演化研究，得到如下有益的结论：第一，从规模首位度上看，北京市和上海市依旧是东部地区的明星城市；武汉市规模首位度在中部地区排名第一；重庆市则在西部地区排名第一。在过去五年中，这一趋势没有变化。

第二，从产业首位度上看，杭州市稳居东部地区的头名；合肥成为中部地区最重要的产业区；乌鲁木齐市在西部地区排名首位。

第三，从功能首位度上看，上海市和北京市在东部地区的龙头地位受到海口市的冲击；太原市、合肥市和长春市则依次成为中部地区功能中心；在西部地区，成都市和银川市则轮流成为功能区的核心城市。

第四篇
我国各省会城市及直辖市首位度影响因素分析

第十二章 政府因素对城市首位度的影响

城市首位度在一定程度上代表了城市发展要素在一个省内最大城市的集中程度,有很多因素会通过影响城市发展要素而影响城市的首位度。总的来说,其影响因素可以归结为两大类,一类是政府的因素,另一类是市场的因素。政府与市场是现代社会两种基本的制度安排,市场是"看不见的手",通过集聚和扩散要素来影响城市首位度;而政府是直接调控,通过行政等级的划分、功能定位、政策扶持来调配资源,进而影响城市首位度。市场机制和政府调控二者相结合,共同对城市首位度造成影响。只有一方面建立健全市场机制,积极发挥市场机制在资源配置中的决定性作用,另一方面转变政府职能,科学地发挥政府作用,才能促进要素的合理配置,形成适合当地发展的首位度。在本章和下一章节会讨论政府因素和市场因素对城市首位度的影响。

一、政府因素对规模首位度的影响

(一)行政分级

我国城市管理的特征是等级化的行政管理,在这样的等级化城市管理体制下,城市资源配置能力的大小随着行政级别的升高而增强(魏后凯,2014)。政府在权利和资源配置、制度安排等方面,偏向于行政中心尤其是行政等级较高的城市。各个行政等级的城市拥有不同的获取资源分配的权限,高行政等级城市获得资源的能力更强,等级的特点决定了城市间资源分配的走向,高行政等级城市可以通过行政手段和行政等级优势攫取下级城市的资源。相比于普通地级市而言,高行政等级城市可以利用较高的行政地位和行政权力等优势截留更多资源,造成资源在高等级城市过度集中,使得省会城市的规模扩大。因此,在各个省的省会城市,投资总额、人口规模、城市的土地面积、城市建成区面积、社会消费品零售总额、财政收入多数情况下都会比其他地级市高,使得省会城市形成了首位度分布。

这种行政结构不仅影响了一个城市在省内首位度的形成,也造成了不同地区省会城市首位度的差异。东部省份与中西部省份相比,行政结构的等级规模相对完整,比如辽宁、浙江、江苏,这些省区的城市规模分布属于一种相对均衡的位序—规模分布,很少有较高的首位度分布。而在西部地区,行政结构的等级规模系列均不够完整,有些以小城市、小城镇为主,由于省区中第二位城市人口规模过小,使得省会城市的首位度很高。还有些中部和西部地区的大城市特别发达,但大、中、小各级城镇比例结构失调。

(二)政策扶持

政府还可以通过政策扶持省会城市来促进省会城市规模的扩大。政策扶持有多种渠道,其中比较典型的是通过工程和大型活动多给予资金和用地指标,以及通过城市规划纳入更多人口和用地。虽然在市场经济条件下城市功能日益多样化和特色化,但是国家政策扶持还是对城市规模起了很大作用。大型活动与工程对城市的影响十分显著,如北京奥运会、上海世博会、三峡水利工程等对所在城市的发展有着深远的影响。

山东虽经济实力雄厚,但"群山无峰",缺少一个带动力强的核心城市。济南作为省会,面临着周边其他省会城市飞速发展的强劲压力。2005年山东出台《关于支持济南市加快发展的若干事项》,18项管理权限下放济南,之后筹备全运会又在建设资金、项目和土地指标等方面给予济南多项倾斜支持,这些政策措施都为济南市当时的发展增添了动力、活力。其后,山东又明确了济南、青岛在全省的双中心地位。全省颁布实施的《山东省新型城镇化规划(2014—2020年)》《山东半岛城市群发展规划(2016—2030年)》《山东省城镇体系规划(2011—2030年)》等规划文件,都一以贯之地强调了济南、青岛在全省的双中心地位。这些政策不单会带动济南的城市规模发展,也会推动青岛的城市规模扩大,因此有可能削减济南作为省会的首位度分布。

成都的人口规模和城市面积是通过城市规划的政策扩大。以天府新区为例,四川天府新区是四川省下辖的副省级新区、国家级新区,未来预测人口500万人,涵盖了成都市的天府新区成都直管区全境和成都高新区、双流区、龙泉驿区、新津县、简阳市的部分地区,以及眉山市的彭山区、仁寿县部分地区。2014年10月2日,四川天府新区正式获批成为中国第11个国家级新区。2014年11月15日,《四川天府新区总体方案》已经国务院同意并正式印发,《方案》显示,天府新区将在金融投资、产业、土地三个方面享受政策支持。2017 年 4 月,《四川省推动农业转移人口和其他常住人口在城镇落户方案》计划引导人口向四川天府新区成都片区等重点区域转移。天府新区的规划将带动成都的城市规模进一步扩大,在规模综合评估方面预计成都会进一步增强。

二、政府因素对产业首位度的影响

(一)政府扶持

政府对于省会城市的政策扶持是影响省会城市产业首位度分布的一个重要因素。政策的扶持可能带来产业的迅速产生和成长。比如,政府直接或间接地制定各种政策、法规和措施,鼓励技术研究和开发,促进人才的流动和技术的交流,以扶植和引导产业的发展。国家可以扶持技术创新,促进我国高技术含量和创新性产业的出现和发展。企业对先进技术的有效研发运用,可以把研发的成果有效地使用于企业的生产活动中去,技术的进步可以提高企业的生产能力,提高劳动生产率,并降低成本。技术进步可以促进传统的产业进行升级。先进的技术可以升级传统产业,盘活传统的行业并刺激其生产活力。技术进步还可以通过满足和刺激需求对产业结构产生影响。

以安徽省合肥市为例,合肥的高产业首位度离不开政府的政策扶持。合肥是国家创新型试点城市,是全国唯一一个科技创新型试点城市,也是世界科技城市联盟会员城市,这些表明合肥市的技术创新持续进步并得到广泛认可。国家将合肥定位为国家首批创新型试点城市,为合肥后来成为全国首批"智慧城市"试点城市、国家科技和金融结合试点、国家企业股权和分红激励试点、国家科技成果使用处置和收益管理改革试点、国家小微企业创业创新基地城市示范等奠定了良好的基础。因此,合肥的自主创新主要指标全部进入全国省会城市"十强",国家高新技术企业数居第 8 位,发明专利申请量和授权量分别居第 6 位、第 10 位,全社会研发投入占 GDP 比重居第 3 位,技术交易合同额居第 8 位。在中国城市竞争力研究会发布的 2014 中国十大创新城市排行榜中,合肥居第 3 位。根据英国《自然》杂志评选,合肥的基础科研实力位居全国第三,仅次于北京、上海。这些都有助于解释合肥为何具有很高的产业首位度。

（二）功能定位

省会功能定位会影响产业首位度的分布。省会城市作为区域中心城市，是生产性服务业发展、高新技术研发和产业结构调整的核心，其城市功能的定位代表了现代城市的发展趋势和中国的国际战略。政府对省会的功能定位与城市功能定位一样，都是基于城市的基本条件，确定城市的主要功能并将其作为发展方向；但区别于城市功能定位，省会功能定位更要考虑省会城市在区域中的核心地位，对周围城市的辐射力和影响力等因素。

政府对合肥的城市功能定位影响了合肥的产业发展。合肥被定位为引领皖中、辐射全省、联动中部、接轨长三角的区域性中心城市和全国重要的科技创新型城市。重点构筑合肥、芜湖、马鞍山、铜陵为省域增长极城市。将合肥未来的发展放在"合肥——沿江城市带"中定位，城市的产业纳入整个城市带产业的分工体系，城市的扩张从加强与整个城市带的联系、对接角度来考虑布局，形成城市带经济社会发展的联动和互动，从而使安徽现有的增长极城市显现群落化效应，增长极功能更加放大，合肥的产业拉动作用也由此加强。

三、政府因素对功能首位度的影响

（一）政策扶持

政府的政策扶持从多个方面影响功能首位度，包括公共服务功能、集散功能、创新功能、国际化功能，其中公共服务能力包括基础设施、文化服务、医疗服务、教育、社会保障和城市环境。

浙江省国民经济和社会发展"十五""十一五""十二五""十三五"规划的制定，以及从"八八战略"到"六个浙江"（"富强浙江""法治浙江""文化浙江""平安浙江""美丽浙江""清廉浙江"）建设，从"两创"浙江到"两富"浙江，再到"两美"浙江建设，都体现了浙江提高公共服务功能的思路。浙江省政府把关注民生、重视民生、保障民生、改善民生作为政府的基本职责。为了解决企业负担过重的现象，2016 年，浙江省政府制定实施降低企业成本优化发展环境 30 条意见；2017 年再次出台进一步减轻企业负担降低企业成本的 20 条意见；2017 年 6 月，又出台《浙江省人民政府办公厅关于深化企业减负担降成本改革的若干意见》，从降低企业税费负担、用能成本、用工成本、物流成本、中介服务收费等十个方面 35 条，进一步提出了创新企业减负担降成本的体制机制,明确责任单位,统筹安排,着力降低实体经济企业成本。这些政策让企业真正得到了实惠,有力推动了企业转型升级。

浙江省政府建立健全公共财政体制,加大公共财政对民生问题的投入力度,实施积极就业政策,重视发展能多吸纳劳动力的各种就业形式,极大改善了浙江创业和就业环境。就业保障提高了全省居民的生活水平,并有效降低了贫困面。

同时,浙江省政府全面深化社会保障制度改革,加大公共财政对社会保障的投入力度,扩大养老、失业、医疗等社会保险的覆盖范围,让公共财政"用之于民";在全国率先建立健全城乡居民最低生活保障、医疗、教育、住房、养老等救助制度。

杭州重视城市的文化服务功能,专门出台了《关于加快构建现代公共文化服务体系的实施意见》以提高公共文化服务。根据对杭州市功能综合得分的评价结果,杭州市的社会公共服务得分在全国省会城市中处于较好水平,高于全国平均值。但是,由于作为浙江省 GDP 第二大城市的宁波也采取了一系列政策扶持提高其社会服务功能,杭州的功能首位度受到了影响,仅刚刚处于大于 1 的分布水平。

(二)功能定位

政府对省会城市的功能定位可以使省会城市更明确自己在公共服务、创新功能、国际化功能方面的定位。如果一个城市以提升城市国际竞争力为目的,则可以通过有针对性地进行城市功能优劣势分析和与之相对应的国际化指标选择扬长补短,以确定符合城市长远发展的主导功能。城市功能定位可以遵循国际化城市功能定位中的空间布局策略,所在国家、综合经济区、城市群、省域范围的功能定位对城市功能的引导和推进作用巨大。通过城市规模、产业定位、城市竞争力三方面与城市功能有密切关系的指标与国家及所在区域相应城市进行对比,以确定城市与区域内其他城市的强弱关系和城市间功能的差异。

长沙定位为现代化、国际化城市,新兴工业城市,全省政治、经济中心,面向中部地区,形成"1—3—5"城市功能区。"1"就是打造城市群的龙头,高起点、高标准地把长沙建设为具有国际化品位的城市群形象窗口城市,以文化、休闲、商贸、科教、金融、信息、都市工业为主的功能区。"3"就是打造城市群的核心增长极。包括长沙、株洲、湘潭三个城市组团,形成现代装备及高技术产业基地、综合交通物流中心。"5"就是打造城市群次级城市中心和经济发展腹地。包括环洞庭湖的岳阳、常德、益阳,湘中的娄底、湘南的衡阳,形成农产品生产供应基地、能源原材料基地、现代装备及高技术产业配套基地。在长沙的城市功能定位引导下,长沙促进中欧班列、湘粤港直通快车持续稳定运营,高效运行黄花综合保税区;推进国际化进程,推动优势产能"走出去",大力发展加工、转口和新型贸易;强化省会担当,推进长株潭产业发展、公共服务和环境治理等全方位对接,在交通物流、科技创新上率先融合,形成大都市城市群格局;抱团深度融入"一带一路"建设,加强地区城市合作。长沙的功能定位促使长沙在功能综合得分方面表现较好,同时在功能首位度方面呈现中度首位分布。

四、本章小结

城市首位度在一定程度上代表了城市发展要素在一个省内最大城市的集中程度,有很多因素会通过影响城市发展要素而影响城市的首位度。总的来说,其影响因素可以归结为两大类,一类是政府的因素,另一类为市场的因素。

对规模首位度产生影响的政府因素包括行政分级和政策扶持。政府在权利和资源配置、制度安排等方面,偏向于行政中心尤其是行政等级较高的城市。各个行政等级的城市拥有不同的获取资源分配的权限,高行政等级城市可以通过行政手段和行政等级优势攫取下级城市的资源。这种行政结构不仅影响了一个城市在省内首位度的形成,也造成了不同地区省会城市首位度的差异。政府还可以通过政策扶持省会城市来促进省会城市规模的扩大。政策扶持有多种渠道,其中比较典型的是多给予资金和用地指标,以及通过城市规划纳入更多人口和用地。

对产业首位度产生影响的政府因素有政策扶持和功能定位。政府对于省会城市的政策扶持是影响省会城市产业首位度分布的一个重要因素。政策的扶持可能带来产业的迅速产生和成长。省会功能定位会影响产业首位度的分布。省会城市作为区域中心城市,其城市功能的定位代表了现代城市的发展趋势和中国的国际战略。省会功能定位与城市功能定位一样,都是基于城市的基本条件,确定城市的主要功能并将其作为发展方向;但区别于城市功能定位,省会功能定位更要考虑省会城市在区域中的核心地位,对周围城市的辐射力和影响力等因素。

对功能首位度产生影响的政府因素包括政策扶持和功能定位。政府的政策扶持从多个方面影响功能首位度,包括公共服务功能、集散功能、创新功能、国际化功能,其中公共服务能力包括基础设施、文化服务、医疗服务、教育、社会保障和城市环境。城市功能定位可以使省会城市更明确自己在公共服务、创新功能、国际化功能等方面的定位。如果一个城市以提升城市国际竞争力为目的,则可以通过有针对性地进行城市功能优劣势分析和与之相对应的国际化指标选择扬长补短,以确定符合城市长远发展的主导功能。

参考文献

［1］李宝礼,胡雪萍.区域经济增长与最优城市首位度的实证研究［J］.统计与决策,2018,(7):155-160.

［2］汪明峰.中国城市首位度的省际差异研究［J］.现代城市研究,2001,(1):27-30.

［3］魏后凯.中国城市行政等级与规模增长［J］.城市与环境研究,2014,(1):4-17.

第十三章　市场因素对城市首位度的影响

市场的因素可分为集聚力和分散力。集聚力指的是规模报酬递增、地方化、专业化、城市化经济所带来的外部性收益对企业和人口的吸引力。分散力主要是指城市交通拥堵、环境污染、通勤成本、居住成本等因素对企业和人口迁移决策的影响。安虎森(2008)等新经济地理学者,从市场接近效应、生活成本效应以及市场拥挤效应三个方面解释了区域非均衡力的来源。市场接近效应、生活成本效应产生集聚力,能够促进城市规模扩大;市场拥挤效应产生分散力,会阻止城市规模的扩张。由于市场接近效应的存在,工业企业会有向市场规模较大的区域集中的倾向,这种效应产生的力量就是集聚力;由于生活成本效应的存在,消费者(劳动力)有向企业数量较多的区域即市场规模较大的区域集中的倾向,这种效应产生的力量也是集聚力;第三种效应即市场拥挤效应产生的力量则正好相反,它抑制人口和企业向经济活动密度大的区域集中,这种力量就是分散力。

一、市场因素对规模首位度的影响

(一)市场集聚力

市场集聚力对城市规模有两个方面作用,一是扩大省会城市规模,二是有可能形成"集聚阴影",从而削弱周边城市的发展。

集聚经济理论指出,集聚经济是城市和发展的主要驱动力,对城市体系的变迁起到了决定性作用。新的企业在城市选址的目的是为了获取集聚经济的效益。结果是随着企业数量的不断增多,城市规模也越来越大。城市的变大使得集聚的经济效果更加明显,吸引更多企业前来选址。类似于"滚雪球"一样,集聚导致了更大的集聚。在集聚经济的作用下,城市的人均产出伴随着城市规模的扩大呈现出倒"U"形曲线特征,城市的单位生产成本(以单位产出的工资水平度量)伴随着城市规模的扩大呈现出"U"形曲线特征。当城市规模过小时,外部成本较高而规模收益较低,当城市规模过大时,外部成本会抵消掉规模收益的效果。

省会城市和直辖市具有较强的集聚力。根据对美国、日本人口流动的趋势研究,可以发现人口迁移呈两大阶段:第一阶段,人口从农村向城市迁移,一二线和三四线城市都有人口迁入,这可能跟这一阶段产业以加工贸易、中低端制造业和资源性产业为主有关。第二阶段,人口从农村和三四线城市向一二线大都市圈及卫星城迁移,三四线人口面临迁入停滞,大都市圈人口继续增加,集聚效应更加明显。我国正处于人口迁移的第二个阶段,在未来我国的人口迁移格局中,一线城市和部分二线城市人口将继续集聚,城市之间、地区之间的人口集聚态势将分化明显。以北京、天津为中心的首都圈以其优越的区位优势、发达便捷的交通条件、雄厚的工业基础和科技教育实力已成为继长江三角洲和珠江三角洲之后我国经济发展的第三增长极,已发展为我国北方经济规模最大、最具活力的地区,越来越引起中国乃至整个世界的瞩目。从首都圈各市的人口密度变化来看,2000—2015年北京人口密度从每平方公里807人增长到1323人,天津从每平方公里827人增长到1298人,而首都圈其他11个地级市的人口密度基本在每平方公里800人以下,与京津两市差距不断拉大,人口进一步向京津集聚。区域的人口分布不均衡性在进一步加剧,人口集聚的态势在增强。

在直辖市和省会城市对人口和资源集聚的同时,集聚中心周边的省份和城市成为"外围"区域,处于"集聚阴影"之中。由于北京的"虹吸作用"以及过去若干年北京"大而全"的发展方式等,使得北京成为周边城市强劲的竞争对手而非中央政府所倡导的协同发展的合作关系,形成了可能的"集聚阴影",加之自身原因,使河北省各市成为发展严重滞后的"外围"区域。1982年京津两市的人口占首都圈的比重为24.3%,河北省人口占首都圈的比重高达75.7%,30余年过后,京津人口快速增长,占首都圈人口总量的比重提高到33%,河北省人口大规模流出,人口比重下降到67%(王莹莹等,2017)。从第九章的省会城市规模综合得分表可看到,河北省的规模综合指标得分不高,排名靠后。

(二)市场分散力

市场分散力由城市拥挤效应带来,城市的规模不能无限制地扩大,随着企业增多、城市变大,带来了"大城市病",出现交通拥挤、住房紧张、供水不足、能源紧缺、环境污染、秩序混乱,以及需求矛盾加剧等问题。

城市拥挤效应引起人们生活成本的上升。大城市的交通成本开始攀升、地租上涨、房价飙升,如果工资的增长无法弥补这些费用的上升,则会产生人口迁移的分散力。杨巧和陈诚(2018)基于 30 个大中城市房价与人口迁移数据动态面板模型的回归结果显示,当房价高于某个拐点后,房价的上涨会抑制人口迁入。人口迁移的重要拉力来自收入增长和城市经济基本面发展带来的引力,城市收入增长空间形成了对人口迁移的正向吸引,但是房价在一定程度上抵消收入增长对人口迁移的拉动作用。房价的急剧上升是抑制人口涌入、扩大城市规模的重要分散力。此外,企业的运营成本也会随着城市拥挤效应而增大,给企业增加了额外的负担,可能造成企业裁员或者迁出该区域,对城市规模的扩大造成负向影响。

城市拥挤效应破坏了人们的生活环境,这也是人们做迁移决策时的重要考量。经济规模大、人口密度高的城市,会经历"高增长带来高污染—高增长减少污染—高增长带来高污染"的过程;而经济规模小、人口密度低的城市,一般来说会经历"高增长减少污染—高增长加重污染—高增长减少污染"的过程。所以,经济规模大、人口密度高的城市更容易被污染问题困扰,形成规模进一步扩大及人口迁入的分散力。

二、市场因素对产业首位度的影响

(一)市场集聚力

市场集聚力对产业首位度的影响通过产业集聚体现。产业集聚是指同一产业在某个特定地理区域内高度集中,产业有资本要素在空间范围内不断汇聚的一个过程。产业集聚有两种不同的形式,一种是市场创造模式,区域范围内首先出现专业化市场,为产业集聚的形成创造了重要的市场交易条件和信息条件,最后使产业的生产过程也聚集在市场的附近。另一种是资本转移模式,一般是发生在有产业转移的背景下,当一个规模较大的企业出于接近市场或节约经营成本的考虑,在生产区位上作出重新选择,并投资一个新地区的时候,有可能引发同类企业和相关企业朝这个地区汇聚。第二种产业集聚现象的形成,主要是通过资本的迁入和流动,因而也被称作资本迁移模式。

我国市场创造模式形成产业集聚的典型地区是浙江省,该省内有许多颇具规模的专业化市场,最终形成了一个个具有完整产业链的产业集群。浙江经济发展的一个重要特色就是专业市场和特色产业互为依托、共同发展,市场创造和带动产业发展,市场优势与产业优势相互结合、相互促进,从而推动了浙江经济持续快速发展。改革开放初期,浙江从恢复和发展农村多种经营、发展社队企业和家庭工业起步,从流通领域改革入手,放开城乡农副产品市场和工业小商品市场,形成几十万购销大军,建设专业批发市场,生产要素开始通过市场来配置。大量交易规模庞大的专业市场使成千上万的中小企业可以共同分享由巨大的人流、物流和信息流所形成的营销规模经济,极大地降低了企业的交易费用,提高了社会资源的配置效率。商品市场的发展还带动了资本、劳动力、技术、信息等生产要素的流动、交易和重组,引发了生产要素市场的发育壮大,促进了功能比较齐全的市场体系的形成,从而为浙江经济发展奠定了良好的制度机制。产业集聚使得市场竞争机制发挥了良性作用:一是大批缺乏诚信意识的市场主体在日益激烈的市场竞争中被逐步淘汰出局;二是市场的"无形之手"不断引导着市场主体注重长远利益,致力于打造企业和产品的品牌效应。

国内在资本迁移模式下形成的产业集聚或产业集群有很多,其中起推动和促进作用的迁移性资本主要是外商直接投资。外商直接投资对专业化集聚和多样化集聚均有良好的推动作用。专业化集聚由于具有知识基础和地理集中的优势,更能促进跨国公司与本地企业的匹配从而提升本土产业的创新能力。与跨国公司匹配后,丰富了劳动力市场,各专业领域的人才互相交流,进一步加快深入在外商直接投资中知识与信息的传播与共享。相较于专业化集聚,多样化集聚可以带动一个地区多种产业整体上的技术进步,更全面地促进外商直接投资溢出效应的传播。通过不同行业和学科的集聚,更能激发创新的动力,迸发出新兴的创意火花,降低了吸引和模仿先进技术的成本,引发一个区域更大的知识溢出。

这两种市场引导的产业集聚模式在形成规模经济的情况下都能促进省会城市的产业发展,推进生产的专业化或多样化,提高城市的产业首位度分布。

(二)市场分散力

市场分散力对产业首位度的影响体现在产业拥挤效应,是一定空间范围内,产业集聚引起的要素比例失衡所导致的非经济性。伴随着区域产业规模的持续扩大,土地、水电、能源等资源要素的相对稀缺性和资本要素过度密集日益明显。拥挤效应引起的非经济性使得生产要素在空间具有分散趋势,这种拥挤效应对区域经济增长的负面影响,往往被视作企业实施区域转移最直接的经济利益动机,也往往被政府当作推动产业转移的依据。

产业集聚拥挤效应之一是集群产品市场的拥挤效应。拥挤带来了"贴近对手的竞争",对创新企业和非创新企业都有不利影响(孙鳌,陈雪梅,2007)。创新企业从采购到生产到营销的全部活动可以被对手观察和模仿,大量研发投入生产出来的产品被大量对手快速模仿,创新企业获得的超额利润迅速减少,甚至消失。这种竞争效应很大程度上打击了企业创新的积极性,对于维持集群内企业的创新动力很不利。集群中,非创新企业如果无法通过创新获得利润,有可能通过偷工减料、降低产品质量等手段,维持其生存利润。如果买方不能及时发现非创新企业的投机行为,或者买方存在集群品牌忠诚,则买方很可能购买非创新企业的产品,其结果可能是劣币驱逐良币。除了不良竞争外,集群产品市场拥挤效应的另一后果是价格战。集群中,企业间的相互模仿会使集群内不同企业生产的产品在质量上快速趋同,买者需求的价格弹性因此会不断提高,企业只好通过降价来获取市场份额。当集群中的大多数企业采取降价的策略时,每个企业受损,但无法改善处境。

产业集聚拥挤效应之二是集群要素市场的拥挤效应。当众多中小企业聚集在一个有限的地域而形成集群时,势必会形成对各种生产要素的巨大需求,集聚的雪球越滚越大,这种需求也会随之不断增大。在供给不能保持同等比例增大的情况下,各种生产要素的价格一般会随着集群规模的增大而上升,尤其是那些供给缺乏弹性的生产要素,如土地和土地相关的产品——房地产等。在企业的生产效率保持不变的情况下,生产要素价格的上升将直接地反映在企业生产成本的上升中。要维持企业利润不降低,其产品价格必须同步上升。在激烈的集群内企业与集群外企业间的市场竞争中,这种要素成本驱动的价格上升,将直接导致集群产品失去市场竞争力。集群不得不减小市场份额,或者部分企业搬迁到要素价格更低的地方进行生产(孙鳌,陈雪梅,2007)。

周圣强和朱卫平(2013)利用1999—2007年全国60个工业城市数据分析了拥挤效应对全要素生产率的影响。通过运用门限模型发现2003年是我国经济发展的拐点,2003年及以前规模效应占主导,之后拥挤效应的约束性作用逐渐凸显,集聚度与全要素生产率存在着倒"U"形关系。这说明我国已经进入拥挤时期,有必要鼓励先发地区向欠发地区产业转移,即到了市场分散力发挥作用的时候。

三、市场因素对功能首位度的影响

(一)市场集聚力

市场集聚力对功能首位度的影响是通过规模经济实现的。当城市和产业规模扩大,城市提供公共服务、集散、创新等功能的行业规模也会相应扩大,形成规模经济,当某个公共服务行业总产量扩张时,行业内部的企业提高专业化程度,单位成本降低,行业规模报酬递增。规模经济使与城市功能指标相关的行业发展呈现良好态势,可以改善城市的公共服务供给,并降低该地区的交易成本及私人产品价格指数。另一方面,该城市所拥有的优质公共服务对可流动要素具有吸引力,在公共服务市场接近效应的作用下,当该城市的市场规模大于另一城市时,企业更倾向于选择该城市,从而导致生产要素向该城市流入,进一步扩大该区域的市场规模,促进生产要素在该城市集聚,改变区域间的空间经济结构(刘寒波,粟梦,2013)。

省会城市和直辖市更易形成公共服务或功能性产业的规模经济。虽然本研究中由于直辖市的指评计算方法不同使得直辖市的功能指标得分与省会城市没有可比性,但直辖市尤其是北京、上海的公共服务功能是毋庸置疑的。北京具有突出的特殊优势地位和条件,集聚了国内一流的科研、教育、文化艺术、医疗卫生机构,是一个巨大的"能量场"。公共服务迈入质量提升新阶段,科技、教育、文化改革提速增效,社会保障水平稳步提高,医疗保险制度改革深入推进,城市运行保障能力增强。省会城市拥有较多的社会服务资源,很多省会城市利用拥有的资源缔造集聚点,进一步发挥规模经济的优势。比如,省会城市运用大学城建设的集聚效应促进城市功能服务的发展。除了推动经济繁荣,促进教育发展化,优化大学城周边的公共服务,包括医疗服务、文化服务、交通服务和基础设施建设等。

(二)市场分散力

市场分散力对功能首位度的影响表现在城市环境、基础设施、公共服务资源的拥挤效应。

城市规模扩大和产业集聚均会带来环境资源的拥挤效应。我国城市化率未来增速仍将保持 0.9%,每年有 1200 万人口进入城市,排浪式、模仿型消费升级带来了较大的生活型消费污染,城市开发强度过大、生态空间压缩,大城市生态负荷超载。《2014 年中国环境状况公报》中的数据显示,2014 年开展空气质量新标准监测的地级及以上城市共有 161 个,其中只有 16 个城市空气质量达标(达到国家二级标准),其他 145 个城市空气质量超标。2014 年,全国 31 省市,二氧化硫、氮氧化物、一次 PM2.5 等三项污染物平均超载率分别 150%、180% 和 210%(马素琳等,2016)。产业集聚中企业的生产活动更是会产生负的环境外部性,这些外部性长期累积使人们生活的自然环境质量不断恶化,空气中有害物含量不断提高,清洁河流逐渐变成了令人窒息的污水沟,蓝天白云被厂房烟囱取代。城市环境的下降破坏了城市的功能指标,一些在意生存环境的高人力资本价值的劳动者开始迁出城市。

城市规模扩大和产业集聚还会带来基础设施的拥挤效应。基础设施的投资不仅会促进经济增长,还有助于缓解贫困和实现环境的可持续性。基础设施包括物质性的基础设施和信息性的基础设施两大类。物质性的基础设施主要有供水、供电、供(煤)气、交通、电话、网络等系统和中小学学校、医院、公园等设施。这些基础设施的一个重要特点是,在未达到其临界点时,其消费往往具有正外部性,此时,每个使用者的效用会随着其他使用者人数的增加而增大。但是,当达到其临界点时,其消费就会表现为负外部性,此时,每个使用者的效用会随着其他使用者人数的增加而减少。供水、供电、供(煤)气、交通、电话、网络等系统的拥挤,有时会造成停电、停水和交通堵塞,直接增加企业的生产成本,会直接降低企业及时对市场变化做出正确反应的能力(孙鳌,陈雪梅,2007),也会给人们生活带来极大不便,此时会给城市功能提高带来负面影响。

四、本章小结

市场的因素可分为集聚力和分散力。集聚力指的是规模报酬递增、地方化、专业化、城市化经济所带来的外部性收益对企业和人口的吸引力。分散力主要是指城市交通拥堵、环境污染、通勤成本、居住成本等因素对企业和人口迁移决策的影响。

市场集聚力对规模首位度的影响主要有两个方面,一是扩大省会城市规模,二是有可能形成"集聚阴影",从而削弱周边城市的发展。市场集聚力对产业首位度的影响通过产业集聚体现。市场集聚力对功能首位度的影响通过规模经济实现。省会城市和直辖市更易形成公共服务或功能性产业的规模经济。

市场分散力对规模首位度的影响由城市拥挤效应带来,城市的规模不能无限制地扩大,随着企业增多、城市变大,带来了"城市病",出现交通拥挤、住房紧张、供水不足、能源紧缺、环境污染、秩序混乱,以及需求矛盾加剧等问题。城市拥挤效应引起人们生活成本的上升,经济规模大、人口密度高的城市更容易被污染问题困扰,形成规模进一步扩大及人口迁入的分散力。市场分散力对产业首位度的影响体现在产业拥挤效应,是一定空间范围内产业集聚引起的要素比例失衡所导致的非经济性。市场分散力对功能首位度的影响表现在城市环境、基础设施、公共服务资源的拥挤效应。

参考文献

[1] 安虎森.新区域经济学[M].东北财经大学出版社,2008:54-56.

[2] 刘寒波,粟梦婷.公共服务的市场接近效应及其对要素空间集聚(扩散)的影响[J].经济数学,2013,03:98-102.

［3］马素琳,韩君,杨肃昌.城市规模、集聚与空气质量[J].中国人口·资源与环境,2016,05:12－21.

［4］齐讴歌,白永秀.行政等级偏向、集聚结构转变与城市规模分布[J].福建论坛:人文社会科学版,2018,01:155－163.

［5］孙鳌,陈雪梅.拥挤效应对企业集群竞争优势的不利影响[J].理论月刊,2007.07:161－163.

［6］孙祥栋,郑艳婷,张亮亮.基于集聚经济规律的城市规模问题研究[J].中国人口·资源与环境,2015,03:74－81.

［7］王莹莹,童玉芬,刘爱华.首都圈人口空间分布格局的形成:集聚力与离散力的"博弈"[J].人口学刊,2017.4:5－16.

［8］杨巧,陈诚.房价会影响人口迁移吗[J].经济与管理,2018.05:38－43.

［9］周圣强,朱卫平.产业集聚一定能带来经济效率吗:规模效应与拥挤效应[J].产业经济研究,2013.03:12－22.

第五篇
我国各省会城市及直辖市首位度对经济增长的影响

第十四章　规模首位度对经济增长的影响

一、规模首位度影响经济增长的机制分析

规模首位度对经济增长具有重要影响，具体来看，至少有以下四个方面的机制：

(一)区位经济

区位经济是由于从事某项经济活动的若干企业或联系紧密的某几项经济活动集中于同一区位而产生的。例如，某一专业化生产的多个生产部门集中在某一区域，可以共同培养与利用当地熟练劳动力，加强企业之间的技术交流和共同承担新产品开发的投资，可以形成较大的原材料等外购物资的市场需求和所生产产品的市场供给，从而使经济活动活跃，形成良性循环。区位经济的实质是通过地理位置的靠近而获得综合经济效益。城市具有规模首位度优势之后，可以强化区位经济优势，吸收周边城市的生产要素，改善经济增长绩效。

(二)规模经济

规模经济是由于经济活动范围的增大而节约了内部成本。例如，可以提高分工程度、降低管理成本、减少分摊广告费和非生产性支出的份额，使边际成本降低，从而获得劳动生产率的提高。通过规模首位度优势，可以最大限度地发挥规模经济。规模首位度建立之后，可以进行大批量生产方式，有利于实现产品标准化、专业化和通用化，提高产品质量，降低能耗和原材料消耗等各种物耗，促进技术进步，取得显著的经济效果。此外，规模首位度还能促使若干工厂通过水平和垂直联合组成经营实体。不仅可以带来单位产品成本、物耗降低，取得"全产品生产线"的效益，降低销售费用，节省大量管理人员和工程技术人员，还可以使企业有更多的资金用于产品研制与开发，使其具有更强的竞争能力。

（三）外部经济

外部经济效果是增长极形成的重要原因，也是其重要结果。经济活动在某一区域内的集聚往往使一些厂商可以不花成本或少花成本获得某些产品和劳务，从而获得整体收益的增加。通过规模首位度优势，可以最大限度地降低负向外部性，扩大正向外部性。规模优势建立，将原来相互之间没有来往的企业连接起来，通过联合生产，扩大正向外部性。

（四）专业化

规模首位度优势确立之后，区域可以进口国外高端服务要素，弥补本身服务业发展滞后的难题，利用国外高端的服务要素，提高生产能力。主要通过以下四种渠道：第一，相较于发达国家，我国的服务业无论是生产规模还是发展水平都相对落后，这意味着从外部进口的服务成本相对较低（Amiti and Wei，2009），降低了单位产品的生产成本，有利于我国制造业向价值链高端攀升。同时，由于外部购买的服务价格低廉，在生产过程中可以增加对服务的购买，提高中间服务的使用比例。这会提高我国工业品的服务密集程度，强化国际竞争力。第二，通过服务进口，可以扩大下游企业中间投入品的种类，提高投入服务质量，进而提高制造业的生产效率（Amiti and Konings，2007）。第三，通过剥离非核心业务，提高了制造业的专业化程度，有利于发挥规模经济，进而提高生产率（斯密法则）。第四，通过反向服务外包，不仅可以提高发包企业的生产率，通过技术外溢还能促进产业内相关企业生产率的提高，进而带动整体产业的技术进步。

二、变量选取与模型构建

（一）模型的构建

为了研究规模首位度对经济增长的影响，结合样本的实际特征之后，本章构建了如下的计量模型：

$$\ln pgdp_{it} = \alpha_0 + \alpha_1 \ln scale_{it} + \alpha_2 market_{it} + \alpha_3 \inf rastrusture_{it} + \alpha_4 culture_{it}$$
$$\alpha_5 health_{it} + \alpha_6 education_{it} + \alpha_7 \sec urity_{it} + \alpha_8 environment_{it} + \alpha_9 city_{it} + \varphi_t + \varepsilon_{it}$$

其中，$\ln pgdp$ 是人均 GDP 的对数值，是经济增长的代理变量，作为被解释变量。ln $scale$ 是城市的规模首位度,是核心解释变量。$market$ 表示市场化指数,$infrastructure$ 表示基础设施指数,$culture$ 是文化服务指数,$health$ 是医疗条件指数,$education$ 是教育条件指数,$security$ 是社会保障指数,$environment$ 是城市环境指数,$city$ 表示城市化率。为了控制一些观察不到的因素影响城市的经济增长,我们还控制了城市固定效应 φ_t。ε_{it} 为随机误差项,下标 i 表示城市,t 表示时间。

(二)数据来源说明

本小节的数据主要来源于各个城市的统计年鉴,国研网的统计数据库和《中国城市统计年鉴》。为了更加直观地给出规模首位度和经济增长的关系,图 14 - 1 给出两者的散点图。从图 14 - 1 中可以发现,规模首位度和经济增长之间具有显著的线性关系。定性的分析之后,本章将进行深入的定量研究。

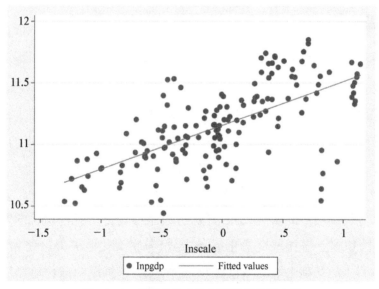

图 14 - 1 规模首位度和经济增长的散点图

(三)描述性统计

为了更加直观地展现数据特征,我们还给出计量数据的统计信息,见表 14 - 1:

表 14-1　样本的描述性统计

变量	观测值	平均值	标准差	最小值	最大值
$\ln pgdp$	155	11.15379	0.3253067	10.44366	11.85179
$\ln scale$	155	−0.008928	0.5947888	−1.299711	1.143339
$market$	155	6.364194	2.146032	−0.3	9.95
$infrastructure$	155	1.023773	0.473883	.1610956	2.624562
$culture$	155	1.424507	1.335894	0	5.450438
$health$	155	1.781164	1.718662	0	7.197189
$education$	155	0.8836374	0.315342	0	1.85
$security$	155	0.9845391	1.292698	0	5.72
$environment$	155	0.451182	0.4852652	0	2.209302
$city$	155	0.5214407	0.3364093	0	0.8960663

三、实证结果及讨论

（一）总体层面

首先,我们从全样本中考察规模首位度和经济增长之间的关系。实证结果见表 14-2:

本书采用逐步回归法,增加解释变量。方程 1 是基准方程,给出了一元回归的结果。从方程 1 中可以发现,规模首位度的提升可以显著促进城市的经济增长。数据显示:城市首位度提高 1%,城市的经济增长提高 0.508%。方程 2 在方程 1 的基础上增加城市市场化指数,考察市场化程度对经济增长的影响。方程 3 在方程 2 的基础上增加城市的基础设施指数,考虑基础设施对经济增长的影响。方程 4 在方程 3 的基础上增加城市文化服务指数,考察文化服务对经济增长的影响。方程 5 在方程 4 的基础上增加城市医疗条件指数,考察医疗条件对经济增长的影响。方程 6 在方程 5 的基础上增加城市的教育条件指数,考虑教育条件对经济增长的影响。方程 7 在方程 6 的基础上增加城市社会保障指数,考察社会保障对经济增长的影响。方程 8 在方程 7 的基础上增加城市的环境指数,考虑环境因素对经济增长的影响。方程 9 在方程 8 的基础上增加城市化率,考察城市化进程对经济增长的影响。

表14-2 规模首位度对经济增长的影响(全样本回归)

	方程 1 ln $pgdp$	方程 2 ln $pgdp$	方程 3 ln $pgdp$	方程 4 ln $pgdp$	方程 5 ln $pgdp$	方程 6 ln $pgdp$	方程 7 ln $pgdp$	方程 8 ln $pgdp$	方程 9 ln $pgdp$
ln $scale$	0.508***	0.422***	0.429***	0.368***	0.368***	0.355***	0.307***	0.307***	0.307***
	(0.123)	(0.100)	(0.101)	(0.102)	(0.102)	(0.103)	(0.103)	(0.103)	(0.104)
$market$		0.203***	0.205***	0.195***	0.195***	0.193***	0.196***	0.195***	0.195***
		(0.0250)	(0.0251)	(0.0249)	(0.0251)	(0.0251)	(0.0248)	(0.0249)	(0.0250)
$infrastructure$			0.0416	0.0465	0.0462	0.0435	0.0461	0.0462	0.0460
			(0.0516)	(0.0506)	(0.0508)	(0.0508)	(0.0500)	(0.0501)	(0.0504)
$culture$				−0.0300**	−0.0303**	−0.0299**	−0.0314***	−0.0316***	−0.0315***
				(0.0120)	(0.0121)	(0.0121)	(0.0119)	(0.0119)	(0.0120)
$health$					0.00805	0.00525	0.00369	0.00319	0.00302
					(0.0212)	(0.0214)	(0.0211)	(0.0211)	(0.0213)
$education$						−0.0465	−0.0561	−0.0553	−0.0552
						(0.0427)	(0.0423)	(0.0424)	(0.0426)
$security$							0.0350**	0.0356**	0.0356**
							(0.0161)	(0.0161)	(0.0162)
$environment$								0.0332	0.0332
								(0.0450)	(0.0452)
$city$									−0.00326
									(0.0438)

（续表）

	方程 1 ln $pgdp$	方程 2 ln $pgdp$	方程 3 ln $pgdp$	方程 4 ln $pgdp$	方程 5 ln $pgdp$	方程 6 ln $pgdp$	方程 7 ln $pgdp$	方程 8 ln $pgdp$	方程 9 ln $pgdp$
$Constant$	11.16***	9.863***	9.807***	9.908***	9.898***	9.959***	9.913***	9.905***	9.907***
	(0.0106)	(0.159)	(0.174)	(0.175)	(0.178)	(0.186)	(0.184)	(0.185)	(0.188)
固定效应	控制	控制	控制	控制	控制	控制	控制	控制	控制
F 值	1396	20.99	20.89	21.39	21.13	20.57	20.69	20.12	19.93
P 值	0.00	0.00	0.00	0.00	0.00	0.00	0.00	0.00	0.00
观测值	155	155	155	155	155	155	155	155	155
调整后的 R 值	0.121	0.431	0.434	0.462	0.463	0.468	0.489	0.491	0.491
面板数	31	31	31	31	31	31	31	31	31

说明:实证的结果均有 stata14 计算并整理得出。圆括号给出了检验的 P 值,***,**,* 分别表示 1%、5%、10%的显著性水平。

观察 9 个方程可以发现,城市规模首位度可以显著地促进经济增长。数据显示,城市的规模首位度提高 1%,经济增长提高 0.307%。它是所有解释变量中回归系数最高的,这意味着城市规模首位度已经成为刺激经济增长最重要的影响因素。通过城市规模首位度,可以发挥区位经济、规模经济和外部经济的多重优势,激发经济增长效率,实现经济的可持续增长。

市场化指数也是影响城市经济增长的重要因素。数据显示,市场化指数提高 1%,经济增长提高 0.195%。通过市场化改革,所有的经济领域和环节大步推进各类市场的发展,形成完整的市场机制,让各类市场参数正常运转,通过市场运行中的各种经济组织和所有制改革,完善市场基础,通过法律重新确认财产所有权,形成真正的商品交易者。激发市场活力,改善资源配置效率,从而促进经济增长。

社会保障指数增加也会提高经济增长绩效。数据显示:社会保障指数每提高 1%,经济增长提高 0.0356%。社会保障机制完善,可以降低居民的生活负担,鼓励居民进行生产性投资,同时增加消费。消费增加进而扩大国家的内需,内需的增加可以发挥"本土市场效应",不仅有助于扩大对外出口,还能鼓励企业创新,从而带动经济增长。

(二)稳健性分析

前文实证得到了规模首位度和经济增长之间的关系,考虑到面板数据存在的组内自相关问题,本部分将进行稳健性检验。

表 14-3　规模首位度对经济增长的影响(稳健性检验)

	双向固定效应 方程 1 ln $pgdp$	组内自相关 方程 2 ln $pgdp$	差异化系数 方程 3 ln $pgdp$	仅考虑异方差 方程 4 ln $scale$
	0.307***	0.372**	0.328***	0.307***
	(0.104)	(0.172)	(0.127)	(0.0888)
market	0.195***	0.198***	0.201***	0.195***
	(0.0334)	(0.0337)	(0.0277)	(0.0231)
infrastructure	0.0460	0.0469	0.0578**	0.0460
	(0.0379)	(0.0301)	(0.0239)	(0.0430)
culture	−0.0315**	−0.0314***	−0.0310***	−0.0315***
	(0.0128)	(0.0112)	(0.0108)	(0.00925)
health	0.00302	0.00408	0.00284	0.00302
	(0.0405)	(0.0151)	(0.0137)	(0.0214)

（续表）

	双向固定效应 方程 1 ln *pgdp*	组内自相关 方程 2 ln *pgdp*	差异化系数 方程 3 ln *pgdp*	仅考虑异方差 方程 4 ln *scale*
education	−0.0552	−0.0584	−0.0376	−0.0552
	(0.0615)	(0.0357)	(0.0325)	(0.0360)
security	0.0356	0.0336*	0.0341**	0.0356**
	(0.0331)	(0.0179)	(0.0153)	(0.0170)
environment	0.0332	0.0327	0.0381	0.0332
	(0.0478)	(0.0237)	(0.0264)	(0.0313)
city	−0.00326	0.00515	−0.00103	−0.00326
	(0.0476)	(0.0408)	(0.0373)	(0.0349)
panel 2	1.211***	1.328***	1.278***	1.211***
	(0.238)	(0.318)	(0.234)	(0.190)
panel3	0.956***	1.097***	1.025***	0.956***
	(0.239)	(0.347)	(0.253)	(0.206)
panel4	−0.0638	−0.0595	−0.0656	−0.0638
	(0.125)	(0.0732)	(0.0632)	(0.0825)
panel5	0.0911	0.143	0.102	0.0911
	(0.118)	(0.153)	(0.121)	(0.118)
panel6	0.128	0.248	0.170	0.128
	(0.199)	(0.294)	(0.218)	(0.178)
panel7	0.521**	0.623**	0.566***	0.521***
	(0.195)	(0.263)	(0.192)	(0.150)
panel8	0.241	0.327	0.276	0.241*
	(0.202)	(0.234)	(0.172)	(0.142)
panel9	1.156***	1.279***	1.217***	1.156***
	(0.196)	(0.287)	(0.209)	(0.174)
panel10	0.334**	0.419*	0.380**	0.334**
	(0.138)	(0.219)	(0.161)	(0.153)
panel11	0.0822	0.106*	0.0863*	0.0822
	(0.0666)	(0.0612)	(0.0517)	(0.0613)
panel12	0.731***	0.839***	0.781***	0.731***
	(0.202)	(0.288)	(0.209)	(0.162)

（续表）

	双向固定效应 方程 1 $\ln pgdp$	组内自相关 方程 2 $\ln pgdp$	差异化系数 方程 3 $\ln pgdp$	仅考虑异方差 方程 4 $\ln scale$
panel13	0.298*	0.328***	0.325***	0.298***
	(0.166)	(0.109)	(0.0901)	(0.107)
panel14	0.366**	0.420***	0.388***	0.366***
	(0.152)	(0.152)	(0.105)	(0.131)
panel15	1.562***	1.726***	1.639***	1.562***
	(0.322)	(0.422)	(0.320)	(0.263)
panel16	0.735***	0.843***	0.805***	0.735***
	(0.221)	(0.280)	(0.196)	(0.179)
panel17	0.110	0.167	0.130	0.110
	(0.126)	(0.150)	(0.111)	(0.107)
panel18	0.497***	0.543***	0.521***	0.497***
	(0.176)	(0.117)	(0.0946)	(0.116)
panel19	0.453***	0.522***	0.477***	0.453***
	(0.135)	(0.170)	(0.123)	(0.117)
panel20	0.475***	0.553***	0.516***	0.475***
	(0.130)	(0.198)	(0.147)	(0.117)
panel21	0.510*	0.666*	0.567**	0.510**
	(0.277)	(0.385)	(0.282)	(0.223)
panel22	0.257	0.346	0.303*	0.257*
	(0.158)	(0.218)	(0.165)	(0.137)
panel23	0.291*	0.376*	0.322*	0.291**
	(0.151)	(0.215)	(0.179)	(0.144)
panel24	1.181***	1.354***	1.262***	1.181***
	(0.266)	(0.418)	(0.303)	(0.240)
panel25	0.501***	0.589***	0.548***	0.501***
	(0.164)	(0.212)	(0.153)	(0.139)
panel26	0.785***	0.909***	0.843***	0.785***
	(0.204)	(0.311)	(0.224)	(0.189)
panel27	0.342*	0.415**	0.400***	0.342***
	(0.182)	(0.206)	(0.153)	(0.131)

	双向固定效应 方程 1 $\ln pgdp$	组内自相关 方程 2 $\ln pgdp$	差异化系数 方程 3 $\ln pgdp$	仅考虑异方差 方程 4 $\ln scale$
panel28	-0.371^{**}	-0.345^{***}	-0.358^{***}	-0.371^{***}
	(0.137)	(0.0759)	(0.0703)	(0.0910)
panel29	0.928^{***}	1.055^{***}	0.988^{***}	0.928^{***}
	(0.208)	(0.321)	(0.235)	(0.182)
panel30	0.440^{**}	0.529^{**}	0.465^{***}	0.440^{***}
	(0.171)	(0.226)	(0.169)	(0.148)
panel31	0.813^{***}	0.876^{***}	0.840^{***}	0.813^{***}
	(0.181)	(0.155)	(0.116)	(0.131)
Constant	9.405^{***}	9.302^{***}	9.300^{***}	9.405^{***}
	(0.323)	(0.339)	(0.270)	(0.246)
固定效应	控制	控制	控制	控制
Wald 检验	250	291	31069	5490.15
	[0.00]	[0.00]	[0.00]	[0.00]
观测值	155	155	155	155
调整后的 R 值	0.924	0.991	1.000	0.924
面板数	31	31	31	31

说明：实证的结果均有 stata14 计算并整理得出。圆括号给出了检验的 P 值，***、**、* 分别表示 1%、5%、10% 的显著性水平。

首先，本书将采用 LSDV 法估计双向固定效应模型（作为比较，先不考虑自相关）。先生成"城市虚拟变量（city dummies）"，实证结果见方程 1。方程 1 的回归结果和前文保持一致，表明通过双向固定效应排除地区和时间不可观测的影响因素之后，规模首位度对经济增长的正向促进作用不会改变，表明本书的回归结果是稳健的。

随后，我们将考虑存在组内自相关的情况。组内自相关存在两种情况，一种是各组的自回归系数相同；另一种是允许组内自回归系数不同的自相关情况。方程 2 给出了组内自相关系数相同的情况。规模首位度的偏回归系数为 0.372%，表明规模首位度提高 1%，经济增长提高 0.372%。方程 3 是允许组内自相关系数不同的情况，规模首位度的偏回归系数为 0.328%。当考虑组内自相关系数不同时，规模首位度的影响有一定幅度下降，但依旧通过了显著性检验。这表明考虑自相关之后，不影响规模首位度的影响程度。方程 4 关注不同城市扰动项存在异方差的影响。回归结果显示,考察异方差之后,规模首位度对经济增长的正向促进作用依旧显著成立。偏回归系数为 0.307%。通过方程 1—4 表明:考虑自相关和异方差问题之后,规模首位度对经济增长的正向关系依旧显著成立。因此,本章的回归结果是无偏、一致和稳健的。

(三)分地区回归结果

前文的分析已经基本可以描绘出规模首位度对经济增长的影响。但是由于我国幅员辽阔,国家内部不同地区经济发展差异较大,区位条件也存在很大的不同(Demurge et al,2001;林毅夫,2004),因此有必要研究规模首位度对不同地区的影响。表 14-4 给出了相关的实证结果[①]:

表 14-4　规模首位度对经济增长的影响(分地区回归)

	东部地区 方程 1 ln $pgdp$	中部地区 方程 2 ln $pgdp$	西部地区 方程 3 ln $pgdp$	东北地区 方程 3 ln $pgdp$
ln $scale$	0.618***	0.223	0.276*	0.633
	(0.409)	(0.148)	(0.140)	(0.632)
$market$	0.179***	0.229***	0.185***	0.233
	(0.0468)	(0.0261)	(0.0447)	(0.184)
$infrastructure$	0.243	0.00197	0.0246	−0.673
	(0.196)	(0.0897)	(0.0676)	(0.687)
$culture$	−0.0127	−0.0403**	−0.0418**	−1.499
	(0.0198)	(0.0157)	(0.0179)	(1.151)
$health$	0.00927	−0.0254	−0.0397	0.814
	(0.0404)	(0.0860)	(0.0290)	(0.481)
$education$	−0.299	−0.0719	−0.0876*	0.227
	(0.231)	(0.0920)	(0.0508)	(0.996)
$security$	0.119**	0.00746	−0.0926*	0.190
	(0.0564)	(0.0150)	(0.0539)	(0.123)

①　按照一般惯例,本章将我国分成四大区域。具体划分为:东部地区,北京、天津、河北、上海、江苏、浙江、福建、山东、广东和海南 10 个省份。中部地区,山西、安徽、江西、河南、湖北和湖南 6 个省份。西部地区,内蒙古、广西、重庆、四川、贵州、云南、西藏、陕西、甘肃、青海、宁夏和新疆 12 个省份。东北地区,辽宁、吉林和黑龙江 3 个省份。

（续表）

	东部地区 方程 1 ln $pgdp$	中部地区 方程 2 ln $pgdp$	西部地区 方程 3 ln $pgdp$	东北地区 方程 3 ln $pgdp$
environment	0.351**	−0.0124	−0.0744	−1.678
	(0.148)	(0.0302)	(0.120)	(1.497)
city	−0.0662	0.0890*	−0.0486	−0.299
	(0.110)	(0.0440)	(0.0619)	(0.729)
Constant	9.350***	9.696***	10.42***	12.60**
	(0.511)	(0.242)	(0.264)	(2.851)
固定效应	控制	控制	控制	控制
F 值	2.48	23.06	20.16	0.67
P 值	0.0468	0.00	0.00	0.5737
观测值	40	35	65	15
调整后的 R 值	0.604	0.883	0.563	0.749
面板数	8	7	13	3

说明：实证的结果均有 stata14 计算并整理得出。圆括号给出了检验的 P 值，***、**、* 分别表示 1%、5%、10% 的显著性水平。

方程 14-4 分别给出东部地区、中部地区、西部地区和东北地区的回归结果。对比 4 个方程可以发现：规模首位度可以显著地促进东部地区、西部地区和东北地区的经济增长。实证结果显示：东部地区规模首位度提高 1%，经济增长提高 0.618%；西部地区规模首位度提高 1%，经济增长提高 0.276%；东北地区规模首位度提高 1%，经济增长提高 0.633%。其中，东部地区和东北地区的规模首位度对经济增长的影响都超过全国平均水平。这意味着：第一，随着东部地区经济发展，部分地区提前进入服务经济时代，此时提高规模首位度，有利于发挥总部经济优势，通过引入研发创新和创意要素，提高经济增长效率。第二，破解东北地区增长困境的关键在于提高规模首位度。东北地区物产丰富、资源禀赋丰裕度高，但是规模经济不足。通过提高规模首位度，可以提升对生产性要素的使用质量，将资源有效地转化为经济增长的动能，从而促进经济增长。第三，规模首位度对西部地区经济增长也有显著的促进作用。虽然影响程度要低于全国平均水平，但依旧是经济增长重要的支持力量。

令人意外的是，规模首位度对中部地区经济增长的促进作用没有通过显著性检验。笔者认为：这主要是和目前国内的产业分工相关。东部地区凭借政策红利和区位优势率先加入全球价值链,学习先进的经验之后,尝试构建国内价值链。通过地区间的分工,东部地区已经成为国内价值的龙头,中部地区成为国内价值链的节点。中部地区规模首位度的提高会冲击现有的分工格局,无法形成错位竞争优势,不利用协同发展,因此无法促进经济增长。

(四)分时间回归结果

为了进一步深入考察规模首位度对我国经济增长的影响,接下来将考虑规模首位度影响的时间效应。本章将样本划分为 2012 年、2013 年、2014 年、2015 年和 2016年 5 个子样本,分别考察过去五年,规模首位度对经济增长影响的演变情况。实证结果见表 14-5:

表 14-5　规模首位度对经济增长的影响(分时间段回归)

	2012 年 方程 1 $\ln pgdp$	2013 年 方程 2 $\ln pgdp$	2014 年 方程 3 $\ln pgdp$	2015 年 方程 4 $\ln pgdp$	2016 年 方程 5 $\ln pgdp$
$\ln scale$	0.210***	0.199***	0.182***	-.0627***	0.171***
	(0.123)	(0.137)	(0.114)	(0.207)	(0.117)
$market$	0.0380	0.0391	0.0740*	0.0900*	0.0435
	(0.0380)	(0.0436)	(0.0373)	(0.0435)	(0.0342)
$infrastructure$	-0.0672	0.0314	0.00725	-0.0446	0.0598
	(0.101)	(0.119)	(0.0899)	(0.0960)	(0.0987)
$culture$	-0.0222	-0.00728	-0.0271	-0.0594	0.0230
	(0.0459)	(0.0507)	(0.0348)	(0.0520)	(0.0421)
$health$	-0.0182	-0.00470	0.0237	-0.0265	0.0133
	(0.0325)	(0.0339)	(0.0364)	(0.0323)	(0.0277)
$education$	-0.226	-0.00368	-0.0776	-0.0254	-0.0686
	(0.198)	(0.225)	(0.185)	(0.189)	(0.125)
$security$	0.0642	0.0526	0.0405	0.0434	0.0545
	(0.0509)	(0.0506)	(0.0384)	(0.0494)	(0.0335)
$environment$	-0.0350	-0.140	-0.131	-0.0960	-0.180
	(0.128)	(0.120)	(0.0961)	(0.127)	(0.123)
$city$	0.00676	0.0997	-0.246	0.402	0.147
	(0.194)	(0.229)	(0.191)	(0.304)	(0.178)

（续表）

	2012 年 方程 1 $\ln pgdp$	2013 年 方程 2 $\ln pgdp$	2014 年 方程 3 $\ln pgdp$	2015 年 方程 4 $\ln pgdp$	2016 年 方程 5 $\ln pgdp$
Constant	11.04***	10.83***	10.90***	10.57***	10.90***
	(0.282)	(0.378)	(0.295)	(0.437)	(0.233)
F 值	3.05	2.49	3.77	3.59	4.34
P 值	0.0169	0.0407	0.0058	0.0075	0.0027
面板数	31	31	31	31	31
调整后的 *R* 值	0.567	0.517	0.618	0.606	0.650

说明：实证的结果均有 stata14 计算并整理得出。圆括号给出了检验的 *P* 值，***、**、* 分别表示 1%、5%、10%的显著性水平。

　　表 14-5 给出 2012—2016 年，规模首位度对经济增长影响的回归方程。图 14-2 将 5 个方程中规模首位度的偏回归系数做成折线图，以更加直观显示。从图 14-2 中可以发现，从 2012 年到 2015 年，规模首位度对经济增长的影响程度在逐步下降。尤其是 2015 年，规模首位度对经济增长的影响变为负值。不过这种情况到 2016 年发生了反转，规模首位度对经济增长的影响重新变为正向促进作用。这说明在不同年份，规模首位度对经济增长的影响存在显著的差异性，具有时间上的异质性。

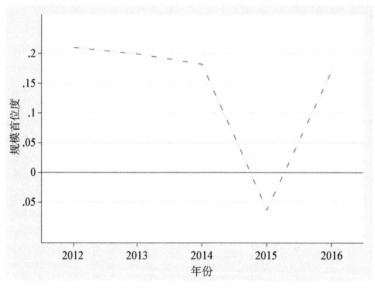

图 14-2　规模首位度对经济增长影响程度

四、本章小结

本章利用 2012—2016 年全国 31 个城市面板数据，分析了规模首位度对经济增长的影响。实证得到以下结论：第一，规模首位度可以显著促进经济增长。数据显示，当城市规模首位度提高 1%，经济增长提高 0.307%。这意味着规模首位度已经成为促进城市经济增长的重要因素。第二，考虑异方差和自相关之后，城市规模首位度对经济增长的正向促进作用依旧显著成立。这说明，本书的实证结果是稳健的。第三，分地区研究发现，规模首位度对东部地区经济增长的促进作用最强，随后是对东北地区经济增长的促进作用，对西部地区的经济增长促进作用弱于全国平均水平。第四，分时间段研究发现，2012—2015 年间，规模首位度对经济增长的促进作用在逐步下降。但是，这一趋势在 2016 年发生逆转，规模首位度对经济增长的促进作用显著高于 2015 年。

第十五章　产业首位度对经济增长的影响

一、产业首位度影响经济增长的机制分析

产业首位度可以通过以下三个方面促进区域经济增长：

(一)产业首位度实现企业组织形态进化,提高组织效率

在信息技术的支撑下,企业可以利用产业首位度优势降低组织成本(Baldwin and Venables,2013)。企业可以将效率低下的服务部门从企业内部剥离,优化企业的组织形态,提高了企业的专业化程度。随着规模的扩张,企业内部的层次不断被拉伸,管理成本急速提高,管理效率却在下降;同时随着信息技术的革新和生产性服务业创新速度加快,从市场上购买服务的成本不断降低。因此,企业更加倾向从外部购买服务而不是内部生产。伴随业务的分离,企业不仅可以解雇部分低劳动效率的工人,提高整体劳动率;还能精简管理机构,降低管理成本,提高管理效率。当制造业内部的服务环节外部化之后,产业结构也会随之改变,主要体现在制造业的专业化程度提高,产业组织更加柔性化。由于专注自身的核心竞争环节,制造业的增值能力大大加强,可以走出"总量大,增量小"的困境。此外,专业化提高还有利于发挥"干中学",提高城市的生产率和创新效率。

(二)通过产业首位度优势,可以降低创新成本,提高创新效应

我国制造业的发展基本是依靠劳动、土地和环境等物质资源的比较优势,现在这种比较优势的优势地位已经明显衰减,建立在这种比较优势基础上的开放型经济无力提高自身在价值链中的地位。随着土地价格和工资的上涨,我国制造业利润空间进一步被压缩,单纯依靠增加低级要素拉动增长的方式无以为继。优化产业结构,提高技术进步率,从"要素驱动"转向"创新驱动"是转变经济发展方式的核心,实现由粗放型的发展方式走向集约型的发展方式。但是,相较于欧美发达国家,我国尚未构建

有效创新体系,创新激励不足,创新的成本过高。这个时候可以通过产业首位度优势,利用国外完善的创新体系、高效的研发系统,降低我国制造业的创新成本,提高创新效率。同时,可以让我国技术人员主动参与国外的研发过程,学习国外先进的技术,提高本土技术人员的知识存量。通过雇佣国外的高级工程师以及科研人员,对本土企业员工进行培训,通过知识溢出快速提高我国制造业人力资本水平,将制造业静态的技术转化为动态的技术开发能力。

(三)通过产业首位度优势,可以有效降低营销成本,开拓新市场,通过全球化战略,提高自身配置资源效率

提高经济增长绩效,不仅应该努力提高自身的研发能力,品牌营销能力对于提高我国制造业在价值链中地位也是至关重要的因素。企业间的竞争是国家比拼的重要载体,建立高端品牌形象不仅可以增加议价能力,提高市场势力,还能降低进入别国市场的成本,提高国际市场份额。通过产业首位度优势,可以借助合作者在其本土的品牌价值,提升我国企业的品牌形象。并且利用合作企业的营销网络和顾客群,降低营销成本,将潜在顾客群转变为产品的消费者。此外,通过产业首位度还可以开拓新市场,有助于我国企业顺利实现全球化战略。突破地域的限制之后,我国企业可以在全球范围内寻找生产资料,降低生产成本,在和不同国家(地区)的企业竞争、学习中提高自身的研发、生产和创新能力。在提高资源配置效率的同时,我国企业顺利实现向价值链攀升的任务。

二、变量选取与模型构建

(一)模型的构建

为了研究城市产业首位度对经济增长的影响,结合样本的实际特征之后,本章构建了如下的计量模型:

$$\ln pgdp_{it} = \alpha_0 + \alpha_1 industry_{it} + \alpha_2 market_{it} + \alpha_3 \inf rastrusture_{it} + \alpha_4 culture_{it}$$
$$\alpha_5 health_{it} + \alpha_6 education_{it} + \alpha_7 security_{it} + \alpha_8 environment_{it} + \alpha_9 city_{it} + \varphi_t + \varepsilon_{it}$$

其中,$\ln pgdp$ 是人均 GDP 的对数值,是经济增长的代理变量,作为被解释变量。$industry$ 是城市的产业首位度,是核心解释变量。$market$ 表示市场化指数,$infrastructure$ 表示基础设施指数,$culture$ 是文化服务指数,$health$ 是医疗条件指数,*education* 是教育条件指数,*security* 是社会保障指数,*environment* 是城市环境指数,*city* 表示城市化率。为了控制一些观察不到的因素影响城市的经济增长,我们还控制了城市固定效应 φ_t。ε_{it} 为随机误差项,下标 i 表示城市,t 表示时间。

(二)数据来源说明

本小节的数据主要来源于各个城市的统计年鉴,国研网的统计数据库和《中国城市统计年鉴》。为了更加直观地给出产业首位度和经济增长的关系,图 15 - 1 给出两者的散点图。从图 15 - 1 中可以发现,城市产业首位度和经济增长之间具有显著的线性关系。定性的分析之后,本章将进行深入的定量研究。

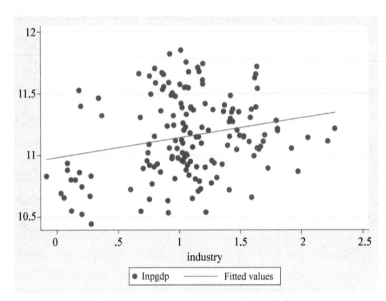

图 15 - 1 产业首位度和经济增长的散点图

(三)描述性统计

为了更加直观地展现数据特征,我们还给出计量数据的统计信息,见表 15 - 1:

表 15 - 1 样本的描述性统计

变量	观测值	平均值	标准差	最小值	最大值
$\ln pgdp$	155	11.15379	0.3253067	10.44366	11.85179
industry	155	1.068848	0.4574444	−0.0859211	2.26897
market	155	6.364194	2.146032	−0.3	9.95
infrastructure	155	1.023773	0.473883	0.1610956	2.624562

(续表)

变量	观测值	平均值	标准差	最小值	最大值
culture	155	1.424507	1.335894	0	5.450438
health	155	1.781164	1.718662	0	7.197189
education	155	0.8836374	0.315342	0	1.85
security	155	0.9845391	1.292698	0	5.72
environment	155	0.451182	0.4852652	0	2.209302
city	155	0.5214407	0.3364093	0	0.8960663

三、实证结果及讨论

(一)总体层面

首先,我们从全样本中考察产业首位度和经济增长之间的关系。实证结果见表15-2:

本章采用逐步回归法,增加解释变量。方程1是基准方程,给出了一元回归的结果。从方程1中可以发现,产业首位度的提升可以显著促进城市的经济增长。数据显示:城市产业首位度提高1%,城市的经济增长提高0.0868%。方程2在方程1的基础上增加城市市场化指数,考察市场化程度对经济增长的影响。方程3在方程2的基础上增加城市的基础设施指数,考虑基础设施对经济增长的影响。方程4在方程3的基础上增加城市文化服务指数,考察文化服务对经济增长的影响。方程5在方程4的基础上增加城市医疗条件指数,考察医疗条件对经济增长的影响。方程6在方程5的基础上增加城市的教育条件指数,考虑教育条件对经济增长的影响。方程7在方程6的基础上增加城市社会保障指数,考察社会保障对经济增长的影响。方程8在方程7的基础上增加城市的环境指数,考虑环境因素对经济增长的影响。方程9在方程8的基础上增加城市化率,考察城市化进程对经济增长的影响。

观察9个方程可以发现,城市的产业首位度可以显著提高经济增长。数据显示:城市的产业首位度提高1%,经济增长提高0.0323%。这意味着城市的产业首位度已经成为刺激经济增长的重要影响因素。通过城市产业首位度,可以从三个方面提高城市的经济增长:(1)企业利用产业首位度优势,不仅可以解雇部分低劳动效率的工人,提高整体劳动率,还能精简管理机构,降低管理成本,提高管理效率。(2)利

表15-2 产业首位度对经济增长的影响(全样本回归)

	方程 1 ln pgdp	方程 2 ln pgdp	方程 3 ln pgdp	方程 4 ln pgdp	方程 5 ln pgdp	方程 6 ln pgdp	方程 7 ln pgdp	方程 8 ln pgdp	方程 9 ln pgdp
industry	0.0868*	0.0747*	0.0750*	0.0402**	0.0387**	0.0382**	0.0304**	0.0323**	0.0323**
	(0.0484)	(0.0392)	(0.0393)	(0.0401)	(0.0411)	(0.0409)	(0.0400)	(0.0401)	(0.0403)
market		0.213***	0.214***	0.201***	0.201***	0.198***	0.201***	0.200***	0.200***
		(0.0262)	(0.0264)	(0.0261)	(0.0263)	(0.0262)	(0.0256)	(0.0257)	(0.0258)
infrastructure			0.0248	0.0331	0.0330	0.0300	0.0356	0.0356	0.0357
			(0.0544)	(0.0529)	(0.0532)	(0.0530)	(0.0516)	(0.0517)	(0.0520)
culture				-0.0365**	-0.0368**	-0.0358**	-0.0368**	-0.0368**	-0.0368**
				(0.0128)	(0.0130)	(0.0130)	(0.0126)	(0.0127)	(0.0127)
health					0.00421	0.000408	-0.000594	-0.00133	-0.00127
					(0.0227)	(0.0228)	(0.0222)	(0.0223)	(0.0225)
education						-0.0637	-0.0729*	-0.0721*	-0.0721
						(0.0444)	(0.0433)	(0.0434)	(0.0436)
security							0.0443***	0.0448***	0.0448***
							(0.0163)	(0.0163)	(0.0164)
environment								0.0357	0.0357
								(0.0466)	(0.0468)
city									0.00124
									(0.0453)

（续表）

	方程 1 ln $pgdp$	方程 2 ln $pgdp$	方程 3 ln $pgdp$	方程 4 ln $pgdp$	方程 5 ln $pgdp$	方程 6 ln $pgdp$	方程 7 ln $pgdp$	方程 8 ln $pgdp$	方程 9 ln $pgdp$
$Constant$	11.06***	9.721***	9.686***	9.850***	9.847***	9.932***	9.880***	9.869***	9.868***
	(0.0529)	(0.171)	(0.187)	(0.191)	(0.192)	(0.200)	(0.196)	(0.197)	(0.200)
固定效应	控制	控制	控制	控制	控制	控制	控制	控制	控制
F 值	22.72	20.46	20.27	21.06	20.43	19.99	20.87	20.27	19.94
P 值	0.00	0.00	0.00	0.00	0.00	0.00	0.00	0.00	0.00
观测值	155	155	155	155	155	155	155	155	155
调整后的 R 值	0.026	0.367	0.368	0.408	0.408	0.418	0.453	0.456	0.456
面板数	31	31	31	31	31	31	31	31	31

说明：实证的结果均有 stata14 计算并整理得出。圆括号给出了检验的 P 值，***、**、* 分别表示 1%、5%、10% 的显著性水平。

用产业首位度,学习国外先进的技术,提高本土技术人员的知识存量。通过雇佣国外的高级工程师以及科研人员,对本土企业员工进行培训,通过知识溢出快速提高我国制造业人力资本水平,将制造业静态的技术转化为动态的技术开发能力。(3)可以有效降低营销成本,开拓新市场,通过全球化战略,提高自身配置资源效率。

市场化指数也是影响城市经济增长的重要因素。数据显示:市场化指数提高1%,经济增长提高0.2%,和第一章的计量结果保持一致。通过市场化改革,所有的经济领域和环节大步推进各类市场的发展,形成完整的市场机制,让各类市场参数正常运转,通过市场运行中的各种经济组织和所有制改革,完善市场基础,通过法律重新确认财产所有权,形成真正的商品交易者。激发市场活力,改善资源配置效率,从而促进经济增长。

社会保障指数增加也会提高经济增长绩效。数据显示:社会保障指数每提高1%,经济增长提高0.0448%。社会保障机制完善,可以降低居民的生活负担,鼓励居民进行生产性投资,同时增加消费,从而扩大国家的内需,内需的增加可以发挥"本土市场效应",不仅有助于扩大对外出口,还能鼓励企业创新,从而推动经济增长。

(二) 稳健性分析

前文实证得到了产业首位度和经济增长之间的关系,考虑到面板数据存在的组内自相关问题,本部分将进行稳健性检验,实证结果见表15-3。

表15-3 产业首位度对经济增长的影响(稳健性检验)

	双向固定效应 方程1 $\ln pgdp$	组内自相关 方程2 $\ln pgdp$	差异化系数 方程3 $\ln pgdp$	仅考虑异方差 方程4 $\ln pgdp$
industry	(0.0610)	(0.0375)	(0.0344)	(0.0353)
market	0.200***	0.202***	0.205***	0.200***
	(0.0367)	(0.0361)	(0.0300)	(0.0236)
infrastructure	0.0357	0.0331	0.0449	0.0357
	(0.0406)	(0.0383)	(0.0311)	(0.0494)
culture	−0.0368**	−0.0383***	−0.0359***	−0.0368***
	(0.0157)	(0.0130)	(0.0109)	(0.00983)

（续表）

	双向固定效应 方程 1 $\ln pgdp$	组内自相关 方程 2 $\ln pgdp$	差异化系数 方程 3 $\ln pgdp$	仅考虑异方差 方程 4 $\ln pgdp$
health	−0.00127	−0.000270	−0.00503	−0.00127
	(0.0444)	(0.0167)	(0.0146)	(0.0226)
education	−0.0721	−0.0738**	−0.0503	−0.0721*
	(0.0597)	(0.0356)	(0.0336)	(0.0404)
security	0.0448	0.0449***	0.0423***	0.0448***
	(0.0283)	(0.0128)	(0.0109)	(0.0159)
environment	0.0357	0.0350	0.0366	0.0357
	(0.0524)	(0.0279)	(0.0290)	(0.0342)
city	0.00124	0.00567	−0.000231	0.00124
	(0.0455)	(0.0416)	(0.0366)	(0.0356)
panel2	0.775***	0.790***	0.806***	0.775***
	(0.250)	(0.235)	(0.192)	(0.166)
panel3	0.416	0.433**	0.429**	0.416**
	(0.288)	(0.199)	(0.175)	(0.174)
panel4	−0.0796	−0.0832	−0.0675	−0.0796
	(0.130)	(0.0814)	(0.0650)	(0.0866)
panel5	−0.139*	−0.136	−0.139*	−0.139
	(0.0817)	(0.0841)	(0.0739)	(0.102)
panel6	−0.330	−0.319**	−0.323**	−0.330**
	(0.232)	(0.142)	(0.133)	(0.143)
panel7	0.0936	0.102	0.112	0.0936
	(0.156)	(0.124)	(0.101)	(0.100)
panel8	−0.140	−0.133	−0.131	−0.140
	(0.161)	(0.104)	(0.0880)	(0.103)
panel9	0.711***	0.725***	0.730***	0.711***
	(0.242)	(0.164)	(0.141)	(0.147)
panel10	0.0112	0.0219	0.0242	0.0112
	(0.159)	(0.130)	(0.111)	(0.130)
panel11	−0.0161	−0.0154	−0.0169	−0.0161
	(0.0746)	(0.0506)	(0.0449)	(0.0610)

（续表）

	双向固定效应 方程 1 ln $pgdp$	组内自相关 方程 2 ln $pgdp$	差异化系数 方程 3 ln $pgdp$	仅考虑异方差 方程 4 ln $pgdp$
panel12	0.300*	0.311*	0.327**	0.300**
	(0.172)	(0.167)	(0.136)	(0.117)
panel13	0.140	0.140*	0.152**	0.140
	(0.181)	(0.0818)	(0.0702)	(0.109)
panel14	0.194	0.205	0.195*	0.194
	(0.180)	(0.132)	(0.103)	(0.137)
panel15	1.017**	1.043***	1.051***	1.017***
	(0.401)	(0.328)	(0.278)	(0.250)
panel16	0.325	0.334	0.365**	0.325**
	(0.223)	(0.203)	(0.161)	(0.152)
panel17	−0.143	−0.140**	−0.141**	−0.143*
	(0.0979)	(0.0704)	(0.0580)	(0.0872)
panel18	0.336	0.344***	0.337***	0.336***
	(0.208)	(0.0914)	(0.0857)	(0.120)
panel19	0.188	0.200*	0.192**	0.188*
	(0.145)	(0.112)	(0.0910)	(0.111)
panel20	0.156	0.166**	0.151*	0.156
	(0.161)	(0.0792)	(0.0809)	(0.0963)
panel21	−0.152	−0.146	−0.136	−0.152
	(0.200)	(0.179)	(0.142)	(0.137)
panel22	−0.101	−0.0900	−0.0919	−0.101
	(0.178)	(0.126)	(0.116)	(0.116)
panel23	−0.0672	−0.0603	−0.0655	−0.0672
	(0.146)	(0.118)	(0.127)	(0.119)
panel24	0.555	0.575**	0.575***	0.555***
	(0.328)	(0.256)	(0.217)	(0.198)
panel25	0.147	0.158	0.153	0.147
	(0.205)	(0.106)	(0.0932)	(0.122)
panel26	0.318	0.332*	0.337**	0.318**
	(0.216)	(0.198)	(0.165)	(0.155)

（续表）

	双向固定效应 方程 1 $\ln pgdp$	组内自相关 方程 2 $\ln pgdp$	差异化系数 方程 3 $\ln pgdp$	仅考虑异方差 方程 4 $\ln pgdp$
panel27	0.0285	0.0354	0.0578	0.0285
	(0.188)	(0.0988)	(0.0860)	(0.111)
panel28	−0.442***	−0.436***	−0.438***	−0.442***
	(0.157)	(0.0867)	(0.0759)	(0.0971)
panel29	0.404**	0.414**	0.429***	0.404***
	(0.190)	(0.172)	(0.142)	(0.127)
panel30	0.0922	0.105	0.0889	0.0922
	(0.183)	(0.129)	(0.114)	(0.129)
panel31	0.588**	0.597***	0.590***	0.588***
	(0.222)	(0.122)	(0.106)	(0.132)
Constant	9.701***	9.681***	9.626***	9.701***
	(0.402)	(0.340)	(0.286)	(0.260)
固定效应	控制	控制	控制	控制
Wald 检验	764	854	18818	3930
	[0.00]	[0.00]	[0.00]	[0.00]
观测值	155	155	155	155
调整后的 R 值	0.919	0.972	1.000	0.919
面板数	31	31	31	31

说明：实证的结果均有 stata14 计算并整理得出。圆括号给出了检验的 P 值，***、**、* 分别表示1%、5%、10%的显著性水平。

首先，本书将采用 LSDV 法估计双向固定效应模型（作为比较，先不考虑自相关）。先生成"城市虚拟变量（city dummies）"，实证结果见方程 1。方程 1 的回归结果和前文保持一致，表明通过双向固定效应排除地区和时间不可观测的影响因素之后，产业首位度对经济增长的正向促进作用不会改变，表明本书的回归结果是稳健的。

随后，我们将考虑存在组内自相关的情况。组内自相关存在两种情况，一种是各组的自回归系数相同，另一种是允许组内自回归系数不同的自相关情况。方程 2 给出了组内自相关系数相同的情况。产业首位度的偏回归系数为 0.372%，表明产业首位度提高 1%，经济增长提高 0.0324%。方程 3 是允许组内自相关系数不同的情况，产业首位度的偏回归系数为 0.0421%。当考虑组内自相关系数不同时，产业首位度的影响有一定幅度上升,并且在 5% 的显著性水平上通过检验。这表明考虑自相关之后,不影响产业首位度的影响程度。方程 4 关注不同城市扰动项存在异方差的影响。回归结果显示,考察异方差之后,产业首位度对经济增长的正向促进作用依旧显著成立。偏回归系数为 0.0323%。通过方程 1—4 表明:考虑自相关和异方差问题之后,产业首位度对经济增长的正向关系依旧显著成立。因此,本书的回归结果是无偏、一致和稳健的。

(三) 分地区回归结果

前文的分析已经基本可以描绘出产业首位度对经济增长的影响。但是由于我国幅员辽阔,国家内部不同地区经济发展差异较大,区位条件也存在很大的不同 (Demurge et al,2001;林毅夫,2004),因此有必要研究产业首位度对不同地区的影响。表 15-4 给出了相关的实证结果[①]:

表 15-4 产业首位度对经济增长的影响(分地区回归)

	东部地区 方程 1 ln $pgdp$	中部地区 方程 2 ln $pgdp$	西部地区 方程 3 ln $pgdp$	东北地区 方程 4 ln $pgdp$
industry	0.0130**	−0.138**	−0.0311	0.711*
	(0.0926)	(0.0512)	(0.0571)	(0.251)
market	0.202***	0.240***	0.189***	0.160
	(0.0468)	(0.0231)	(0.0465)	(0.101)
infrastructure	0.155	−0.00533	0.0230	−0.401
	(0.196)	(0.0806)	(0.0709)	(0.420)
culture	−0.0145	−0.0361**	−0.0609***	−1.249
	(0.0211)	(0.0143)	(0.0206)	(0.702)
health	0.0374	0.0397	−0.0444	0.457
	(0.0397)	(0.0786)	(0.0301)	(0.310)
education	−0.474**	−0.0513	−0.107**	0.0132
	(0.212)	(0.0834)	(0.0523)	(0.586)
security	0.155***	0.0134	−0.0815	0.109
	(0.0539)	(0.0132)	(0.0562)	(0.0814)

① 东部地区、中部地区、西部地区和东北地区的划分和前文保持一致

	东部地区 方程 1 ln pgdp	中部地区 方程 2 ln pgdp	西部地区 方程 3 ln pgdp	东北地区 方程 4 ln pgdp
environment	0.395**	−0.0332	−0.0543	−1.069
	(0.152)	(0.0274)	(0.125)	(0.919)
city	0.00816	0.0665	−0.0551	0.448
	(0.105)	(0.0403)	(0.0644)	(0.431)
Constant	9.365***	9.757***	10.37***	11.48***
	(0.546)	(0.220)	(0.277)	(1.763)
固定效应	控制	控制	控制	控制
F 值	2	21.23	17.38	1.35
P 值	0.0999	0.00	0.00	0.3813
观测值	40	35	65	15
调整后的 R 值	0.565	0.906	0.527	0.909
面板数	8	7	13	3

说明：实证的结果均有 stata14 计算并整理得出。圆括号给出了检验的 P 值，＊＊＊、＊＊、＊分别表示 1%、5%、10%的显著性水平。

表 15-4 分别给出东部地区、中部地区、西部地区和东北地区的回归结果。对比 4 个方程可以发现：产业首位度可以显著地促进东部地区和东北地区的经济增长。实证结果显示：东部地区产业首位度提高 1%，经济增长提高 0.013%。东北地区产业首位度提高 1%，经济增长提高 0.711%。其中东北地区产业首位度对经济增长的影响超过全国的平均水平。这意味着：第一，随着东部地区经济发展，部分地区提前进入服务经济时代，此时提高产业首位度，有助于优化产业结构、改善产业结构扭曲，提高经济增长效率。第二，提高产业首位度，是振兴东北经济行之有效的路径。东北地区作为国家重工业基地，轻工业和服务业相对不足，通过提高产业首位度，可以改善东北地区的产业结构，促进经济增长。

令人意外的是，产业首位度对西部地区经济增长的促进作用没有通过显著性检验，并且会抑制中部地区的经济增长。我们认为，对该回归结果的解释和前文相同，主要是由于国内地区间产业分工的原因造成的，这里不再做过多的赘述。

（四）分时间回归结果

为了进一步深入考察产业首位度对我国经济增长的影响，接下来将考虑产业首位度影响的时间效应。本节将样本划分为 2012 年、2013 年、2014 年、2015 年和 2016 年 5 个子样本，分别考察过去五年产业首位度对经济增长影响的演变情况。实证结果见表 15-5：

表 15-5　产业首位度对经济增长的影响（分时间段回归）

	2012 年 方程 1 $\ln pgdp$	2013 年 方程 2 $\ln pgdp$	2014 年 方程 3 $\ln pgdp$	2015 年 方程 4 $\ln pgdp$	2016 年 方程 1 $\ln pgdp$
$industry$	0.0144**	0.122**	−0.0596	−0.0404	0.120**
	(0.191)	(0.138)	(0.147)	(0.117)	(0.122)
$market$	0.0765**	0.0775**	0.122***	0.0771***	0.0777***
	(0.0332)	(0.0337)	(0.0292)	(0.0237)	(0.0259)
$infrastructure$	−0.0631	0.0116	0.0432	−0.0351	0.0610
	(0.115)	(0.126)	(0.109)	(0.0962)	(0.101)
$culture$	−0.0131	−0.0154	−0.0181	−0.0530	0.0208
	(0.0492)	(0.0538)	(0.0366)	(0.0447)	(0.0432)
$health$	−0.0202	−0.0130	0.0274	−0.0147	0.00497
	(0.0373)	(0.0349)	(0.0385)	(0.0337)	(0.0283)
$education$	−0.302	0.0605	−0.0882	−0.0456	−0.132
	(0.205)	(0.243)	(0.195)	(0.180)	(0.156)
$security$	0.0570	0.0429	0.0531	0.0414	0.0419
	(0.0562)	(0.0529)	(0.0484)	(0.0482)	(0.0353)
$environment$	−0.0264	−0.183	−0.136	−0.0977	−0.191
	(0.142)	(0.126)	(0.102)	(0.127)	(0.126)
$city$	0.0534	0.149	−0.332	0.357*	0.221
	(0.210)	(0.235)	(0.199)	(0.207)	(0.187)
$Constant$	10.82***	10.45***	10.63***	10.71***	10.59***
	(0.275)	(0.354)	(0.253)	(0.253)	(0.201)
F 值	2.4	2.21	3.16	3.6	4
P 值	0.0473	0.0641	0.0143	0.0074	0.0043
样本数	31	31	31	31	31
调整后的 R 值	0.507	0.487	0.575	0.607	0.631

说明：实证的结果均有 stata14 计算并整理得出。圆括号给出了检验的 P 值，***、**、* 分别表示 1%、5%、10% 的显著性水平。

表 15-5 给出 2012—2016 年产业首位度对经济增长影响的回归方程。图 15-2 将 5 个方程中产业首位度的偏回归系数做成折线图，以更加直观显示。从图 15-2 中

可以发现,产业首位度对经济增长的影响经历了先增长后下降,再增长。2012—2013年,产业首位度对经济增长的影响从 0.0144% 上升到 0.122%。随后两年产业首位度对经济增长的偏回归系数为负,但是这两个数值均没有通过显著性检验。2016年,产业首位度对经济增长的影响变为正向促进作用,并且该数据通过 5% 显著性水平的检验。这表明,产业首位度和规模首位度一样,对经济增长的影响存在显著的差异性,具有时间上的异质性。

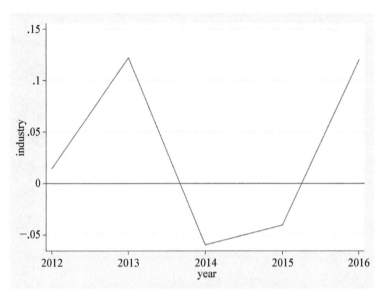

图 15 - 2　产业首位度对经济增长影响程度

四、本章小结

本章利用 2012—2016 年全国 31 个城市面板数据,分析了产业首位度对经济增长的影响。实证得到以下结论:第一,产业首位度也可以显著促进经济增长。数据显示,当城市产业首位度提高 1%,经济增长提高 0.0323%。这意味着产业首位度已经成为促进城市经济增长的重要因素,但是对经济增长的影响程度低于规模首位度。第二,考虑异方差和自相关之后,城市产业首位度对经济增长的正向促进作用依旧显著成立。这说明,本书的实证结果是稳健的。第三,分地区研究发现,产业首位度对东部地区经济增长的促进作用最强,随后是对东北地区经济增长的促进作用,对中西部地区的经济增长影响不显著。这说明,产业首位度具有区域异质性。第四,分时间段研究发现,产业首位度对经济增长呈现出先增后减再增的"N"型特征。2012—2013 年,产业首位度对经济增长的促进作用在上升。2014—

2015年,产业首位度对经济增长的影响为负,但是未通过显著性检验。2016年,产业首位度对经济增长的促进作用恢复到 2013年的水平,并且在 5%的显著性水平上通过检验。

参考文献

［1］Amiti M，Wei S J.Service Offshoring and Productivity：Evidence from the US［J］. *The World Economy*,2009,32(2):203 - 220.

［2］Amiti M.，Konings J.Trade Liberalization，Itermediate Inputs，and Productivity：Evidence from Indonesia［J］. *The American Economic Review*,2007,(97):1611 - 1638.

［3］Baldwin R，Venables A J.Spiders and Snakes：Offshoring and Agglomeration in the Global Economy［J］. *Journal of International Economics*,2013,(90):245 - 254.

第十六章　功能首位度对经济增长的影响

一、功能首位度影响经济增长的机制分析

城市首位度的概念与城市集聚高度一致,较高的省会城市首位度意味着生产要素在空间分布上向该省会城市集中。城市首位度越高,城市集聚效应引致的知识积累、技术创新和规模经济的效应越大,从而越有利于经济增长;但是要素向区域内首位城市的过度集聚,也会带来城市交通拥挤、污染、疾病传播等"大城市病"问题,造成城市集聚不经济,阻碍经济增长。因此,城市首位度对经济增长的影响是否为非线性的,是学者们研究的焦点问题。Williamson(1965)指出城市聚集在经济发展的早期阶段有利于经济增长,随着经济发展水平的提高,城市集聚造成交通拥挤、环境污染、疾病传播等"大城市病"的凸现阻碍经济增长。Henderson(2003)通过对 70 个国家数据的实证研究,发现了城市首位度对经济增长的影响呈非线性形式,证实了存在最优城市首位度这一问题。Brulhart 和 Sbergami(2008)分别利用 105 个国家的大样本面板数据与欧洲 15 个国家的小样本面板数据,通过实证研究发现,城市首位度对经济增长的影响与一个国家或地区的初始经济发展水平有关。Steven 和 Frederick(2008)以 Henderson 模型为基础,将 FDI 作为连接城市首位度与经济增长的纽带,实证结果表明不存在最大化经济增长率的最优城市首位度,并进一步认为即使城市首位度与经济增长之间有非线性关系,可能存在的也是最差城市首位度而非最优城市首位度。

省会城市功能包括公共服务功能(基础设施、文化服务、医疗教育、社会保障、城市环境)、集散功能(客运周转、城市旅游吸引、货物周转、信息集中、城市环境)、创新功能(技术创新、产业创新、品牌创新、人才吸引),以及国际化功能(贸易投资开放、旅游业开放)。依据这几大功能,省会城市功能首位度对经济增长可能存在以下几点机制:

（一）人口集聚效应

城市人口基于对经济增长具有显著的影响。1890 年,马歇尔在《经济学原理》一书中便指出劳动力的集聚在早期的城市形成和城市增长中扮演了重要的角色。Henderson(2003)认为世界经济由传统农业经济向工业和服务业为主导的现代经济结构转变的过程中,城市人口的集聚为城市经济提供了劳动力市场和商品市场。生产者的集聚使得知识信息交流、资本流动变得更加便利和高效;产品的本地化消费也降低了企业的运输成本,方便了居民生活。这一切都为经济增长提供了必要的基础。省会城市相较于其他城市在基础设施、文化服务、医疗教育、社会保障等资源方面具有显著的优势,吸引人口由其农村向城市转移、由其他城市向省会城市流动,形成了人口集聚效应,为地区经济增长提供了基础。

（二）金融集聚效应

省会城市通过资金与投资集中功能,促进形成地区金融集聚,从而带动经济增长。金融发展与经济增长之间的关系是一个非常重要的课题,西方学者对这个问题的研究由来已久。学者早期对于集聚效应的研究并未充分考虑空间效应的影响,直至 20 世纪 90 年代 Krugman(1991),Fujita(1999)和 Venables(1995)在新经济地理学的研究中对空间效应产生的影响进行了分析并取得了成功。在此之后,很多学者从不同角度对金融集聚和经济发展这一问题进行了理论和实证方面的研究。Porteous(1995)从信息外部性和规模经济角度对金融产业集聚的成因进行了解释。王弓(2016),郑建锋(2017),张鹏(2018),仲深(2018)认为金融集聚通过带动人口技术资本等生产要素在空间上集聚,产生强大的外部溢出效应。邹海荣(2018)通过对长三角地区城市金融集聚与经济发展协调度研究进一步论证了这种空间溢出效应对周边地区经济促进作用。李红(2014)和唐松(2014)利用计量经济的方法对我国东、中、西部地区的金融集聚及空间溢出情况进行了分析,结果显示金融集聚促进了地区经济的发展。省会城市作为本省的经济、政治、金融中心,具有信息集中、资金集中的功能,因此相较于其他城市,省会城市的金融集聚效应更为显著,更有利于促进地区经济的增长(何宜庆等,2014)。

（三）技术创新效应

从熊彼特创新理论、索洛增长理论到内生增长理论,技术创新对经济增长的促进作用得到了经济学家的验证。相对于其他城市，省会城市在吸引智力资源与创新产业集聚效应方面具有更为显著的优势。牛玲飞（2008）研究发现，省会城市对高新区的支撑能力更强，从而可以更好地促进技术创新与地区经济增长。省会城市由于工业与高新技术产业发展的基础较好，同时汇聚了高等院校、科研机构等智力资源，对技术创新的支撑作用更强。智力高度密集的省会城市及直辖市，如北京、上海、天津、沈阳、武汉、南京、西安、成都等，拥有大量的高等学校、科研院所，智力资源雄厚，每年都涌现出一批高新技术的科研成果，同时还有重要的工业企业为高新技术的产业化提供强有力的依托，促进地区经济快速增长。

（四）对外开放效应

对外开放与经济发展一直是经济学研究的重点和热点，国内外的相关研究层出不穷。首先在代理变量的选取上，对外开放和经济增长的研究中主要是从贸易开放水平和资本项目开放两个角度分别切入，从总量上分析贸易或资本项目开放对经济增长的影响。例如，Helpman 和 Krugman（2009）认为对外贸易通过规模经济效应促进经济增长；Chenery 和 Stront（1966）提出"双缺口模型"，认为利用外资可以解决东道国储蓄与投资间的储蓄缺口，解决国际收支逆差，需要外国资源的外汇缺口，缓解东道国的资金问题以促进经济发展。国家发改委发布的《中国区域对外开放指数研究》显示，我国省会城市对外开放度显著高于非省会城市，因此，省会城市在通过对外贸易、对外投资促进经济增长方面要显著优于非省会城市。

二、变量选取与模型构建

（一）模型的构建

为了研究城市功能首位度对经济增长的影响，结合样本的实际特征之后，本书构建了如下的计量模型：

$$\ln pgdp_{it} = \alpha_0 + \alpha_1 function_{it} + \alpha_2 market_{it} + \alpha_3 public\_service_{it} + \beta_1 city_{it} + \varphi_t + \varepsilon_{it}$$

$$\ln pgdp_{it} = \alpha_0 + \alpha_1 function_{it} + \alpha_2 market_{it} + \alpha_4 gather\_distribute_{it} + \beta_2 city_{it} + \varphi_t + \varepsilon_{it}$$

$$\ln pgdp_{it} = \alpha_0 + \alpha_1 function_{it} + \alpha_2 market_{it} + \alpha_5 innovation_{it} + \beta_3 city_{it} + \varphi_t + \varepsilon_{it}$$

$$\ln pgdp_{it} = \alpha_0 + \alpha_1 function_{it} + \alpha_2 market_{it} + \alpha_6 globalization_{it} + \beta_4 city_{it} + \varphi_t + \varepsilon_{it}$$

其中，$\ln pgdp$ 为人均 GDP 的对数值，是经济增长的代理变量，作为被解释变量。$function$ 是城市的功能综合得分，是核心解释变量。$market$ 表示市场化指数，$public\_service$ 为公共服务功能各项指标，包括基础设施、文化服务、医疗教育、社会保障、城市环境；$gather\_distribute$ 为集散功能各项指标，客运周转、城市旅游吸引、货物周转、信息集中、资金；$innovation$ 为创新功能各项指标，包括技术创新、产业创新、品牌创新、人才吸引；$globalization$ 为国际化功能各项指标，包括经济开放、投资开放、旅游开放；$city$ 表示城市化率。为了控制一些观察不到的因素影响城市的经济增长，我们还控制了城市固定效应 φ_t。ε_{it} 为随机误差项，下标 i 表示城市，t 表示时间。

（二）数据来源说明

本小节的数据主要来源于各个城市的统计年鉴，国研网的统计数据库和《中国城市统计年鉴》。为了更加直观地给出功能首位度与经济增长之间的关系，图 16 - 1 为功能首位度与经济增长的散点图。

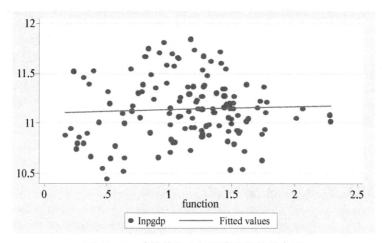

图 16 - 1　功能首位度与经济增长的散点图

从图 16 - 1 中可以发现，省会城市功能首位度和经济增长之间具有线性关系。本节将进一步进行实证分析，探讨省会城市功能首位度对经济增长的影响。

（三）描述性统计

为了更加直观地展现数据特征，计量数据的统计信息汇报在表 16 - 1 中：

表 16 - 1　样本的描述性统计

变量	观察值	平均值	标准差	最小值	最大值
$\ln pgdp$	130	11.14	0.313	10.44	11.85
功能首位度	130	1.136	0.450	0.167	2.283
市场化指数	130	6.222	1.754	2.530	9.950
基础设施	130	1.085	0.463	0.295	2.625
文化	130	1.405	1.235	0	4.442
医疗	130	1.714	1.688	0	7.197
教育	130	0.877	0.329	0	1.850
社会保障	130	0.963	1.326	0	5.720
城市环境	130	0.407	0.493	0	2.209
城市化率	130	0.498	0.336	0	0.861
客运周转指数	130	0.211	0.180	0	0.893
城市旅游吸引指数	130	0.738	5.682	0	65
货物周转指数	130	0.166	0.127	0	0.535
信息集中指数	130	0.207	0.245	0	2.057
资金集中指数	130	0.263	0.173	0	0.624
技术创新指数	130	0.892	1.173	0	3.745
产业创新指数	130	0.287	0.890	0	7.158
品牌创新指数	130	43.734	37.442	0	95.156
人才吸引力指数	130	0.157	0.246	0	1.129
经济外向度指数	130	1.195	0.973	0	3.53
投资外向度指数	130	2.210	2.725	0	13.908
旅游外向度指数	130	0.751	0.677	0	3.496

三、实证结果及讨论

（一）基准回归结果

首先,我们从全样本中分别考察了省会城市功能首位度各项功能指标和经济增长之间的关系,实证结果见表 16 - 2。

表 16-2 功能首位度公共服务功能对经济增长的影响(全样本回归)

	(1) ln pgdp	(2) ln pgdp	(3) ln pgdp	(4) ln pgdp	(5) ln pgdp	(6) ln pgdp	(7) ln pgdp	(8) ln pgdp	(9) ln pgdp
function	0.027	0.005	0.016	0.048	0.138**	0.140**	0.137**	0.145***	0.137**
	(0.058)	(0.045)	(0.046)	(0.048)	(0.055)	(0.055)	(0.055)	(0.055)	(0.058)
market		0.110***	0.113***	0.119***	0.110***	0.105***	0.099***	0.100***	0.097***
		(0.012)	(0.012)	(0.012)	(0.012)	(0.012)	(0.013)	(0.014)	(0.015)
基础设施			-0.048	-0.066	-0.069	-0.055	-0.043	-0.045	-0.043
			(0.046)	(0.046)	(0.044)	(0.045)	(0.046)	(0.046)	(0.046)
文化				-0.037*	-0.030*	-0.027	-0.034*	-0.033*	-0.035*
				(0.018)	(0.018)	(0.018)	(0.019)	(0.019)	(0.019)
医疗					-0.043***	-0.040***	-0.042***	-0.038**	-0.038**
					(0.014)	(0.014)	(0.014)	(0.015)	(0.015)
教育						-0.094	-0.103	-0.087	-0.083
						(0.064)	(0.065)	(0.066)	(0.067)
社会保障							0.021	0.028	0.027
							(0.018)	(0.019)	(0.019)
城市环境								-0.054	-0.056
								(0.050)	(0.050)
city									0.039
									(0.076)

（续表）

	（1） ln *pgdp*	（2） ln *pgdp*	（3） ln *pgdp*	（4） ln *pgdp*	（5） ln *pgdp*	（6） ln *pgdp*	（7） ln *pgdp*	（8） ln *pgdp*	（9） ln *pgdp*
_cons	10.921***	10.300***	10.323***	10.330***	10.348***	10.434***	10.464***	10.441***	10.448***
	(0.087)	(0.093)	(0.096)	(0.094)	(0.092)	(0.109)	(0.111)	(0.113)	(0.114)
固定效应	Yes	Yes	Yes	Yes	Yes	Yes	Yes	Yes	Yes
样本数	130	130	130	130	130	130	130	130	130
R^2	0.127	0.498	0.502	0.519	0.553	0.561	0.566	0.570	0.571
F	3.592	20.328	17.596	16.308	16.494	15.198	13.991	12.940	11.890
p	0.005	0.000	0.000	0.000	0.000	0.000	0.000	0.000	0.000

说明：实证的结果均由 stata14 计算并整理得出。圆括号给出了检验的 P 值，****、***、**、* 分别表示 1%、5%、10% 的显著性水平。

本章采用逐步回归法,增加解释变量。方程1是基准方程,给出了一元回归的结果。从方程1中可以发现,功能首位度的提升可以显著地促进城市的经济增长。数据显示,城市功能首位度提高1%,城市的经济增长提高0.027%。方程2在方程1的基础上增加城市市场化指数,考察市场化程度对经济增长的影响。方程3在方程2的基础上增加城市的基础设施指数,考虑基础设施对经济增长的影响。方程4在方程3的基础上增加城市文化服务指数,考察文化服务对经济增长的影响。方程5在方程4的基础上增加城市医疗条件指数,考察医疗条件对经济增长的影响。方程6在方程5的基础上增加城市的教育条件指数,考虑教育条件对经济增长的影响。方程7在方程6的基础上增加城市社会保障指数,考察社会保障对经济增长的影响。方程8在方程7的基础上增加城市的环境指数,考虑环境因素对经济增长的影响。方程9在方程8的基础上增加城市化率,考察城市化进程对经济增长的影响。

观察9个方程可以发现,城市的功能首位度可以显著地推动经济增长。数据显示,城市的功能首位度提高1%,经济增长提高0.137%。这意味着城市的功能首位度已经成为刺激经济增长最重要的影响因素。省会城市的公共服务功能可以通过省会城市所具备的基础设施、医疗教育、社会保障、城市环境等优势资源,吸引资金、人才、企业向省会城市集聚,从而推动经济的增长。

市场化指数也是影响城市经济增长的重要因素。数据显示,市场化指数提高1%,经济增长提高约0.1%,和之前章节的计量结果保持一致。通过市场化改革,所有的经济领域和环节大步推进各类市场的发展,形成完整的市场机制,让各类市场参数正常运转,通过市场运行中的各种经济组织和所有制改革,完善市场基础,通过法律重新确认财产所有权,形成真正的商品交易者。激发市场活力,改善资源配置效率,从而促进经济增长。社会保障指数增加也会提高经济增长绩效。

我们进一步加入了城市固定效应并以人均投资额作为被解释标量,考察省会城市公共服务功能对经济增长的影响,结果报告在表16-3中。

表16-3 省会城市功能首位度对经济增长的影响:公共服务功能

	(1) ln $pgdp$	(2) ln $pgdp$	(3) ln $pinvestment$	(4) ln $pinvestment$
ln $function$	0.116**	0.016	0.160***	0.032
	(2.09)	(0.98)	(3.72)	(0.92)
$citylization$	−0.047	−0.026	0.030	−0.032
	(−0.57)	(−1.05)	(0.34)	(−0.62)

（续表）

	（1） ln $pgdp$	（2） ln $pgdp$	（3） ln $pinvestment$	（4） ln $pinvestment$
market	0.151***	0.034	0.066***	0.029
	(7.46)	(1.56)	(4.26)	(0.49)
基础设施	−0.003	−0.035	0.079*	0.188
	(−0.06)	(−0.67)	(1.79)	(1.09)
文化	−0.055***	−0.016**	−0.038**	−0.011
	(−3.70)	(−2.25)	(−2.32)	(−0.64)
医疗	−0.021	−0.061**	−0.005	0.004
	(−1.01)	(−2.46)	(−0.30)	(0.10)
教育	−0.037	−0.055*	0.073	−0.057
	(−0.47)	(−1.85)	(0.93)	(−0.89)
社会保障	0.015	0.025	0.075***	0.065
	(1.03)	(1.49)	(3.78)	(1.24)
城市环境	−0.036	−0.006	−0.027	−0.010
	(−0.058)	(−0.045)	(−0.050)	(−0.051)
_cons	12.446***	16.166***	2.563***	−2.274
	(35.38)	(13.81)	(5.95)	(−0.76)
样本数	130	130	130	130
R^2	0.606	0.974	0.517	0.782
调整后的 R 值	0.55	0.96	0.45	0.67
年份固定效应	YES	YES	YES	YES
城市固定效应	No	YES	No	YES

说明：实证的结果均由 stata14 计算并整理得出。圆括号给出了检验的 t 值，＊＊＊、＊＊、＊分别表示1％、5％、10％的显著性水平。

表16-3中，（3）（4）列为用人均投资额作为被解释变量的估计结果，并且（2）（4）列同时控制了年份固定效应与城市固定效应。表中的估计结果显示，省会城市的功能首位度对经济增长具有正向影响，但是在控制了城市固定效应后估计系数不再显著。将人均投资额作为被解释变量的估计系数显著为正，这说明省会城市可以通过公共服务方面具备的优势资源吸引投资，从而促进经济增长。特别是基础设施、社会保障、医疗资源对投资具有正向的影响。

表16-4报告了同时加入年份与城市固定效应，以及省会城市功能首位度、创新功能各项指标后的估计结果。

表 16 - 4　省会城市功能首位度对经济增长的影响：创新功能

	(1) ln $pgdp$	(2) ln $pgdp$	(3) ln $pinvestment$	(4) ln $pinvestment$
ln $function$	−0.088*	0.009	0.081**	0.070 *
	(−1.87)	(0.45)	(2.19)	(1.91)
$citylization$	0.143	−0.008	0.188**	−0.060
	(1.56)	(−0.26)	(2.50)	(−1.01)
技术创新指数	0.018	−0.003	0.035	0.032 *
	(0.81)	(−0.42)	(1.60)	(1.84)
产业创新指数	0.027	−0.003	0.043	0.039**
	(1.57)	(−0.34)	(1.26)	(2.28)
品牌创新指数	0.002	0.001	0.001	−0.000
	(0.74)	(1.30)	(0.68)	(−0.41)
人才吸引力指数	−0.045	−0.045	−0.095	0.032
	(−0.46)	(−0.75)	(−1.10)	(0.23)
_cons	11.639***	15.090***	1.980***	−0.845
	(24.62)	(11.40)	(4.67)	(−0.33)
样本数	130	130	130	130
R^2	0.358	0.968	0.365	0.768
调整后的 R 值	0.29	0.95	0.29	0.66
年份固定效应	YES	YES	YES	YES
城市固定效应	No	YES	No	YES

说明：实证的结果均由 stata14 计算并整理得出。圆括号给出了检验的 t 值，＊＊＊、＊＊、＊分别表示 1％、5％、10％的显著性水平。

表 16 - 4 中，(3)(4)列为用人均投资额作为被解释变量的估计结果，并且(2)(4)列同时控制了年份固定效应与城市固定效应。表中的估计结果显示，省会城市的功能首位度对经济增长具有正向影响，但是在控制了城市固定效应后估计系数不再显著。将人均投资额作为被解释变量的估计系数在同时控制了年份与城市固定效应后仍然显著为正，这说明省会城市创新功能能够吸引投资，从而带动地区经济增长。特别是技术创新指数与产业创新指数对人均投资额的估计系数在控制了城市固定效应后仍然显著为正，说明省会城市通过技术创新与产业创新对经济增长的拉动效应更为显著。

表 16-5 报告了同时加入年份与城市固定效应，以及省会城市功能首位度、国际化功能各项指标后的估计结果。

表 16-5　省会城市功能首位度对经济增长的影响:国际化功能

	(1) ln $pgdp$	(2) ln $pgdp$	(3) lnpinvestment	(4) lnpinvestment
lnfunction	0.005	0.020	0.091**	0.060*
	(0.07)	(1.00)	(2.29)	(1.69)
citylization	0.137*	−0.018	0.208***	−0.044
	(1.67)	(−0.63)	(2.65)	(−0.65)
经济外向度指数	−0.105***	−0.036***	−0.022	−0.070*
	(−3.92)	(−2.75)	(−0.71)	(−1.76)
投资外向度指数	−0.005	0.007	0.007	0.013
	(−0.61)	(0.99)	(0.72)	(0.65)
旅游外向度指数	0.060*	−0.017	−0.018	−0.019
	(1.67)	(−1.56)	(−0.51)	(−0.42)
_cons	11.933***	14.862***	2.317***	0.727
	(23.48)	(13.02)	(4.95)	(0.38)
样本数	130	130	130	130
R^2	0.406	0.971	0.328	0.768
调整后的 R 值	0.35	0.96	0.26	0.67

说明:实证的结果均由 stata14 计算并整理得出。圆括号给出了检验的 t 值,***、**、*分别表示1%、5%、10%的显著性水平。

表 16-5 中,(3)(4)列为用人均投资额作为被解释变量的估计结果,并且(2)(4)列同时控制了年份固定效应与城市固定效应。表中的估计结果显示,省会城市的功能首位度对经济增长具有正向影响,但是在控制了城市固定效应后估计系数不再显著。将人均投资额作为被解释变量的估计系数在同时控制了年份与城市固定效应后仍然显著为正,这说明省会城市创新功能可以促进投资的提高,从而带动地区经济增长。

表 16-6 报告了同时加入年份与城市固定效应,以及省会城市功能首位度、集散功能各项指标后的估计结果。

表 16-6　省会城市功能首位度对经济增长的影响:集散功能

	(1) ln $pgdp$	(2) ln $pgdp$	(3) ln $pinvestment$	(4) ln $pinvestment$
ln $function$	−0.237***	0.015	−0.010	0.079*
	(−3.71)	(0.70)	(−0.22)	(1.71)

	(1) ln $pgdp$	(2) ln $pgdp$	(3) ln $pinvestment$	(4) ln $pinvestment$
citylization	0.111	−0.043	0.160*	−0.085
	(1.38)	(−1.42)	(1.88)	(−1.02)
客运周转指数	0.016	0.008	−0.140	−0.083
	(0.07)	(0.18)	(−0.66)	(−0.99)
城市旅游吸引指数	0.003*	0.002	0.001	0.004
	(1.70)	(1.35)	(0.46)	(0.79)
货物周转指数	0.152	0.212***	−0.212	−0.079
	(0.64)	(2.76)	(−1.10)	(−0.59)
信息集中指数	0.183**	−0.073**	0.118	−0.022
	(2.15)	(−2.04)	(1.08)	(−0.38)
资金集中指数	0.625***	0.288	0.542***	0.952
	(3.61)	(1.28)	(2.71)	(1.18)
_cons	11.704***	15.052***	2.141***	0.224
	(21.87)	(23.74)	(4.46)	(0.20)
样本数	120	120	120	120
R^2	0.434	0.974	0.388	0.787
调整后的 R 值	0.36	0.96	0.31	0.69

说明：实证的结果均由 stata14 计算并整理得出。圆括号给出了检验的 t 值，* * *、* *、* 分别表示 1%、5%、10%的显著性水平。

表 16 - 6 中，(3)(4)列为用人均投资额作为被解释变量的估计结果，并且(2)(4)列同时控制了年份固定效应与城市固定效应。表中的估计结果显示，省会城市的功能首位度对经济增长具有正向影响，但是并不显著。将人均投资额作为被解释变量的估计系数在同时控制了年份与城市固定效应后仍然显著为正，这说明省会城市集散功能可以促进投资的提高，从而带动地区经济增长。从集散功能的各项指标来看，货物周转功能与资金集中功能对经济增长具有正向的影响，这说明省会城市作为商品交易与资金流通的中心，对经济增长的促进作用要优于非省会城市。

（二）稳健性分析

前文实证得到了功能首位度和经济增长之间的关系，考虑到面板数据存在的组内自相关问题，本部分将进行稳健性检验，实证结果见表 16 - 7。

表 16-7 功能首位度对经济增长的影响（稳健性检验）

	(1) ln $pgdp$	(2) ln $pgdp$	(3) ln $pgdp$	(4) ln $pgdp$
function	0.039	0.039	0.026	−0.089
	(0.038)	(0.039)	(0.031)	(0.150)
market	0.001	0.010	0.024	−0.187
	(0.029)	(0.029)	(0.023)	(0.240)
基础设施	−0.012	−0.012	0.017	−0.257
	(0.040)	(0.041)	(0.032)	(0.295)
文化	−0.017	−0.017***	−0.015***	0.008
	(0.011)	(0.004)	(0.006)	(0.091)
医疗	−0.010	−0.008	−0.026*	−0.041
	(0.016)	(0.013)	(0.014)	(0.041)
教育	−0.040	−0.044	−0.055**	0.855
	(0.032)	(0.028)	(0.022)	(0.605)
社会保障	0.039***	0.037***	0.038***	0.196**
	(0.012)	(0.011)	(0.010)	(0.079)
城市环境	−0.004	−0.007	−0.007	0.097
	(0.032)	(0.015)	(0.016)	(0.667)
城市化率	−0.020	−0.014	−0.023	−0.211
	(0.031)	(0.026)	(0.028)	(0.206)
客运周转指数	−0.091	−0.099**	−0.095**	0.000
	(0.081)	(0.045)	(0.039)	(.)
城市旅游吸引指数	−0.001	−0.001	−0.001	−0.012
	(0.002)	(0.003)	(0.003)	(0.010)
货物周转指数	0.102	0.083	0.105*	0.000
	(0.096)	(0.065)	(0.064)	(.)
信息集中指数	−0.074	−0.079*	−0.092**	0.000
	(0.053)	(0.044)	(0.039)	(.)
资金集中指数	0.054	0.063	0.098	0.000
	(0.138)	(0.095)	(0.090)	(.)
技术创新指数	−0.001	0.001	−0.002	0.556***
	(0.012)	(0.008)	(0.007)	(0.153)

（续表）

	(1) ln pgdp	(2) ln pgdp	(3) ln pgdp	(4) ln pgdp
产业创新指数	−0.003	−0.005	−0.009**	0.000
	(0.012)	(0.006)	(0.005)	(.)
品牌创新指数	0.000	0.000	0.000	0.048***
	(0.001)	(0.001)	(0.001)	(0.016)
人才吸引指数	−0.106	−0.108**	−0.106***	0.000
	(0.106)	(0.043)	(0.039)	(.)
经济外向度指数	−0.029	−0.031**	−0.025**	0.000
	(0.022)	(0.012)	(0.011)	(.)
投资外向度指数	−0.001	0.001	0.001	−0.055
	(0.005)	(0.006)	(0.005)	(0.036)
旅游外向度指数	−0.015	−0.014*	−0.019***	−0.690
	(0.019)	(0.007)	(0.007)	(0.440)
_cons	10.930***	10.912***	10.950***	0.000
	(0.111)	(0.079)	(0.076)	(0.000)
固定效应	Yes	Yes	Yes	Yes
样本数	130	130	130	130
R^2	0.965	0.995	1.000	

说明：实证的结果均由stata14计算并整理得出。圆括号给出了检验的P值，***、**、*分别表示1%、5%、10%的显著性水平。

首先，本章将采用LSDV法估计双向固定效应模型（作为比较，先不考虑自相关）。先生成"城市虚拟变量(city dummies)"，实证结果见方程1。方程1的回归结果和前文保持一致，表明通过双向固定效应排除地区和时间不可观测的影响因素之后，城市功能首位度对经济增长的正向促进作用不会改变，表明本书的回归结果是稳健的。

随后，我们将考虑存在组内自相关的情况。组内自相关存在两种情况，一种是各组的自回归系数相同；另一种是允许组内自回归系数不同的自相关情况。方程2给出了组内自相关系数相同的情况。功能首位度的偏回归系数为0.039%，表明功能首位度提高1%，经济增长提高0.039%。方程3是允许组内自相关系数不同的情况，功能首位度的偏回归系数为−0.089%。通过方程1-4表明：考虑自相关和异方差问题之后，功能首位度对经济增长的正向关系依旧显著成立。因此，本书的回归结果是无偏、一致和稳健的。

（三）分年份估计结果

为了进一步深入考察功能首位度对我国经济增长的影响,接下来将考虑功能首位度影响的时间效应。本节将样本划分为 2012 年、2013 年、2014 年、2015 年和 2016 年 5 个子样本,分别考察过去五年功能首位度对经济增长影响的演变情况。实证结果见表 16-8：

表 16-8　功能首位度对经济增长的影响（分时间段回归）

	(1) 2012 年	(2) 2013 年	(3) 2014 年	(4) 2015 年	(5) 2016 年
function	0.222	0.316	0.295**	−0.245	0.140
	(0.324)	(0.185)	(0.125)	(0.230)	(0.155)
market	0.069	0.142**	0.143***	0.095***	0.060
	(0.046)	(0.054)	(0.033)	(0.032)	(0.039)
基础设施	−0.037	−0.089	−0.018	−0.075	0.064
	(0.153)	(0.143)	(0.107)	(0.118)	(0.134)
文化	−0.044	−0.045	−0.078*	−0.095*	−0.000
	(0.061)	(0.060)	(0.041)	(0.054)	(0.056)
医疗	−0.079	−0.065	0.013	−0.013	−0.009
	(0.062)	(0.053)	(0.037)	(0.041)	(0.034)
教育	−0.296	0.084	0.011	−0.052	−0.088
	(0.228)	(0.256)	(0.208)	(0.195)	(0.180)
社会保障	0.044	0.047	0.030	0.010	0.048
	(0.069)	(0.058)	(0.039)	(0.051)	(0.046)
环境	0.032	−0.145	−0.219**	0.080	−0.153
	(0.173)	(0.125)	(0.102)	(0.142)	(0.162)
城市化率	0.067	0.047	−0.388**	0.635*	0.197
	(0.206)	(0.232)	(0.173)	(0.335)	(0.202)
客运周转指数	0.000	0.087	1.893	−0.308	1.008
	(.)	(0.849)	(1.452)	(0.742)	(0.943)
城市旅游吸引指数	1.833	2.625	2.636	1.575	0.018
	(2.839)	(1.373)	(2.146)	(2.605)	(0.014)

	（1） 2012 年	（2） 2013 年	（3） 2014 年	（4） 2015 年	（5） 2016 年
货物周转指数	−1.564	−1.636	−1.762	−1.348	2.213
	(1.194)	(1.510)	(1.247)	(1.551)	(1.572)
信息集中指数	1.788	0.283	1.213	−0.271	0.000
	(1.486)	(0.349)	(0.982)	(1.132)	(.)
资金集中指数	1.731	0.000	0.000	0.000	2.269
	(1.855)	(.)	(.)	(.)	(1.280)
技术创新指数	0.062	0.118	0.007	−0.019	0.206
	(0.142)	(0.188)	(0.092)	(0.135)	(0.119)
产业创新指数	0.192	0.151	−0.250	0.029	0.079
	(0.565)	(0.305)	(0.407)	(0.064)	(0.066)
品牌创新指数	−0.033	−0.002	0.014	0.004	0.000
	(0.034)	(0.006)	(0.011)	(0.011)	(.)
人才吸引指数	−0.170	0.363	0.871	−0.856	0.771
	(0.679)	(0.981)	(1.179)	(0.893)	(0.594)
经济外向度指数	0.138	0.229	0.100	0.020	0.379
	(0.200)	(0.128)	(0.152)	(0.210)	(0.220)
投资外向度指数	0.212	0.091	0.007	0.007	0.004
	(0.125)	(0.080)	(0.087)	(0.078)	(0.050)
旅游外向度指数	0.253	−0.166	0.401	0.004	0.184
	(0.207)	(0.191)	(0.241)	(0.226)	(0.162)
_cons	10.732***	10.075***	10.272***	10.735***	10.685***
	(0.425)	(0.473)	(0.316)	(0.294)	(0.219)
样本数	26	26	26	26	26
R^2	0.540	0.570	0.703	0.639	0.571
F	2.088	2.358	4.209	3.150	2.366
p	0.095	0.064	0.006	0.022	0.064

说明：实证的结果均由 stata14 计算并整理得出。圆括号给出了检验的 P 值，***、**、*分别表示1%、5%、10%的显著性水平。

图 16-2 将 5 个方程中功能首位度的偏回归系数做成折线图，以更加直观地显示。从图 16-2 中可以发现，功能首位度对经济增长的影响经历了先增长后下降，再增长的趋势。2012—2014 年，功能首位度对经济增长的影响从 0.222% 上升到

0.295%。然而在 2015 年功能首位度对经济增长的偏回归系数为负,但是这个数值均没有通过显著性检验。2016 年,功能首位度对经济增长的影响变为正向促进作用。这表明,功能首位度与产业首位度以及规模首位度一样,对经济增长的影响存在显著的差异性,具有时间上的异质性。

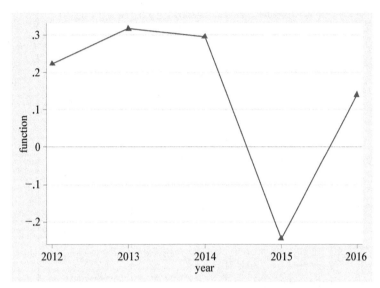

图 16 - 2　功能首位度对经济增长的影响程度

（四）分区域估计结果

进一步,我们将全样本分为东部、中部、西部和东北四个子样本进行回归,考察省会城市功能首位度对经济增长影响的区域异质性,估计结果报告在表 16 - 9 中。

表 16 - 9　分地区回归结果

	(1) $\ln pgdp$	(2) $\ln pgdp$	(3) $\ln pgdp$	(4) $\ln pgdp$
fun_score	−0.414	−0.340	0.170	1.259
	(0.231)	(0.230)	(0.536)	(.)
$market$	0.144***	0.011	0.067**	−0.057
	(0.016)	(0.016)	(0.033)	(0.270)
基础设施	−0.048	0.191***	−0.127	−0.646
	(0.058)	(0.043)	(0.077)	(0.616)
文化	−0.019	−0.028***	0.012	−0.805
	(0.013)	(0.009)	(0.045)	(0.555)

（续表）

	（1） ln $pgdp$	（2） ln $pgdp$	（3） ln $pgdp$	（4） ln $pgdp$
医疗	−0.015	−0.072***	0.003	0.204
	(0.009)	(0.014)	(0.024)	(0.278)
教育	−0.298***	0.106*	0.054	2.183
	(0.061)	(0.058)	(0.145)	(1.279)
社会保障	0.077***	−0.024***	0.297	0.326
	(0.017)	(0.006)	(0.203)	(0.206)
环境	−0.042	0.020	−0.262	0.839
	(0.033)	(0.029)	(0.257)	(0.762)
城市化率	0.108	−0.072	−0.170	0.220
	(0.095)	(0.101)	(0.265)	(.)
客运周转指数	0.086	−0.268	−0.082	−2.177
	(0.155)	(0.399)	(0.362)	(.)
城市旅游吸引指数	0.892	0.436	−0.050	−0.014
	(0.528)	(1.074)	(1.052)	(.)
货物周转指数	0.876	0.277	−0.256	−1.005
	(0.578)	(0.517)	(0.463)	(.)
信息集中指数	0.051	0.262	0.131	−4.174
	(0.337)	(0.361)	(0.234)	(.)
资金集中指数	−0.044	0.274	0.921	−1.073
	(0.455)	(0.289)	(0.828)	(.)
技术创新指数	−0.019	0.016	0.056	0.000
	(0.022)	(0.040)	(0.084)	(.)
产业创新指数	−0.099	0.062	0.017	0.000
	(0.095)	(0.079)	(0.055)	(.)
品牌创新指数	0.006*	−0.003	−0.000	0.000
	(0.003)	(0.003)	(0.005)	(.)
人才吸引指数	−0.160	0.091	−0.206	0.000
	(0.206)	(0.108)	(0.554)	(.)
经济外向度指数	−0.094	0.084	−0.087	0.000
	(0.099)	(0.139)	(0.116)	(.)

（续表）

	(1) ln pgdp	(2) ln pgdp	(3) ln pgdp	(4) ln pgdp
投资外向度指数	−0.012	−0.027	−0.013	0.000
	(0.015)	(0.057)	(0.026)	(.)
_cons	0.071	−0.008	−0.000	0.000
	(0.071)	(0.170)	(0.083)	(.)
time fe	Yes	Yes	Yes	Yes
样本数	35	30	50	15
R^2	0.984	0.991	0.419	0.933
F	115.899	162.897	2.220	2.331
p	0.000	0.000	0.032	0.339

说明：实证的结果均由 stata14 计算并整理得出。圆括号给出了检验的 P 值，$***$、$**$、$*$ 分别表示1%、5%、10%的显著性水平。

表16-9中，东部和中部省会城市的功能首位度对经济增长具有负向影响，但是不显著；西部地区和东北地区则为影响不显著的正向影响。基于城市化与经济发展之间的已有实证分析研究成果，城市的首位发展和城市集中分布是与经济发展的初始水平紧密联系在一起的。在经济发展的初期阶段，较高的城市各首位度对生产率的提高是必不可少的；随着社会经济的快速发展以及大城市边际效应的持续存在，城镇的分散化发展将最终出现。经济发展增加了产品需求，提高了技术、职业、空间的专业化，创造了一体化的社会网络和高效率结构的城镇体系。这时，城市首位度出现下降趋势，但城市集中度，尤其是城市群发展将成为经济发展的重要力量。依据当前我国区域间发展不平衡的现状，东中部地区经济发展水平相对较高，此时省会城市功能首位度对增长的促进作用不再成立，这说明省会城市功能首位度对经济增长的作用存在着显著的地区差异性。

四、本章小结

本章就省会城市功能首位度对经济增长影响的作用机制进行了分析，并利用我国各省会城市的首位度数据进行了实证检验。依据功能首位度的各项功能，省会城市功能首位度主要通过人口集聚效应、金融集聚效应、技术创新效应，以及对外开放效应对经济增长产生影响。实证结果显示，省会城市的功能首位度对经济增长具有正向影响，就各项功能来看，技术创新效应与对外开放效应是功能首位度对经济增长产生影响的主要途径,特别是通过吸引投资,推动地区经济增长。就省会城市功能首位度对经济增长作用的地区差异性而言,西部省份和东北地区省会城市功能首位度对经济增长具有促进作用,这说明可能存在促进经济增长的最优功能首位度。

参考文献

[1] Williamson J G. Regional Inequality and the Process of National Development [J]. *Economic Development and Cultural Change*, 1965,(4).

[2] Henderson J V. The Urbanization Process and Economic Growth:The So-What Question[J]. *Journal of Economic Growth*,2003,(8).

[3] Brulhart M,Sbergami F. Agglomeration and Growth:Cross-Country Evidence[R].No6941,CEPR,London,2008.

[4] Steven P,Frederick P. Growth,Foreign Direct Investment and Urban Concentrations:Unbundling Spatial Lags[R].No195,DNB,Netherlands,2008.

[5] Krugman P.Increasing Returns and Economic Geography[J].*Journal of Political Economy*,1991,(99):483-499.

[6] Fujita M,Krugman P,and Venables A.*The Spatial Economy:Cities,Regions and International Trade*[M].Cambridge,Mass:MIT press,1999.

[7] Krugman P,Venables J.Globalization and the Inequality of Nation[J].*Quarterly Journal of Economics*,1995,(60):857-880.

[8] Porteous D.*The Geography of Finance,Spatial Dimension of Intermediary Behavior*[M].Aldershot:Avebery,1995.

[9] Elhanan Helpman an,Paul R. Krugman.*Market Structure and Foreign trade:Increasing Returns,Imperfect Competition and the International Economy*[M]. MIT Press,Cambridge,MA,1985.

[10] Chenery H B. Foreign Assistance and Economic Development[J].*American Economic Review*,1968,58(4):912-916.

[11] 牛玲飞.城市环境对国家高新区技术创新能力影响分析[J].科技和产业,2008(07):9-13+96.

[12] 何宜庆,廖文强,白彩全,周德才.中部六省省会城市金融集聚与区域经济增长耦合发展研究[J].华东经济管理,2014,28(07):70-75.

[13] 王弓,叶蜀君.金融集聚对新型城镇化影响的理论与实证研究[J].管理世界,2016(01):174-175.

[14] 仲深,杜磊.金融集聚对区域经济增长的影响研究——基于空间面板数据的计量经济分析[J].工业技术经济,2018,37(04):62-69.

[15] 邹海荣,王亦男,吴国强.长三角城市金融资源集聚与经济发展协调度研究[J].江西社会科学,2018,38(03):80-86.

[16] 张鹏,于伟.金融集聚对城市化发展效率的非线性效应——基于284个城市的门槛回归分析[J].云南财经大学学报,2018,34(02):60-68.

[17] 唐松.中国金融资源配置与区域经济增长差异——基于东、中、西部空间溢出效应的实证研究[J].中国软科学,2014(08):100-110.

[18] 李红,王彦晓.金融集聚、空间溢出与城市经济增长——基于中国286个城市空间面板杜宾模型的经验研究[J].国际金融研究,2014(02):89-96.

第六篇　政策建议

第十七章　优化各省会城市及直辖市规模首位度的政策建议

一、省会城市及直辖市规模首位度分析

城市规模是多种因素异质性作用下的结果,多种因素的不同作用在相互促进与相互抵消过程中维持了城市规模分布的稳定演变。改革开放至今,城市发展程度和路径的差异造成了城市规模的差异,出现了大中小城市之分、东中西部城市之分、城市群与省会城市之分,等等。这一阶段中,大城市规模的扩张更加依赖于经济自由、卫生设施的改善等因素,而城市化水平的提高、工业化水平的提高以及互联网的进一步普及和发展是小城市亟待解决的发展必经之路。根据美国学者库兹涅茨提出的"倒 U 形假说",在一个国家经济发展初期,区域之间的差异一般不是很大,但是随着国家经济发展速度的加快,区域之间的差异将不可避免地扩大,而当国家的经济发展达到较高的水平时,区域之间的差异扩大趋势就会停止,并转变为不断缩小的趋势,这个变化过程就好像倒写的 U 字,所以,人们把它称为"倒 U 形假说"。这一关系已经被证实同样适用于国内首位度与经济发展之间。但是,学术界对于城市规模与经济发展之间为何存在着这一关系的研究一直存在着多种不同的声音。首先,从目前的城市规划实践经验来看,城市规模经济存在着不同的范围和区段,新兴城市对比特大和超大城市具有明显的城市规模效率,即规模的扩大能够带来的增长潜力较后者更为显著,但同时从特大和超大的传统城市当今的发展趋势来看,城市规模的扩大已经不能带来相应的城市经济增长速度。这也是目前省会城市和直辖市所面临的主要问题之一。

从以往的政策操作层面上看,国内城市体系的建立和城市的进一步发展离不开小城市的发展,其在转轨过程之中,规模经济的作用远胜于大城市,并日益明显和突出,可以缓解甚至解决一定程度上转轨带来的阵痛。同时,省会城市普遍存在的土地规模经济表现相当突出和尖锐,加剧了资本与民生的矛盾,也削弱了资金规模经济的作用,因此,大城市规模的限制在一定程度上又存在着大量的反对声音。

目前,在新经济地理理论下,规模经济在城市发展集聚的初期能够促进城市发展和集聚,但是随着规模不断扩大至临界点,就会在"虹吸效应"下引发人口与资源的拥挤与低效率调配,进而抵消规模经济。但是,省会城市作为各省或各地区经济增长的引擎,同时又是参与区域竞争的主要代表,规模经济在其中扮演着不可或缺的角色,省会城市的扩大对于维持其竞争优势是必然选择。随着经济逐渐进入新常态,当前,我国省会城市所面临的变革来自两个方面:一是投资和粗放式规模发展的传统经济增长模式难以维持,大城市亟待转型升级,小城市则面临着人力资本存量逐年走低的窘境;二是随着互联网经济时代逐渐深入发展,传统的经济壁垒被进一步打破,又为城市发展,尤其是率先拥抱互联网科技的省会城市和直辖市的发展提供了新的机遇。

二、优化省会城市及直辖市规模首位度的政策建议

据此,针对新常态下传统发展模式转变和经济转型的需求,对于东部和中西部省会城市和直辖市的规模首位度的提高应当做到因地制宜,对症下药。

(一)东部省会城市及直辖市的相关政策建议

东部省份应提高省会城市及直辖市的集聚力,发挥其龙头带动作用。东部省会城市就传统的人口衡量标准而言已经不具有相应的优势,但是政治、经济、文化、社会等多方面的规模要素综合起来,省会城市依旧具有举足轻重的地位和作用,因此,省会城市和直辖市依旧应当具有相应的"省会意识",就规模布局方面确立更高的标准和要求。如 2000 年,杭州提出发展"省会经济",依托省会的政治、经济、文化中心的独特区位资源,通过以生产要素的集聚和经济辐射的功能,促进全省经济持续协调快速发展。2007 年,山东省提出打造省会城市群经济圈,力图通过济南市发挥省会优势,发展省会经济,构建区域性的金融、科技、物流和人才中心,在不断增强综合经济实力的同时增强中心城市的辐射带动力,发展省内周边区域。

省会城市应当建成影响力强的特大城市。特大城市不仅表现在人口规模和地理范围,而是更多体现在城市经济社会发展的高端形态,必须更加注重提高发展质量、打造核心竞争力、构筑特色优势,把特大城市效应发挥出来。特大城市首位度的提升必须放置于国家的格局与视野中进行判断,积极承担国家战略中的重要职能,在更大的范围内优化资源配置,在更高的层次内集聚优质资源,提升作为省会城市的辐射带动效应,谋求在城市结构体系中的优先地位。

其一,省会城市应当进一步放宽外来人口落户政策,全面取消高层次人才落户限制,全面推行居住证制度,吸引外来人口进入城市;在"招兵买马"的同时,加快自身建设和国家战略对接,积极提升与辐射城市的联系与交流,承接来自辐射城市的优质资源,提升自身吸引力,加快基建、卫生等因素的发展,真正实现"留得住人才"的战略目标,提高作为特大城市的影响力和国内地位。

其二,东部地区的省会城市应当提高其经济规模的首位度。一方面,谋求更为科学合理的投资结构,提高吸引外资进入高端制造业和服务业的能力,有效实现投资由土地回报驱动向资金回报驱动的实质性转变。随着东部地区省会城市人口规模逐渐丧失其首位性,均衡发展进一步对省会城市和直辖市就投资方面提出了更高的要求,由于量化指标带来的收益逐渐熄火,如何稳中向前,逐步适应新常态下规模首位度优化转变的节奏,实现经济规模与结构兼优的首位度,是目前发达地区省会城市所面临的问题。而苏州、东莞等一些新兴城市的发展在一定程度上回答了这个问题,即最大限度利用市场的力量,政府只作为引导资金、管理秩序的"有限的手",而大部分的市场决策由市场上的竞争者独立完成,从而实现资本的优胜劣汰,实现资本结构的优化升级;另一方面,如何满足消费市场规模的稳定增长,是当今省会城市所面临的规模首位度问题中最为突出的一面。随着投资与出口的"熄火",消费再一次被列为新常态下拉动经济发展的首要力量,但目前,省会城市和直辖市的消费能力在一定程度上被严重限制,主要体现在省会城市的住房成本上,这一问题在一定程度上依赖于土地财政问题得到解决。随着"国进民退"等言论再一次甚嚣尘上,政府如何在面临财政压力的基础上,实现减税、稳房价等目标,从而解放消费压力,提振消费水平,稳步经济增长的新基调,已经成为当下最为考验省会城市和直辖市政府制定政策能力和水平的难点。

(二)中西部省会城市及直辖市的相关建议

中西部省份夯实中小城市人口承载能力,实现大中小城市协调发展格局。目前,对于中西部地区的省会城市和直辖市而言,规模的绝对优势使得其已经逐渐成为一省之内在短期带动区域经济发展的主导力量,但是长期来看,一个地区发展水平的高低依旧在于城市间的均衡发展。这其中,规模的绝对优势便可能牺牲周围地区经济发展和本身之内中小城市的发展,进而抑制了本区域经济的转型发展。因此,区域制定发展战略时,需要权衡考虑短期和长期之间,实现大中小城市协调发展格局。

其一,中西部地区应当围绕省会城市继续扩大其规模,进一步实现并最大化其规模效益。根据历年来文献分析总结的有关结论,我国中西部地区依旧处于规模经济递增较为明显的地区,原始投资所带来的回报率远远高于东部地区,包括基建发展水平、医疗水平、教育水平等综合因素比较弱,所带来的规模回报也相对东部较为显著。随着东部地区逐渐进入投资由量向质阶段的发展,中西部地区的政策红利与规模红利逐渐显现出来,同时,省会城市天生所具有的首位度优势使得省会城市逐渐成为中西部承载投资、人口、资源等要素集聚的重点城市,其规模首位度决定了其调控优势和政策把握。因此,中西部地区省会城市和直辖市应当积极在有关政策指导下实现人口红利和规模优势,确保对于要素,尤其是新兴要素的吸引力,从而积极应对省会城市间竞争,提高应对新常态的能力。

其二,中西部地区应当利用首位度就城市辐射进行未来规划布局。为了实现协调发展,保障中小城市的发展潜力,省会城市在充分利用其优势进行规模扩张时,也应当注重辐射功能的构建。首位城市辐射功能的有效性取决于城市与周边地区的联系、对接与发展政策的一致性,在规模首位度的前提下,首位城市应当就其周边地区的城市职能予以必要的明确,建立以首位城市为中心,要素资源向周边辐射的城镇化体系,确保大中小城市的协调发展和城市化进程的合理推进。

(三)中国省会城市及直辖市的相关政策建议

总之,提高省会城市和直辖市的规模首位度需要考虑多方面的因素,不仅包括城市所在的区位、发展状况、规模积累等既定因素,还需要考虑城市的经济发展阶段、经济发展蓝图等战略性因素。东部地区的先进性决定了东部地区的规模首位度已不再以人口和资源的集聚效应为主,而应当转向优化其投资规模和外资吸引力,开拓市场潜力,提高对外交流的规模等多方面考量结果的综合性标准,实现新常态下进一步稳中有变的规模经济发展。中西部地区则依旧依赖于投资等因素带动其发展,首位城市的职能依旧在于发挥虹吸效应和辐射效应能力,带动周边城市和地区的发展,同时也应当注重长期进程中充分发挥首位度优势,积极引导中小城市的发展。中西部地区应既不盲目照搬东部地区发展战略,也不依赖过去的粗放式规模扩张,真正实现因地制宜的均衡发展目标。

三、本章小结

针对新常态下传统发展模式转变和经济转型的需求,对于东部和中西部省会城市及直辖市的规模首位度的提高应当做到因地制宜,对症下药。东部省份应提高省会城市及直辖市的集聚力,发挥其龙头带动作用。东部省会城市及直辖市依旧应当具有相应的"省会意识",就规模布局方面确立更高的标准和要求。中西部省份夯实中小城市人口承载能力,实现大中小城市协调发展的格局。中西部地区应当围绕省会城市继续扩大其规模,进一步实现并最大化其规模效益,并应当利用首位度就城市辐射进行未来规划布局。

第十八章　优化各省会城市及直辖市产业首位度的政策建议

一、省会城市及直辖市产业首位度分析

省会城市及直辖市产业首位度的实现往往得益于国内的政策因素。新中国成立后,计划经济的实施使得国内一开始在产业布局等方面率先选择少数交通方便、产业基础相对于其他城市更好的城市作为增长极点,重点将其作为中心城市发展,这些中心城市往往被界定为省份的省会城市。作为传统中心,其较为坚实的产业基础和相对较为便利的产业发展条件,使得其成为最初的重工业发展基地,其中尤以东北地区为盛,如沈阳、哈尔滨、长春等地均是国内重工业发展的摇篮基地。另外,中西部地区包括武汉、包头、兰州、西安、太原、郑州、洛阳、成都等地也在国内政策倾斜下率先成为发展重工业的省会城市。纵使随着时间推移,在20世纪60年代中期至70年代初期开始了"三线建设",使得大部分发展中心向西部地区进一步转移,相当数量的传统重工业依旧布局于原有基础较好的省会城市之中,这更为后期发展的中心城市聚集产业企业的局面埋下伏笔,使得省会城市周边地区工业力量日渐衰弱,区域经济发展不均衡化进一步加深。

现在,随着区域间竞争日趋激烈,各地政府出于对产业、人口、资源等方面吸引力的考量,往往会将更多的资源集中投入到中心城市,这就是当下大部分中西部地区所面临的政策倾斜所导致的不均衡发展。它使得省与省之间的竞争逐渐过渡到省会与省会之间的竞争。它们均具有良好的产业基础和较为齐全的配套设施,对于国内和国外的资本引入、产业承接等方面有着更为优质的吸引力和竞争力。因为从各种因素去综合考虑,省会城市就产业发展层面均比一般城市具有极其明显的优势,重点表现在人力资本结构、产业发展基础、交通设施基础、信息便利程度、货币资本储量等多种利于产业发展、转型和升级的因素之上。相对于一般城市,省会城市往往是一个人才培养中心,其具有一手的人才资源和渠道,大大缩减了人才引入成本。作为传统中心,省会城市同样具有大量的传统产业积淀和基建积淀,信息成本低,透明度高,市场

化水平明显高于周边城市和地区,对于资本的吸引力也更强。因此,省会城市及直辖市同样天然具有"产业首位度"。

二、优化省会城市及直辖市产业首位度的政策建议

在新常态下,要实现更为科学合理的产业首位度,省会城市及直辖市需要做到两方面的首位度发展,一是产业结构首位度,二是产业类型首位度。产业结构首位度主要指集中力量发展省会城市的首位度产业,实现头部经济的发展路径;而产业类型首位度主要指区域整体层面的制造业与服务业布局在省会城市的首位度产业带动下得以进入良性循环发展。

(一)首位度产业

1. 打破传统产能发展思想的限制,实现产业结构的深度调整

首位产业主要是指在产业结构中,能够存在一个处于支配地位的产业,其产值、税负、就业岗位提供等方面的结构性要素显著高于其他行业,且具备较高的技术含量,能够最大限度地集聚生产要素,支撑区域经济的发展和进步。首位度产业的发展,在一定意义上而言是一种产业结构调整导向的战略手段,如重庆以手机等高技术制造业为主的首位产业,其能够提供大量的上下游产业链、就业岗位、税收水平,使得重庆的产业发展受到新常态下三重"熄火"现状影响的程度相对省会城市及直辖市平均水平明显较小,且其并不显著依赖于房地产经济,产业结构能够实现良性循环。

虽然在一定程度上,首位度产业在各省会城市之中已经存在,随着改革开放带来的产业进步,各地形成的支柱性产业在一定程度上赋予了该地区就产业结构方面的特殊首位度。但是随着经济逐渐进入新常态,对于效率的更高要求使得传统首位产业的生产方式和产能开始出现问题,面临着大批的转移或消失,伴随于此的就是产业结构调整的阵痛期。为了实现产业重组和优化升级,产业发展的新思路对于首位度城市提出了更高的要求。

对于首位度产业的进一步发展,就是在众多产业中进一步突出战略重点对象和方向,利用首位度产业的活力进行产业结构的深度调整,给予下行压力严重的区域增长潜力和能力以未来时期的导向与引领,明确新的发展思路,探求新的发展路径。这就要求政府能够制定更高水平的产业发展规划,作为引导企业和资本向产业结构优化升级的方向去努力和完善,换言之,产业发展的规划编制在新常态下被赋予了更高的标准和使命。

政府应当在深入分析本地产业发展现状并充分考虑未来城市发展定位的基础之上,选择符合国家产业发展方向,适合区域资源禀赋,有利于产业转型和产业升级的产业领域来集中发展,并作为首位度产业将其优势进一步扩大。这一产业可以是已经得到良好发展的现有产业,更可以是一种从无到有的产业,真正意义上去实现传统产业到现代产业的替代。但无论是哪一种情况,这一产业必须具备两个条件:一是技术密集型产业,二是产业群特征远强于单一产业发展特征,前者代表着产业的科技实力,后者则主要体现产业发展的先进性和带动性。

诚然,产业群理论就国内而言相对于国际研究水平较弱,在一定程度上甚至制约了前期产业多元化发展进程。因此,在现行产业规划体系下,必须始终将集群发展和前瞻性发展放在首位,紧紧把握国内与国际产业发展的新趋势,积极吸引和聘请国内外高精尖专家对于产业发展进行指导,加强与国内外专业机构的交流与互动,确保思路的战略性、前瞻性,提高产业规划的科学性、合理性、先进性和有效性,能够切实对产业发展路径进行应用性指导。

2. 不能够一蹴而就,发展的持续性和有效性得益于强力的支撑体系

其一,产业规模的首位度是首位产业的先决条件,实现这一首位度需要足够多的项目支撑。换言之,需要聚焦于规模性显著的招商引资,填补项目在首位度产业中的短板、扩充上下游产业链条和提升全球产业链地位的作用。

其二,时势造英雄,产业发展同样需要抓住机遇。当前产业发展新势头主要集中于国企央企的混合制改革和国际前列产业洗牌的新机遇,把握新的产业发展动向,积极拓展自身与国际先进企业的联系,抓住技术优势、规模优势和市场先决优势,推动首位产业的体量、市场准入和资本的快速扩张。

其三,科技与人才对于产业优化升级必不可少。首位产业除了体量优势,技术优势更为重要,同时技术优势的获取不能够通过简单的短线投资来实现,需要一套行之有效的长期研发体系。针对于此,政府需要投入大量的财政资金作为支撑,以实现有效的研发平台的建成。同时,政府也应当制定有关政策来积极鼓励企业加大研发投入,建立自身的研发体系,实现技术良性循环,同时扩大行业内企业间的信息技术共享机制,实现其科学性、安全性和适用性。就人才引进而言,应当树立正确的引进观念,不求常驻,但求贡献,寻求高端人才的驻点性服务;同时,与高校科研院所展开进一步合作,建立院士工作站,积极促进科研成果转化,不断提升科技创新对于首位度产业发展的贡献率。

其四,服务体系的支撑对于首位度产业的发展同样重要,而这一服务体系主要包

括行政效率、金融支撑和基建支持三个方面。(1)在行政方面,进一步深化"放管服"改革,政府切实实现便民利民,便企利企,实现行政公共服务方面的马上办、就近办、一次办、网上办"四办"工作标准,充分实现即接即办、并行办理、便捷为企的服务宗旨,进一步优化行政审批流程,帮助企业节省程序成本和时间成本,实现企业行政高效化,同时在土地、用工等方面进一步给予企业大力支持,帮助企业实现良性发展。(2)政府应当进一步加大风险投资、产业基金、融资机构等方面的建设,实现企业融资能力的提高和融资条件的科学化、合理化,确保金融服务优质化,真正方便于产业的发展。(3)政府还应当加大基础设施建设,减少企业的公共服务成本,集聚更多的资源,实现首位度地位的巩固。

3. 发展首位度产业最根本的是要发挥好企业主体作用

产业首位度的实现大多数情况下得益于龙头企业的出现和发展,原因在于龙头企业拥有者凸显首位度产业的要素集聚与产业辐射功能,能够有效促进首位城市的产业发展。因此,提高产业首位度,要把培育、服务和支持龙头企业的诞生和发展作为战略目标,在把握产业发展方向的基础之上,积极鼓励、引导产业内企业间的良性竞争和优胜劣汰,提高市场化力量,利用经济规律甄选出适合担当重任的龙头产业,逐渐淡化政府在产业扶持中的作用,真正意义上实现龙头企业"走得出去"的产业发展战略。据此,政府应当全面贯彻落实企业家健康成长环境的营造和维护,弘扬优秀企业家精神,重视企业家诉求,提高自主创新保护力度,增强创新自信水平;同时,政府应当发扬工匠精神,鼓励企业专业化、专注化,在专业领域中真正意义上取得国内乃至国际的首位度优势。

与此同时,省会城市及直辖市更要严格防范企业权力寻租行为,在畅通政企交流沟通渠道的同时,对于政商交往行为予以严格规范,在亲商的同时实现"清商"的关系。一方面,在企业发展的过程之中,政府应当就其正确而符合市场规律的发展道路保驾护航,积极争取重大工程、重大专项支持,注重培育优秀和名牌产品与企业,积极参与行业标准的制定,不断提升首位度产业的影响力;另一方面,也要建立并落实相应的责任安全机制,对于重点企业的发展应当建立严格的定期调度工作,重点分析企业在扩大发展之中所面临的机遇与挑战,及时分析、解决所存在的非公平问题,切实实现企业在国内乃至国际环境的平等竞争。

同时,相关部门也应当加强对于省会城市纳入首位度产业发展重点的企业有关政策的研究,结合本地实际,及时提出承接措施,争取更多政策红利,切实实现有效的产业发展,并加强对于首位度产业发展的有关工程项目的督查和落实力度,定期评估、比较,研究制定具体的考核方法与考核标准,指出发展的不足与长处,压实各方责任,将加快发展首位度产业真正提升到应有高度,切实予以重视。

(二)产业集群效应

就实现产业类型首位度而言,省会城市想要实现自身的产业类型首位度,即首位产业有利于区域产业整体竞争力的提高,就不可避免地需要提升首位产业的产业集群效应。以2008年产业政策变化为分界,可以清晰地看到,由产业粗放式发展向产业专业化发展使得产业首位度带给经济增长以N型增长路径,其中产业集聚向产业集群的转变功不可没。绝大多数文献指出,产业集群对于省会城市产业竞争力乃至区域产业竞争力的影响相对于产业集聚更有助于实现新常态下首位产业的发展和国际竞争实力的提高。

1. 产业集群提高省会城市和直辖市首位城市辐射能力的综合竞争力

产业集群可以就四个方面提高省会城市和直辖市首位产业的辐射能力和综合竞争力,从而促进区域整体经济的发展,一是产业整体竞争能力的提高,二是企业间合作的加强,三是企业自主创新能力的提高,四是共享能力和区位品牌效应的培育与发展。

首先,产业集群形成时,可以通过降低成本、刺激创新、提高效率和加剧竞争等效应来提升整个区域的市场化水平和竞争能力。这种产业链内部的联系使得区域竞争水平远胜于非集群性企业,并使得它们更具有国际性竞争实力。由于集群可以加剧竞争,而竞争能够使得产业为自身的竞争力加大投入力度,从而培养自身的实力。这种实力一方面表现为市场份额,另一方面更突出于产业间的合作与团结之上。产业集群源自产业集聚,最为突出的共性就在于空间距离的最小化,即地理位置的接近,产业集群内部的竞争自强化机制将在集群内形成"优胜劣汰"的自然选择机制,刺激企业创新和企业衍生。在产业集群内,大量企业相互集中在一起,既展开激烈的市场竞争,又进行多种形式的合作,如联合开发新产品、开拓新市场、建立生产供应链,由此形成一种既有竞争又有合作的合作竞争机制。这种合作机制的根本特征是互动互助、集体行动。通过这种合作方式,中小企业可以在培训、金融、技术开发、产品设计、市场营销、出口、分配等方面,实现高效的、网络化的互动与合作,以克服其内部规模经济的劣势,从而能够与比自己强大的竞争对手相抗衡。在产业集群内部,许多单个的、与大企业相比毫无竞争力的小企业,一旦用发达的区域网络联系起来,其表现出来的竞争能力就不再是单个企业的竞争力,而是一种比所有单个企业竞争力简单叠加起来更加具有优势的全新的集群竞争力。加入集群使得许多本来不具有市场生存能力的中小企业不但生存了下来,而且还增强了集群的整体竞争力。

其次,在绝大部分市场经济国家中,企业都是创新体系主体,因此,企业之间的技术合作和其他的非正式互动关系就成了知识转移的最直接、最重要的形式。因此,企业间合作的基础是信任而不是契约。没有企业之间和企业领导人之间的深刻信任,任何形式的契约都难达到合作的预期目标。集群的发展正好符合了这方面的要求,集群运行机制的基础便是信任和承诺等人文因素。群内的企业因为地域的接近和领导人之间的密切联系,形成共同的正式或非正式的行为规模和惯例,彼此之间容易建立密切的合作关系,从而减少机会主义倾向,降低合作的风险和成本。因此,其合作的机会和成功的可能性无疑会大大增加。企业之间的合作能够创造的力量大于单个企业力量的简单总和,但是,并不是所有的企业都能进行有效的合作,因为它们不一定能搜寻到合作伙伴,即使搜寻到了,也要进行一番严格的考证。而产业集群内的企业之间合作却有独特的优势。现代组织理论预言,产业内企业联合的形式很可能是未来的潮流,它将取代公司之间一对一的竞争,供应商、客户,甚至竞争者将走到一起,共同分享技能、资源,共担成本。

再次,集群不仅有利于提高生产率,也有利于促进企业的创新。这种创新具体体现在观念、管理、技术、制度和环境等许多方面。一般来讲,集群对创新的影响主要集中在三个方面,即创新氛围、知识扩散和降低创新成本。其一,集群有利于企业创新发展环境氛围的塑造。集群为创新能力的培养奠定了基础,随着企业彼此接近,产品和市场的关联使得企业竞争压力不断加剧,从而迫使企业不断进行技术创新和组织管理创新。就市场方面,集群内企业需要在产品设计、开发、包装、技术和管理等方面,不断进行创新和改进,以适应迅速变化的市场需求。同时,在产业集群中,由于地理接近,企业间存在着密切合作的联系,产业链内的坚实合作伙伴关系使得各种新思想、新观念、新技术和新知识得以传播,由此形成知识的溢出效应,增强企业的研究和创新能力。其二,集群有利于促进知识和技术的转移扩散。产业集群能够促进知识传播与扩散,而后者也能够反作用于前者并推动其发展。新常态经济要求省会城市实现互相关联、高度专业化的产业有规律地聚集在一个区域,形成各具特色的产业集群,从而实现首位产业发展。这种集群内,在空间距离最小化和产业文化同根性的影响下,不仅可以加强显性知识的传播与扩散,而且更重要的是可以加强隐性知识的传播与扩散,并通过隐性知识的快速流动进一步促进显性知识的流动与扩散,比如集群内领先的企业会主导产业技术发展方向,一旦某项核心技术获得创新性突破,在集群区内各专业细分的企业很快会协同创新,相互支持,共同参与这种网络的创新模式,可以认为产业集群内知识和技术的扩散要明显快于非集群化的企业。其三,集群可以降低企业创新的成本。这一成本的降低是由地理位置的接近与交流障碍的最小化带来的,它们均有助于相互信任基础上的竞争合作机制的建立,也有助于加强企业间进行技术创新的合作,从而降低新产品开发和技术创新的成本;另一方面,集群对新企业的进入和企业增长也都有着重要的影响,集群在吸引新企业进入方面具有竞争优势,也有利于现有企业的增长和规模扩张。在产业集中形成后,不仅吸引来的工厂会根植于本地,还会有很多新企业在本地繁殖和成长。因为集群内长期形成的完整产业链体系,促进企业在集群内"落地生根",除非整个产业链出现转移,企业才会考虑迁移到其他地区。

最后,产业集群具有地理集聚的特征,因此,产业关联企业及其支撑企业、相应辅助机构,如地方政府、行业协会、金融部门与教育培训机构,都会在空间上相应集聚,形成一种柔性生产综合体,构成了区域的核心竞争力。此外,集群的形成使政府更愿意投资于相关的教育、培训、检测和鉴定等公用设施,这些设施的设立又明显地促进了集群内企业的发展。公共物品共享使资源在产业集群内具有更高的运用效率。随着产业集群的成功,集群所依托的产业和产品不断走向世界,自然就形成了一种世界性的区域品牌。单个企业要建立自己的品牌,需要庞大的资金投入,然而企业通过集群内企业的整体力量,加大广告宣传的投入力度,利用群体效应,容易形成"区位品牌",从而使每个企业都受益。这种区域品牌效应不仅有利于企业对外交往,开拓国内外市场,确定合适的销售价格,而且有利于提升整个区域的形象,为招商引资和未来发展创造有利条件。

2. 省会城市如何实现首位产业的产业类型首位度

针对产业集群的发展规划,省会城市应当从因地制宜制定产业集群规划、制度鼓励、区域创新系统建设和区域文化培育四个方面实现首位产业的产业类型首位度。

首先,政府应当清晰地认识到,产业集聚的产生对于区域产业基础具有严格的要求,它需要本地独有和非流动性的资源禀赋条件,且这一禀赋条件能够带来全国甚至全球流动的生产要素,以实现资源的有效配置。因此,这一发展将是因城而异的,甚至是因区而异的,这就要求政府结合当地实际情况,制定具有本地特色的产业集群发展规划,一方面刺激产业集群自发出现,另一方面也要考虑到产业的国际竞争力和未来发展战略,关注产业的国际发展环境。从某种角度上来说,地方政府发展经济的重要手段在一定程度上能够影响产业集群的形成与发展,在制定有关规划时,应当对此予以考虑。

其次,政府应当在制度方面给予产业集群以支持,通过制度来间接参与产业集群的产生与发展,改善集群的发展环境。

再次,政府应当加大区域创新系统的建设,区域创新系统的建立是知识外溢能够真正推动区域产业整体竞争力和创新水平得以发展的首要前提,政府应当就本地企业之间的创新合作与发展网络予以必要的保护与规划。

最后,产业集群的建设需要强有力的文化同根性,如何培养并发展这一区域文化,是产业集群得以生存和发展的首要前提。当前我国巨大的经济基数,发达企业数量却相对较少的现状,一定程度上反映除了我国长期依赖存在着的市场机制不健全,社会资本缺乏,低信任度,寻租行为,高行政成本以及法规不完善等多重问题,企业之间缺少文化共通性,难以构建整个区域的品牌文化。政府应当加大文化制度的创新力度,努力培养文化的认可度,实现区位品牌的建设与发展。作为省份或区域经济发展的中心,首位产业的建立依赖于产业集群化发展,而产业集群化发展对于传统产业发展政策提出了新的要求,需要有关政府积极响应并切实贯彻落实,从而真正实现产业首位度的优化与提高。

三、本章小结

要实现更为科学合理的产业首位度,省会城市及直辖市需要做到两方面的首位度发展,一是产业结构首位度,二是产业类型首位度。产业结构首位度主要指集中力量发展省会城市的首位度产业,实现头部经济的发展路径。首先,首位度产业需要打破传统产能发展思想的限制,实现产业结构的深度调整。其次,首位度发展的持续性和有效性需要强力的支撑体系。再次,要发挥好企业主体作用。产业类型首位度主要指区域整体层面的制造业与服务业布局在省会城市的首位度产业带动下得以进入良性循环发展。

第十九章 优化各省会城市及直辖市功能首位度的政策建议

一、省会城市及直辖市的功能性垄断优势分析

相对于一般城市,省会城市所具有的功能性优势,或者功能首位度因时而变。在知识经济尚未普及时,省会城市具有三大功能性优势,分别是区位优势、政治优势和文化优势。首先,传统省会城市就地理位置上而言,由于政治管理的需要,一般均处于省区的中心或重心位置,从而实现传统意义上的地理位置效率最大化,信息传递成本最小化等功能性优势;同时,省会城市的基建水平和公共服务水平允许其能够及时和方便地与省内和省外进行沟通和交流,实现空间距离的最小化。其次,省会城市是全省的政治中心,其经济的发展与政治中心建设有着独特的内在联系,表现出很强的内在协调性。省会城市具有全省的政治、经济、社会活动和重大事件的决策权,同时拥有编制中长期规划,调整生产力布局,财政投入安排,重点投资项目的立项审批,特定地方法规、产业政策,进行宏观指导省域经济社会协调发展的特殊影响力。由于其政策信息中心的地位,省会也是国内外金融机构、财团、跨国公司和企业集团总部及外省市政府派出机构的首选地。省会不但拥有对整个地区的掌控能力,并且具有很强的服务能力,主要表现在第三产业发达,尤其是金融保险等高端服务业发达,服务的范围几乎是整个区域。最后,省会城市一般具有文化中心的功能。省会城市往往内含着一个区域文化发展的缩影,具有相对于其他城市而言的文化底蕴优势。

省会城市中高校和科研院所集中,具有明显的人才优势和创新优势。从增长极发生的角度看,这是至关重要的一个因素。而现在是以互联网为特征的知识经济时代,空间对于经济活动依然重要。增长根源于创新,创新根植于隐性知识的商业化,而由隐性知识转化为创新严格依赖于知识主体的面对面交流,而面对面交流的首要前提就是经济活动的空间集聚,因此,知识的隐性维度为知识经济时代空间集聚对于省会城市经济绩效的重要影响提供了理论依据。未来省会城市竞争取决于知识竞争,这为当前我国省会城市发展转型提供了新的路径。省会城市的知识竞争的手段

是工资优势,表现形式是知识型劳动力在省会城市的空间集聚。知识竞争强化了经济活动空间聚集对经济绩效的作用,空间集聚是知识竞争作用于经济绩效的唯一途径。

影响省会城市功能首位度的主要因素包括国家政治经济政策安排、城镇发展方针和行政区域变更以及非省会城市的发展;对于城市功能首位度的影响主要表现在有利于省会城市因独有的产业首位度和规模首位度而导致的大量功能垄断,从而大幅降低功能效率。在改革开放初期,中西部地区作为政策倾斜的重点,同样不可避免地面临着省会城市首位度畸高的问题,至今这一问题依旧难以解决。以新疆为例,乌鲁木齐的省会功能垄断性使得其首位度对于周边地区的经济发展具有巨大的阻碍抑制作用,其独有的政策、政治、文化资源使得其并不能够利用自身的功能首位度实现整个区域的功能性发展,从而切实为新常态下的地域经济发展服务。而自经济特区成立以来,广州、福建除省会城市外所诞生的第二位特区城市,即深圳和厦门市,已经逐渐成为代替省会城市的功能性首位城市,其人口规模和经济发展水平经历了一个飞速增长阶段,使珠三角区域的首位度得以显著下降,出现了多中心的经济分布形态。因此,在确保区域协调发展的同时,实现功能首位度的提高,省会城市及直辖市不可避免地面临着两大问题,一是公共服务均等化水平的提高,二是创新机制的构建和完善。前者是为了解决传统体制下日益暴露的人民物质生活与国家发展水平不匹配的长期矛盾,后者是为了让城市乃至区域能够充分利用知识经济时代的机遇,实现自身更高水平的功能建设和发展。

二、优化省会城市及直辖市功能首位度的政策建议

(一)公共服务均等化

公共服务均等化的实现不仅依赖于城市基础设施建设的完善和公共服务水平的提高,更依赖于城乡一体化的进一步发展。首先,各类基础设施建设的健全性和合理性是体现作为首位度城市所具有的辐射能力、扩散能力和带动能力的前提和基础,无论是交通设施的发展水平,还是城市供水供电能力,抑或是行政办事效率,都对城市居民的生活质量和城市发展质量起推动或抑制作用。但目前,随着省会城市的规模和产业首位度畸形发展所带来的拥堵效应逐渐显现,基础设施供需不足现象已经频繁出现,使得这一矛盾进一步加深,严重阻碍了首位城市乃至整个区域的经济发展,并削弱了首位度为首位城市带来的功能健全性促进作用。此外,拥堵效应下的服务

效率低下以及层出不穷的寻租行为也使得省会城市的公共服务水平陷入长期恶性循环,严重阻碍了城市结构的进一步优化发展。有关部门和政府应当意识到这一点,积极在城市交通拥堵方面加大力度,大力发展公共交通,提高交通效率;保障城市能源供应量,切实做到便民化、利民化;加大城市在科学、教育、文化、卫生、商业等公共服务方面基础设施的建设力度,精简机构和程序,提高行政效率,将省会城市打造成为发展质量水平高、人民满意度高和综合服务功能全面的现代化大都市。

其次,如何加快城乡一体化发展,缩小城乡差距,是真正实现公共服务均等化的关键环节和最终趋势。由于国内大部分省会城市和直辖市与农村之间存在着较为明显的差距,农村人口流失严重,生活质量与生活水平严重不均一直是制约城市规模性发展的现实。如何打破城乡二元结构,实现城乡一体化发展,是进行城乡统筹、构建现代和谐社会的主要途径。而实现这一结构最主要的就是进行户籍制度的改革。目前的户籍制度使得农村普遍存在着就业难、看病难、上学难等尖锐的问题,大大降低了快速发展的制造业和服务业对农村发展的贡献,同时又加大了劳动力聚集的成本,严重阻碍了城市的功能化发展。因此,对于户籍制度的改革,已经成为加快城乡一体化建设的第一步。除此之外,首位城市还应当实现自身在教育、医疗、社会保障、转移支付、职权划分和供给体系六大方面的城乡一体化建设职能和目标,真正意义上实现均衡公共服务的功能首位度。

其一,省会城市及直辖市应当致力于建设城乡统一的义务教育体制。教育是立国之本,民族之魂,强国之基,是我们实现民族崛起、国家富强的关键,也是新常态下培养新一代担当重任、砥砺前行所必须重视的关键领域。目前,绝大多数区域教育面临的最为突出的问题就在于城乡教育资源分配不均,农村一直是提升教育质量的重点,提升的关键在于基础教育,即基本知识技能的普及和发展,这对于进一步巩固发展现状并逐渐实现民族伟大复兴的阶段目标非常重要,有关政府及部门应当进一步统筹城乡教育发展,积极实现教育服务均等化的社会保障和制度保障。一方面,政府应当进一步明确区域各乡镇下属机构在义务教育普及等方面的权责,强化城区对农村地区的支持,加大对农村教育经费的支持,积极建立健全农村教育机构和教育体制;另一方面,政府应当充分发挥省会城市在网络建设之上的优势,加强教育的信息技术支持,利用虚拟技术实现教育资源均等化发展,构建网络教学平台,鼓励、支持和引导城乡教育资源线上共享,实现教育资源均等化的技术性突破。

其二,省会城市应当实现城乡公共医疗卫生事业的统筹发展。当前,区域内存在着的城乡公共资源不均衡现象主要体现在医疗保健资源的城乡分配不均上,农村普遍存在着巨大的医疗资源空缺和设备老旧等风险,而城市则体现出医疗资源分布松散而局部集中的特点,难以实现空间距离上的最大化效率优势。此外,城乡卫生标准也存在着巨大的制度漏洞,使得城乡在卫生标准和卫生知识普及上存在着巨大差异,引发了一系列的信用等问题,进一步阻隔了城乡之间的卫生交流与发展。政府应当统筹规划城乡医疗资源,实现医疗卫生机构各司其职、各办其事的良好格局,真正提高医疗资源配置的效率;同时应逐步加大农村医疗资源的支持力度,加大资金投入,充实农村医疗卫生团队,提升医疗服务管理水平。

其三,省会城市应当建立城乡统一的基础社会保障体制。当前,社保体系存在着巨大制度漏洞,引发了严重的寻租行为,极大地阻碍了社会保障体系发挥资金效率真正实现居民保障的最终目标。此外,征收制度的不健全、不完善、不科学和不合理也使得社保体系在居民生活之中实际由保障变成了负担,不符合社保体系建设的初衷。因此,如何完善相关的社会保障制度,使得不同群体享受到公平、合理的社会保障待遇,是省会城市所面临的首要问题之一。在后期建设之中,周边地区,包括农村地区在内的城乡社会救助体系应当继续建立健全,努力提高弱势群体的保障水平,进一步提高低收入群体的补助标准,提高对于自然灾害等的补偿救助标准,切实解决弱势群体的生活困难问题,使改革的成果得以共享;同时,坚决杜绝高收入群体利用资源优势寻租的行为,进一步加大监察力度,确保效率下的民生公平,努力缩小城乡收入差距。

其四,省会城市应当完善自身与区域的转移支付制度。转移支付制度是在原有的政府职责范围、税收水平和财政能力的基础上,上级政府对下级政府的经济调控,是落实再分配更加注重公平的基本手段,也是实现基本公共服务供给均等化的重要措施。目前,城乡转移支付制度,尤其是省会城市内部存在的转移支付制度普遍效果较差,亟待改革。因此,实现转移支付的进一步发展,需要上下级之间的密切合作,需要手段的拓展和水平的提高,更需要注意到转移支付的初衷就是政策性倾斜以保障公平。为了实现转移支付的改善,一方面,应当增加一般性的转移支付占比。一般性的转移支付主要是关系民生支出项目的转移支付,使得财政公共服务能力逐渐实现均等化,是公共服务均等化的重点工作。目前,无论就政府专项会计作业能力和效率,抑或是项目审批程序,都存在着巨大的专项程序赘余,且为寻租行为创造了大量的漏洞。因此,政府应当将一般性转移支付常态化,合理依据有关的经济规模、人口结构、产业布局、民生发展等多种因素的考量,实现科学核算体系的建设,加大监督监察力度,鼓励公共监督,使一般性转移支付在更为透明的环境中真正利于民;另一方面,专项支付的管理应当进一步规范化。专项支付致力于解决一般性财政支付所无法缩小的特殊城乡差距,一般体现于自然灾害等原因造成的非经常性差距。对于专项支付的管理应当注重对于经费管理的合理审计制度的建立健全,切实落实专项支付的特殊功能。

其五,省会城市应当就公共服务均等化实现多元供给机制。"十二五"规划之中,对于公共服务供给提出了新的要求:提升基本公共服务水平,创新公共服务供给方式,即改革基本公共服务提供方式,引入竞争机制,扩大购买服务,实现提供主体和提供方式多元化。如今,供给主体和供给手段的多样化逐渐成为公共服务实现均等化的重要手段,政府的力量有限已经逐渐展示政府在传统体制下作为公共服务产品的主要承担者的不合理性。在新的政策导向下,政府应当利用税收等杠杆动员和引导社会力量,充分发挥市场对资源的基础性配置作用,倡导民间组织进入农村公共产品供给,实现城乡公共服务主体的多元化。要创新基本公共服务管理模式,引导并培养多样化的供给主体,引导外界资源提供公共服务,最终形成政府保基本、市场管运行、社会组织广泛参与的服务体系。

其六,省会城市应当完善基本公共服务的监督机制。要实现以上的公共服务均等化目标,更为重要的是在构建多元供给机制的基础上,建立必要的监督体系,从而避免政府的"为人民币服务""官本位"等思想,积极引入国内外社会公益团体组织以及民间资本,来加大对政府公共服务的监管,实现公共服务的透明化管理运营。

(二) 创新机制的建立与完善

创新机制的实现依赖于企业与政府的共同努力。就企业而言,努力实现产业集群建设,由内部发现并发展创新力量,是应对当今经济新常态的主流,同时有助于省会城市提高其产业首位度。就省会城市自身而言,参与到企业创新机制的建设之中,则是其改革功能首位度的重要途径之一。省会城市的有关机构在参与这一机制的建立时,所起到的主要作用在于外部机制的建立,即如何利用自身既有的功能首位度优势,切实保障城市内部企业间创新体系的建立,并带动整个区域的规模首位度和产业首位度的科学发展。有关政府部门在间接参与这一体制的建立中,主要起到四个方面的建设性作用,一是政策法规的完善与发展,二是社会文化氛围的构建与发展,三是多元创业投融资体系的建立与发展,四是科技中介服务体系的完善与发展。

首先,完善创新体制的政策法规是构建创新环境的基础。目前,大部分省会城市对于创新机制构建、知识产权保护等方面的技术发展利好性政策的重视程度不够,政策存在着大量的不健全性和不完善性，难以对企业自主创新进行保护和促进。因此，政府应当重视国外先进的经验和做法，不断完善自主创新体系，激发企业自主创新的活力，切实减税减费，对自主研发的各项开支加大税收抵扣力度，利好研发折旧政策及引进先进技术和设备的贴息政策，对于企业在高科技行业尝试"走出去"给予鼓励。同时，政府更应当关注中小科技型企业的生存与发展，给予它们必要的政策倾斜和补贴，同时也要重视市场的力量，切实让幼稚科技企业参与国际竞争中。最后，政府也应当重视有关政策的实践结果，对于好的方面要不断总结和推广，而对于无效的政策制度要善于改革和反思，实现制度方面的环境利好。

其次，政府应当营造良好的社会文化氛围，培育和弘扬创新创业精神和创新文化。创新精神与创新文化不能够一蹴而就，其内涵于专业化精神与工匠精神之中，需要从微观民众个体的观念意识入手，不断鼓励崇尚创新、支持探索、鼓励冒尖和与众不同的创新文化，使创新成为经济社会发展的内在动力和全社会的普遍行为。此外，政府也应当加大对于自主创新发展的表彰和奖励，增强政策的导向性，真正实现创新活力和动力的解放；对于知识产权的侵犯，政府应当不再姑息，而应当坚决打击，在政策方面严厉杜绝，以体现对自主创新的保护和尊重；同时，加强对消费者知识产权的教育，增强其购买正版产品的意愿，对盗版行为构筑坚实的政策壁垒，切实杜绝成果剽窃行为的发生。

再次，政府应当构建多元的创新投融资体制。资金是自主研发和创新的基本保障，而目前，省会城市的功能独断性使得融资渠道大多数被局限在少数城市，造成了区域整体创新效率的低下与创新资源的浪费，更容易导致寻租行为的发生。一方面，政府应当切实强化对于自主创新的投入，尽快实现研发费用与经济同步增长，发挥财政资金的引导、启动、扶持等基础性作用，尤其是其对于研发活动和专利活动的支持和引导；另一方面，政府应当寻求民间科技与金融机构的合作，加强民间资本对于创新企业的支持和发展，积极引导社会资本参与风险投资或者创新创业活动，鼓励并引导外资创投基金、私募基金、产业基金等参与到创业投资活动之中，同时尽快建立健全行之有效的风险投资管理机构，使创新投资逐渐能够同时从直接渠道与间接渠道获取充足的资金，实现资本短缺和低效率问题的解决。

最后，政府应当着力建设科技中介服务体系，服务于新兴知识密集型产业，实现创新型企业培育的温床建设，支撑创新活动的发展。当前，随着知识经济的不断发展壮大，其对于配套服务提出了包括教育、信息交流、技术培训等方面更高的要求，从而使得传统体制下的服务业发展水平已不再能够支撑这些产业的发展。因此，政府应当积极发展知识密集型企业所需要的中介性服务,加快科技平台建设,鼓励高校、科研机构人员创办科技创业服务咨询中心,为资本参与到创业投资之中扫清部分风险障碍;鼓励国内外著名科技中介机构建立分支机构,实现更高水平服务的普及;完善从业人员的证书考评和资质考评制度,积极开展和拓宽科技中介从业人员的资格考试、认证考试以及中介机构的开业资质认定,提高其服务水平与服务质量。此外,有关部门也要加大对中介服务机构的运营监管,切实实现服务水平和服务质量的提高,引导中介服务机构向专业化和市场化发展,尽快建立结构合理、机制灵活、功能完备的科技中介服务体系。

三、本章小结

优化各省会城市及直辖市的产业首位度依赖于公共服务的均等化和创新机制的提高。公共服务均等化的实现不仅依赖于城市基础设施建设的完善和公共服务水平的提高,更依赖于城乡一体化的进一步发展。各类基础设施建设的健全性和合理性是体现作为首位度城市所具有的辐射能力、扩散能力和带动能力的前提和基础。创新机制的实现依赖于企业与政府的共同努力。就企业而言,努力实现产业集群建设,由内部发现并发展创新力量,是应对当今经济新常态的主流,同时有助于省会城市提高其产业首位度。就省会城市自身而言,参与企业创新机制的建设则是其改革其功能首位度的重要途径之一。

参考文献

［1］徐长生,周志鹏.城市首位度与经济增长[J].财经科学,2014(9):59-68.

［2］周志鹏,徐长生.龙头带动还是均衡发展——城市首位度与经济增长的空间计量分析[J].经济经纬,2014,31(5).

［3］王馨.区域城市首位度与经济增长关系研究[D].天津大学,2003.

［4］王家庭.城市首位度与区域经济增长——基于24个省区面板数据的实证研究[J].经济问题探索,2012(5):35-40.

［5］李妍,赵蕾,薛俭.城市基础设施与区域经济增长的关系研究——基于1997—2013年我国31个省份面板数据的实证分析[J].经济问题探索,2015(2):109-114.

［6］陈静思.金融集聚与区域经济增长——基于省际面板数据的实证研究[J].商场现代化,2016(24):104-106.

［7］陈文喆.中部省域城市首位度与经济增长的模型、机理及对策研究[D].南昌大学,2014.

［8］周志鹏.中国城市首位度与区域经济增长关系的空间计量分析[D].

［9］黄新建,陈文喆.江西城市首位度与区域经济增长:模型与对策[J].统计与决策,2014(5):128-130.

［10］李宝礼,胡雪萍.区域经济增长与最优城市首位度的实证研究[J].统计与决策,2018(7):155-160.

［11］吴万运,赵雅琼.省会城市首位度与地区经济发展均衡性的研究——基于17个省数据的实证分析[J].当代经济,2017(24):32-35.

［12］高洁,伍笛笛,蓝泽兵.基于城市首位度理论的成都"首位城市"发展研究[J].中共成都市委党校学报,2013(5):77-80.

［13］陈文喆.城市首位度最优规模的实证检验[J].统计与决策,2017(05):128-131.

［14］王靖雯,张俊.城市首位度与财政收入激励——基于中国25个省区的面板

数据的实证分析[J].赤峰学院学报(自然版),2015(7):166-169.

　　[15] 董春诗,王宁夏.陕西省城市首位度的发展变化研究[J].经济师,2015(10):196-197.

　　[16] 郑长德.集聚与增长:来自中国各省自治区的证据[J].甘肃社会科学,2010(4):67-70.

　　[17] 程明.关于中小城市发展的国际经验与中国中小城市发展的思考[D].华中师范大学,2007.

　　[18] 戚聿东,边文霞,周斌.我国国有经济规模的合理区间探讨[J].当代财经,2002(8):47-50.

　　[19] 杨灿明,孙群力.中国的隐性经济规模与收入不平等[J].管理世界,2010(7):1-7.

　　[20] 周彬学,戴特奇,梁进社,等.基于分形的城市体系经济规模等级演变研究[J].地理科学,2012(2).

　　[21] 陈红霞,Hongxia C.土地集约利用背景下城市人口规模效益与经济规模效益的评价[J].地理研究,2012,31(10):1887-1894.

　　[22] 陈柳钦.产业集群与产业竞争力[J].产业经济评论:山东大学,2005(2):15-23.

　　[23] 安虎森,朱妍.产业集群理论及其进展[J].南开经济研究,2003(3):31-36.

　　[24] 陈剑锋,唐振鹏.国外产业集群研究综述[J].外国经济与管理,2002,24(8):22-27.

　　[25] 张辉.产业集群竞争力的内在经济机理[J].中国软科学,2003(1):70-74.

　　[26] 魏守华,王缉慈,赵雅沁.产业集群:新型区域经济发展理论[J].经济经纬,2002(2):18-21.

　　[27] 徐康宁.开放经济中的产业集群与竞争力[J].中国工业经济,2001(11):22-27.

　　[28] 陈佳贵,王钦.中国产业集群可持续发展与公共政策选择[J].中国工业经济,2005(9):5-10.

　　[29] 王缉慈.关于发展创新型产业集群的政策建议[J].经济地理,2004(4).

　　[30] 黎继子,刘春玲,蔡根女.全球价值链与中国地方产业集群的供应链式整合——以苏浙粤纺织服装产业集群为例[J].中国工业经济,2005(2):118-125.

　　[31] 安体富,任强.公共服务均等化:理论、问题与对策[J].财贸经济,2007(8):

48 - 53.

　　[32] 江明融.公共服务均等化论略[J].中南财经政法大学学报,2006(3):43 - 47.

　　[33] 常修泽.中国现阶段基本公共服务均等化研究[J].中共天津市委党校学报,2007,9(2):34 - 35.

　　[34] 刘尚希.基本公共服务均等化:现实要求和政策路径[J].浙江经济,2007(13):24 - 27.

　　[35] 王志强,代以平.欧盟大学——产业部门合作创新机制的主要类型及路径选择[J].比较教育研究,2018.

　　[36] 裴蕾,王金杰.众创空间嵌入的多层次创新生态系统:概念模型与创新机制[J].科技进步与对策,2018.

　　[37] 蔡启明,赵建.基于流程的产学研协同创新机制研究[J].科技进步与对策,2017(3).

　　[38] 施威,曹成铭."互联网+农业产业链"创新机制与路径研究[J].理论探讨,2017(06):112 - 116.

　　[39] 杨陈,徐刚.效用理论视角下产学研协同创新机制有效性的影响因素[J].科技管理研究,2016,36(11):23 - 28.